ELOGIOS A
TRABALHAR PARA RESTAURAR

"Este livro está repleto de otimismo. Os exemplos concretos de histórias de sucesso, como as que encontramos ao longo dele, nos mostram que é possível reverter o curso da história."

— Jay Coen Gilbert,
cofundador da B Lab

"Como um empreendedor focado na construção de um modelo de negócios sustentável que seja viável e, também, escalável, sempre recorri a Esha Chhabra para obter conselhos e orientação. Ela passou mais de uma década documentando soluções inovadoras que inspiram e, de fato, geram entusiasmo com relação ao futuro. Ela demonstra como as empresas podem ajudar a curar o planeta sem deixar o sucesso econômico de lado. Com o lançamento de *Trabalhar para Restaurar*, finalmente conseguimos provar que é possível ter uma empresa de sucesso com responsabilidade ambiental, pois estes não são fatores mutuamente excludentes. *Trabalhar para Restaurar* traz um insight sobre diversos modelos de empresas que operam sem comprometer o meio ambiente."

— Shilpa Shah,
cofundadora da Cuyana

"À medida que o paradigma do mercado muda lenta e repentinamente, as empresas regenerativas — e a mentalidade regenerativa — iluminam caminhos para o sucesso futuro. *Trabalhar para Restaurar*, de Esha Chhabra, apresenta líderes da próxima geração que trabalham para reinventar, restaurar e regenerar."

— John Elkington, fundador e polinizador-chefe da Volans e autor de
Green Swans: The Coming Boom in Regenerative Capitalism

"Em uma era de consumo em massa acelerado e de desperdício, as maravilhosas e diversificadas histórias de Chhabra sobre modelos de negócios focados no ser humano e sobre as pessoas que os estão adotando em todo o mundo nos lembram de que não precisamos sacrificar nossa qualidade de vida nem nos sentirmos mal por não termos mais coisas. Basta valorizarmos o que temos e garantirmos que todos tenham o suficiente."

— Melissa Ho,
vice-presidente do World Wildlife Fund

"Como sempre, os empreendedores estão liderando o caminho na adoção de abordagens transformadoras em relação ao que aflige o mundo. Agora, os líderes globais e os executivos corporativos precisam se juntar a eles — e podem começar pela leitura de *Trabalhar para Restaurar*."

— Tom Post,
ex-editor-gerente da *Forbes Media*

"A ideia de que podemos fazer as coisas de maneira diferente e enriquecer uns aos outros, em vez de apenas a nós mesmos, é poderosa e animadora, e os exemplos deste livro são genuinamente surpreendentes."

— Stephan Chambers,
diretor do Marshall Institute, LSE

"Em um mundo tão focado no lucro a curto prazo, a ponto de nossa sobrevivência muitas vezes ficar em segundo plano, é fácil se desesperar: *que escolha temos?* Meu conselho: escolha ler este livro, para começar. Esha Chhabra viajou pelo mundo para compartilhar as histórias de empresários que têm coração e visão; após ler *Trabalhar para Restaurar*, fica claro que uma abordagem regenerativa e curativa para os negócios ajuda a preservar empregos, economias *e* o mundo. Anime-se com o futuro de uma vez por todas! Abrangendo novas soluções empresariais inovadoras em saúde, energia, finanças, meio ambiente e muito mais — de pessoas brilhantes e criativas, ricas e pobres, em seis continentes — Chhabra oferece a única solução de que mais precisamos e que pode ser aplicada em qualquer lugar: uma maneira melhor de pensar sobre os negócios. Este livro nos dá uma esperança real, respaldada por ações eficazes. Faça da leitura da obra de Chhabra uma de suas prioridades."

— Bob Harris, autor de *The International Bank of Bob: Connecting Our Worlds One $25 Kiva Loan at a Time*

"Durante anos, a Patagonia tem apreciado as excelentes reportagens de Esha Chhabra sobre negócios com propósito. Por ter se voltado para esse setor muito antes de ele se tornar uma tendência ou um movimento, ela é, de longe, a pessoa mais qualificada para apresentar essa visão geral não apenas de como, mas de por que os empreendedores optam por usar suas empresas para capacitar os seres humanos e curar o planeta Terra."

— Ryan Gellert,
CEO da Patagonia

"Se o capitalismo deve ser transformado no motor da prosperidade inclusiva, justa e sustentável de que precisamos, uma nova geração de empresas orientadas por propósitos deve liderar o caminho. Este livro convincente de Chhabra conta as histórias de algumas das melhores empresas que estão revolucionando o setor e certamente servem como inspiração."

— MATTHEW BISHOP, autor e ex-editor
da edição de negócios do *Economist*

"Precisaremos de novas leis e de empreendedores criativos prontos para enfrentar os desafios atuais. Esha Chhabra lidera o caminho, destacando as empresas e as pessoas que abriram um novo caminho para um futuro que nos deixa realmente entusiasmados."

— MAXINE BEDAT, autora de *Unraveled: The Life and Death of a Garment*

"O trabalho de Esha Chhabra se sobrepõe a uma área fundamental para as práticas da Dr. Bronner, ou seja, uma verdadeira mudança nas práticas de negócios para o 'capitalismo construtivo', muitas vezes chamado de 'economia regenerativa', além da atual onda de greenwashing e fairwashing. *Trabalhar para Restaurar* apresenta uma gama de empresas confiáveis, mais antigas e mais novas, que ousaram desafiar a primazia dos resultados financeiros e fizeram dos objetivos sociais e ecológicos parte de seu DNA, com o objetivo de ajudar a regenerar os recursos naturais e sociais degradados pelos negócios realizados como de costume."

— GERO LESON, vice-presidente de operações especiais da
Dr. Bronner e autor de *Honor Thy Label*

"Salvar nosso planeta sempre se resume à mesma coisa: fale menos, faça mais. Os líderes corporativos têm a responsabilidade de regenerar o planeta Terra e suas comunidades, revolucionando nossa economia — e *Trabalhar para Restaurar* conta exatamente essa história. Reflexivo, investigativo, orientado para a solução e esperançoso, este belo livro retrata tudo de que precisamos neste momento de crise planetária para reverter nossa atual espiral descendente de volta para um círculo mais virtuoso."

— ELIZABETH WHITLOW, diretora-executiva da
Regenerative Organic Alliance

"Estamos entrando na era regenerativa. E Chhabra apresenta retratos de inovação, resiliência e compromisso com o planeta e a humanidade que podem nos ajudar a conduzir os negócios nessa nova era."

— DR. ROBERT STRAND, diretor-executivo do Center for Responsible
Business, University of California–Berkeley

TRABALHAR PARA RESTAURAR

TRABALHAR PARA RESTAURAR

Como aproveitar o poder de empresas regenerativas para salvar o mundo

ESHA CHHABRA

ALTA BOOKS
GRUPO EDITORIAL
Rio de Janeiro, 2024

Trabalhar para restaurar

ISBN: 978-85-508-2378-2

Translated from original Working To Restore. Copyright © 2023 by Esha Chhabra. ISBN 9781433839115. This translation is published and sold by arrangement with Beacon Press, the owner of all rights to publish and sell the same. PORTUGUESE language edition published by Starlin Alta Editora e Consultoria Ltda, Copyright © 2024 by STARLIN ALTA EDITORA E CONSULTORIA LTDA.

Impresso no Brasil — 1ª Edição, 2024 — Edição revisada conforme o Acordo Ortográfico da Língua Portuguesa de 2009.

Dados Internacionais de Catalogação na Publicação (CIP)
(Câmara Brasileira do Livro, SP, Brasil)

Chhabra, Esha
Trabalhar para restaurar : como aproveitar o poder de empresas regenerativas para salvar o mundo / Esha Chhabra ; [tradução Vanessa Schreiner]. -- 1. ed. -- Rio de Janeiro : Alta Books, 2024.
224 p. 15,7cm x 23cm.

Título original: Working to restore
ISBN 978-85-508-2378-2

1. Administração de empresas 2. Desenvolvimento econômico - Aspectos ambientais 3. Empresas - Responsabilidade ambiental 4. Meio ambiente - Aspectos sociais 5. Responsabilidade social corporativa 6. Sustentabilidade I. Título.

24-194233 CDD-658.408

Índices para catálogo sistemático:

1. Responsabilidade social das empresas : Administração 658.408

Eliane de Freitas Leite - Bibliotecária - CRB 8/8415

Produção Editorial: Grupo Editorial Alta Books
Diretor Editorial: Anderson Vieira
Editor da Obra: José Ruggeri
Vendas Governamentais: Cristiane Mutüs
Gerência Comercial: Claudio Lima
Gerência Marketing: Andréa Guatiello

Assistente Editorial: Luana Maura
Tradução: Vanessa Schreiner
Copidesque: Kamila Wozniak
Revisão: Denise Himpel; Helena Coutinho
Diagramação: Joyce Matos
Capa: Lorrahn Candido

ALTA BOOKS
GRUPO EDITORIAL

Rua Viúva Cláudio, 291 — Bairro Industrial do Jacaré
CEP: 20.970-031 — Rio de Janeiro (RJ)
Tels.: (21) 3278-8069 / 3278-8419
www.altabooks.com.br — altabooks@altabooks.com.br
Ouvidoria: ouvidoria@altabooks.com.br

Editora **afiliada à:**

ASSOCIADO

Este livro é dedicado a quem busca soluções e diálogos honestos. Sou grata àqueles que compartilharam suas visões, paixões e seu conhecimento sobre a criação de empresas mais justas. Também sou grata às pessoas próximas e queridas que me lembram todos os dias de que a melhoria é um processo, um ato intencional e que nenhuma solução será perfeita para os desafios que enfrentamos.

Em uma era de aceleração, nada pode ser mais empolgante do que desacelerar. Em uma era de distração, nada é tão luxuoso quanto prestar atenção. Em uma era de movimento constante, nada é tão urgente quanto ficar parado.

— Pico Iyer, *A Arte da Quietude: Aventuras Rumo a Lugar Nenhum*

AGRADECIMENTOS

Um agradecimento especial ao Pulitzer Center on Crisis Reporting e à Fundação Ford por me permitirem fazer parte desta jornada, conhecer todas essas pessoas pessoalmente e dedicar dois anos de minha vida a esse projeto. Agradeço, também, a Karla Olson e a John Dutton, da Patagonia Books, por toda a ajuda na concepção deste projeto e na sua divulgação. Um sincero agradecimento a Jay Coen Gilbert, da B Corp, por seu entusiasmo por este livro. E o mais importante, agradeço à minha família e a meus amigos que tiveram muita paciência comigo durante esse processo.

SUMÁRIO

INTRODUÇÃO

A ERA REGENERATIVA

Este é um livro sobre negócios — sobre como fazer negócios de maneira mais ponderada, consciente e justa. Em um cenário político e econômico cada vez mais dividido, ficou fácil apontar o que há de errado no mundo. Este livro, no entanto, está voltado para soluções: aqui está o problema, porém, eis aqui também uma solução possível. Explora o que é possível fazer, apresentando uma seleção de histórias do mundo inteiro unidas por um ponto em comum: uma abordagem regenerativa e restauradora para os negócios e que não está limitada ao meio ambiente. Esses dois termos, "regenerativo" e "restaurador", sugerem rejuvenescimento, uma reconexão com o bem-estar — e também se referem à atitude de uma empresa em relação às pessoas. O livro explora como as empresas poderiam funcionar se realmente levassem em consideração suas duas principais partes interessadas — o planeta Terra e as pessoas das quais extraem energia.

Esse conceito não é novo; pelo contrário, é um conceito que evoluiu. Quando iniciei minha carreira, há mais de uma década, escrevi sobre a empresa social, o conceito de que as empresas podem ter resultados sociais (ou ambientais). O termo "empresa social" estava entrando no léxico cotidiano do mundo dos negócios. As pessoas se perguntavam: "Será que o único objetivo das empresas é ganhar dinheiro para algumas poucas pessoas que estão no topo da hierarquia?" Embora se falasse sobre as deficiências de nosso sistema capitalista global, esses empreendedores sociais estavam operando de maneira independente — construindo empresas ágeis e, muitas vezes, pouco conhecidas do público.

Isso mudou em 2006, quando Muhammad Yunus, de Bangladesh, recebeu o Prêmio Nobel da Paz por fundar o Grameen Bank, uma instituição de microcrédito que concedia empréstimos a pessoas e a pequenas empresas que os bancos tradicionais não consideravam confiáveis. Ele passou, então, a defender a "empresa social", uma expressão que desafiava a maximização do lucro. Em vez disso, ele argumentou que as empresas deveriam ter ganhos e lucros, mas que estes precisavam ser canalizados de volta para a própria empresa e servir a um propósito maior. De repente, a mídia começou a cobrir mais de perto essa convergência entre filantropia, negócios e finanças. Yunus brincou, dizendo que vinha falando sobre esses conceitos há décadas enquanto construía o Grameen, na década de 1970. Mas suas ideias foram ignoradas, até que ele ganhou o Prêmio Nobel da Paz.

Nós, humanos, às vezes precisamos de um alerta. Muitas das injustiças e dos danos que vemos no mundo atual não são acontecimentos recentes. Basta se lembrar do filme da Disney *WALL-E*, que foi lançado em 2008 e levou alguns anos para ser produzido. Ele conta a história de um robô solitário que passa seus dias limpando montes de lixo, uma cortesia de nossa espécie e nosso consumo obsessivo. Isso foi há bem mais de uma década. Naquela época, os sinais de alerta já existiam; e ainda existem.

Quando comecei a escrever este livro, o momento não poderia ser mais propício para abordar esse assunto: a temperatura em Los Angeles, nos Estados Unidos, tinha chegado a 43 °C. Algumas áreas estavam superando essa marca, atingindo 46 °C em espaços urbanos, não no deserto. O zumbido dos aparelhos de ar-condicionado funcionava como som ambiente todos os dias. Parecia que estávamos quebrando um recorde atrás do outro; os artigos de jornais continuavam a usar o termo "apocalíptico" para descrever as mudanças ao nosso redor.

Infelizmente, isso não estava acontecendo somente no meu canto do mundo. A Inglaterra havia passado por uma onda de calor que transformou as idílicas pastagens verdes em colinas secas e marrons, semelhantes às do sul da Califórnia. Os noruegueses estavam sendo aconselhados a não fazer churrasco em suas florestas, sob temperaturas de 32 °C, por medo de que algumas pessoas "inexperientes" pudessem incendiá-las. No norte da África, uma região familiarizada com o calor, as temperaturas ultrapassavam os 49 °C — quente demais até mesmo para os habitantes locais continuarem trabalhando.

É difícil ignorar a realidade de que nós, humanos, estamos mudando o clima e adicionando poluição e resíduos ao sistema terrestre diariamente. Aparentemente, apenas 13% dos oceanos não foram afetados pelo lixo plástico que descartamos.[1] Esse plástico já entrou em nosso sistema digestivo — sim, estamos excretando plástico.[2] E para que todo esse lixo plástico? Coisas. Coisas que supostamente tornam nossa vida melhor, mais fácil e mais rápida. Mas será que estamos mais felizes?

Nós descompensamos o saldo. Assim como nosso corpo depende da homeostase para ter saúde, a Terra também depende. Muitas pessoas diriam que as "coisas" não estão nos tornando uma espécie mais feliz; estão apenas desequilibrando nosso organismo. Certamente deve haver algum significado maior na vida do que apenas adquirir coisas, acumular dívidas e viver em uma roda de hamster, em uma busca interminável pelo fim delas.

Tudo isso pode parecer bastante desanimador, mas existem soluções no horizonte. As empresas estão buscando se conectar com uma geração mais jovem, que quer que elas tenham um propósito maior.

As empresas são uma potência capaz de conduzir a economia e o comportamento do consumidor, além do impacto que tudo isso tem sobre a Mãe Terra, em direção a um futuro melhor. As empresas desempenham um papel importante na solução dos problemas sociais e ambientais: elas empregam pessoas, obtêm materiais de cantos remotos do globo e movimentam milhões de pessoas e toneladas de carga diariamente. A comunidade corporativa pode nos colocar em um caminho diferente se apoiarmos o tipo de empresa que valoriza a restauração em detrimento do crescimento. A pandemia agravou essa realidade para os seres humanos: embora trabalhar em casa tenha suas comodidades, isso também levou milhares de norte-americanos a abandonarem seus empregos, buscando mudanças, pensando em como o tempo de vida é precioso e no que eles querem fazer com sua vida, seus anos saudáveis e o tempo em família — em última análise, tentando entender seu papel nessa estrutura maior que é o capitalismo.

Vimos os resultados de empresas focadas no ROI (Retorno sobre o Investimento) e em proporcionar riqueza a um grupo de elite, seus acionistas. Muitas pessoas estão fartas dessa abordagem. Sempre será necessário ser uma força global para ser lucrativo? Sempre será necessário criar cadeias de suprimentos que favoreçam apenas algumas poucas pessoas no topo para tornar o negócio um empreendimento bem-sucedido? Certamente que não.

Ao relatar a evolução desse cenário na área de negócios, percebi o amadurecimento da simples ideia de "compre um produto, doe outro" — um modelo de negócio que utiliza a filantropia ao oferecer produtos gratuitos a cada compra — para uma análise mais sutil dos negócios, levando ao surgimento da corporação B, da corporação de benefícios e da economia orientada por objetivos. Tudo isso faz parte de um novo léxico e é um verdadeiro desafio para o pensamento convencional de que os negócios são, acima de tudo, uma empresa que visa ao lucro.

Mas construir uma empresa com um propósito requer mais do que apenas escrever uma declaração de missão progressista e colocar algumas citações inspiradoras nas paredes do escritório. Líderes políticos e corporativos dizem que podemos construir um mundo mais "sustentável". Mas eles vêm tentando fazer isso desde 1987, quando o termo "desenvolvimento sustentável" entrou no léxico em um documento de trezentas páginas conhecido como Relatório Brundtland, publicado pelas Nações Unidas sob o título *Nosso Futuro Comum*. O relatório falava em construir um futuro mais sustentável. Ele listava as crises interligadas que afetam a humanidade, incluindo escassez de água, seca, fome, escoamento de pesticidas e dependência excessiva de produtos químicos.

Então será que somos mesmo capazes de construir um mundo mais sustentável, se passamos as últimas três décadas discutindo os mesmos problemas? Todas as pessoas com quem conversei para escrever este livro estavam fartas da palavra "sustentável". Sustentar o quê? Esse desequilíbrio?

Em vez disso, esses empreendedores querem reescrever as regras dos negócios para focar a transparência, simplicidade, compaixão e equidade. Se esses valores fossem mantidos e colocados em prática todos os dias, talvez conseguíssemos começar a restaurar o equilíbrio ecológico e social.

Deixe-me ser clara: não existe uma solução ideal. Os seres humanos criam uma pegada. Faz parte de nossa natureza desejar, cobiçar e correr atrás do que não temos. Muitas das empresas destacadas neste livro inclusive reconhecem que estão fabricando um produto físico que tem uma pegada. Mas elas podem fazer isso sem envolver as injustiças da cadeia de suprimentos moderna, sem explorar populações, sem extrair recursos em excesso, sem danificar aquilo de que precisamos para sobreviver: o planeta Terra.

Usando os Objetivos de Desenvolvimento Sustentável das Nações Unidas, uma estrutura com dezessete metas globais que chamam a atenção para os desafios sociais e ambientais fundamentais que enfrentamos, analisamos os modelos de negócios que abordam esses desafios. Cada capítulo deste livro contém as histórias de algumas empresas que estruturaram seus empreendimentos para lidar com problemas complexos, como a saúde do solo, a energia renovável, os sistemas de tratamento de resíduos, os direitos das mulheres e a conservação de espaços abertos e da vida selvagem — todos relacionados ao conceito de restauração e regeneração por meio dos negócios.

São histórias de empreendedores que estão tentando restaurar a civilidade, a integridade e a transparência nos negócios. Muitos deles já faziam isso muito antes de estar na moda, antes de esses conceitos se tornarem clichês no mundo dos negócios. Algumas dessas empresas são classificadas como corporações B, mas aquelas que não o são provavelmente exibem as mesmas características descritas no conceito. Esses empreendedores admitem que suas empresas não são perfeitas. Eles estão fundindo elementos de negócios que são praticados há muito tempo — foco na qualidade, empreendimentos autofinanciados, construção lenta, desenvolvimento da comunidade — e estão fazendo isso de uma maneira que se adapte ao presente e às aspirações das gerações futuras, ao mesmo tempo em que são transparentes sobre os desafios encontrados ao longo do caminho.

Em uma economia global, é difícil operar de maneira isolada. É bastante improvável que voltemos a ter indústrias caseiras e economias inteiramente locais. Por isso, é importante olhar para as empresas que estão trabalhando em escala e em todos os continentes. Elas estão provando que podemos obter café da África Oriental e fazer com que os pequenos agricultores sejam uma parte maior do modelo de negócios; ter sapatos da moda que são fabricados de maneira ética e em um só país, usando materiais naturais e enviados em espaços vazios em contêineres; e pegar resíduos têxteis em fábricas, cortá-los e transformá-los em tecidos aproveitáveis. Os modelos existem, se tivermos interesse em explorá-los, investir neles e deixá-los funcionar sem ficarmos obcecados com o crescimento.

A ordem mundial capitalista tem raízes profundas em todo o globo. Projetar essa nova economia não é uma tarefa fácil ou que possa ser realizada da noite para o dia. Na verdade, muitas das empresas discutidas neste livro estão nessa empreitada há mais de uma década, e o progresso é lento. Os tentáculos do dinheiro sujo se espalharam por toda parte. As práticas de negócios que nos levaram a este ponto estão arraigadas. Uma limpeza rápida não funcionará. É preciso pensar, refletir, ter tenacidade e certa dose de teimosia por parte dos CEOs e dos fundadores, para lentamente construir um novo modelo junto com os funcionários e trabalhadores, a fim de levá-lo adiante.

No entanto, para início de conversa, existe uma diferença fundamental: essas empresas são construídas em torno de um desafio, um problema maior ou uma questão. Portanto, o objetivo não é o crescimento, mas a solução de um dilema: como criar um produto de ciclo fechado? Como garantir que cada parte da cadeia de suprimentos se beneficie do negócio? Como alimentar o planeta sem surrupiá-lo durante o processo?

Esses empresários estão envolvidos na empreitada de restaurar, consertar um sistema que está, há tempos, desequilibrado e fundamentalmente quebrado. Não existe uma solução perfeita ou única para cada um desses enormes desafios, mas esse pode ser o início de uma nova era de regeneração. Esperamos que essas histórias sirvam como um brainstorming do que pode acontecer se as empresas começarem a pensar além do lucro.

POR QUE ESTES SETORES

Ao planejar a escrita deste livro, optei por pegar um punhado de exemplos em diversos setores, para indicar que esse movimento não está direcionado a um setor específico. Ele está acontecendo em todos os setores: empreendedores e empresas estão repensando como os alimentos, a moda, as viagens, a saúde, as finanças e outros podem se tornar mais regenerativos. Na verdade, precisamos fazer com que isso aconteça em todos os setores para realmente fazer a diferença. Por isso, analisei a variedade de relatórios que fiz juntamente com os Objetivos de Desenvolvimento Sustentável da ONU e percebi que havia muitos grupos de inovação surgindo nos setores mais fundamentais para a sociedade: agricultura, manufatura, energia, finanças — setores que são sua espinha dorsal. Cada capítulo começa com uma explicação de como descarrilamos, apontando os danos ou as desigualdades existentes — sem me debruçar sobre eles. Apresento histórias de empresas que estão eliminando essas falhas e esses desafios.

A esperança é que você termine este livro sentindo que é possível realizar uma mudança — e que ela pode começar por você. Os empreendedores apresentados neste livro são provenientes de todos os tipos de experiências — alguns cresceram em bairros de baixa renda, outros serviram nas forças armadas e passaram por guerras, e muitos deles passaram anos fracassando até encontrarem um modelo de negócio que realmente funcionasse. Seja em um escritório corporativo, em uma organização sem fins lucrativos, em uma área de terra no meio do campo ou prestando serviços de hotelaria a outras pessoas — existe uma história de mudança esperando para ser contada.

Mesmo os setores que receberam um influxo de fundos, a atenção da mídia e recursos estão enfrentando crises éticas e ambientais. A agricultura, por exemplo, vem sofrendo uma transformação constante em virtude do movimento da agricultura orgânica nas últimas três décadas. Mas será que prestamos tanta atenção à saúde do solo? Não. Será que damos tanta importância às fibras quanto damos aos nossos alimentos? Afinal, as roupas que vestimos, as bolsas que carregamos — grande parte disso é feita com um tipo de fibra, o algodão.

O algodão consome Vikrant Giri, um imigrante nepalês nos Estados Unidos que é o fundador da Gallant International, com sede em Los Angeles. Há cerca de cinco anos, ele fabrica sacolas personalizadas de algodão orgânico para clientes corporativos e sem fins lucrativos, trabalhando diretamente com agricultores na Índia. Nós nos conhecemos uma noite em uma visita a uma fazenda orgânica local no sul da Califórnia, para ver como eles estavam fazendo a transição para a agricultura regenerativa. Enquanto caminhávamos em meio a fileiras de amarantos orgânicos, ele me contou sobre suas visitas anuais a fazendas na Índia. Não é preciso dizer que a experiência era drasticamente diferente da Califórnia. Ele contou que, no calor do sol do meio-dia, ele fazia uma pausa e se sentava à sombra com os agricultores para tomar chá e comer alguma coisa. Eles falavam abertamente com Giri sobre como a agricultura orgânica havia mudado a vida deles: eles estavam ganhando mais dinheiro e vivendo de maneira mais saudável, suas famílias estavam felizes em ver que eles não estavam sendo expostos a produtos químicos e continuavam a cultivar alimentos entre as fileiras de algodão, os quais eles podiam vender no mercado local ou consumir. Eles não queriam voltar a trabalhar no método antigo, ele contou. Na Índia, país em que o algodão vem sendo cultivado há décadas com sementes transgênicas (geneticamente modificadas), usando métodos convencionais, e que foi acometido por casos de suicídios de agricultores em virtude de dívidas contraídas, essa foi uma mudança bem-vinda. "Você consegue imaginar os danos que causamos por causa de uma camiseta ou uma sacola?", ele disse. "E tudo o que precisamos fazer é pagar alguns centavos ou um dólar a mais para produzir as coisas da maneira certa."

Por isso, comecei o livro falando do solo e da agricultura, algo tão fundamental para a existência humana, observando as empresas com base em todo esse espectro: desde a fabricação de fertilizantes a partir de resíduos até o incentivo à agricultura mais orgânica, passando por uma marca global de calçados que tem trabalhado com agricultores no norte do Brasil para construir uma comunidade de algodão orgânico em uma área que tem sofrido grandes mudanças climáticas. Também há bons exemplos de agricultores próximos de onde moro — na Califórnia e no Meio-Oeste dos Estados Unidos — que estão desafiando a narrativa consolidada da agricultura convencional em larga escala neste país.

Cada capítulo aborda um tema ou um setor e explora suas múltiplas facetas para ilustrar que esse não é um movimento restrito apenas aos benfeitores ou aos ativistas. Pelo contrário, está acontecendo em todos os lugares, alguns dos quais são bastante inesperados. E se essas empresas puderem provar seu sucesso — simplesmente permanecendo no mercado por mais de cinco anos, gerando lucro e construindo um mercado —, outras também poderão fazê-lo. Estes empreendedores podem ser um pouco malucos e não terem medo de arriscar, mas seus modelos não se limitam às próprias empresas.

A mentalidade regenerativa gira em torno de círculos, como um coletivo, seja em uma fazenda, em uma fábrica ou em uma empresa. Embora eu destaque um aspecto específico de cada uma dessas empresas — por exemplo, o foco na saúde do solo, a inovação em finanças ou a abordagem alternativa em relação à energia — a maneira como elas operam, como escolhem fazer negócios, o que consideram como "habitual", está se afastando da norma: existe um esforço consciente para que todos os aspectos de seu trabalho tenham algum impacto. Afinal, são empresas movidas pela mudança, não pelo lucro. Portanto, isso se infiltra nas formas cotidianas de operação, no envolvimento com os fornecedores e na abordagem de marketing. É um esforço abrangente para regenerar a arte de fazer negócios e, durante o processo, regenerar as pessoas e os recursos que fazem o negócio acontecer.

No Capítulo 2, exploro o tema resíduos, analisando uma mistura eclética de empreendedores e empresas, desde um construtor de móveis e barcos em Amsterdã até uma empresa britânica de calçados *barefoot* e uma marca de cerveja. O ponto comum entre elas? A regeneração de resíduos. Se pensávamos que os resíduos se restringiam ao material que jogamos no lixo ou nas lixeiras de reciclagem, esses empreendedores estão indo muito além: transformando o lixo dos canais de Amsterdã em elegantes móveis para salas de reuniões, usando algas do excesso de proliferação de algas em lagos para fabricar as solas dos sapatos e dando uma nova vida às sobras de pão, transformando-as em cerveja. Claramente, não há limites para o que pode ser reciclado e como.

Portanto, essas são histórias de empresas que ilustram a engenhosidade, mas também algum grau de sucesso. Elas não têm tanto medo de serem diferentes e seguirem um caminho não convencional. Agora, para nos regenerarmos, precisamos olhar além do que foi feito no passado.

Marius Smit, um autodenominado "pescador de plástico", passa seus dias em um escritório com vista para os canais de Amsterdã. Ele não gosta muito de reuniões e discussões — como indicado por um lema emoldurado e pendurado acima de sua mesa. Ele prefere ir direto ao ponto. "Fala-se demais hoje em dia! O que eu quero ver é ação. Mesmo que não acerte, faça", ele diz. Ele levou anos para fazer a transição de um ativista ambiental individual em Amsterdã para administrar a Plastic Whale, uma empresa social que agora fabrica móveis contemporâneos a partir de resíduos retirados dos canais, entre outras coisas. Mas ele começou à moda antiga — colocando anúncios pela cidade, perguntando se outras pessoas gostariam de se juntar a ele em uma aventura de pesca nos canais em busca de lixo. No início, a maioria das pessoas pensou que ele tinha enlouquecido, ele conta rindo.

O que me intriga é o bom senso de muitos desses empreendedores, aquela atitude um pouco "não me importo com o que você pensa". Eles são inteligentes, experientes, humildes e um pouco selvagens. Mas é disso que as empresas precisam para enfrentar os desafios que estão por vir — não de arrogância, mas de introspecção, humildade e gosto pelo fugaz.

Embora grande parte da ênfase dada à palavra "regenerar" seja ambiental, isso é muito limitante. Muito do que está em nosso horizonte é o impacto duradouro que causamos na flora e na fauna do planeta, mas também precisamos regenerar o aspecto social dos negócios. Será que uma simples certificação é suficiente para dizer que uma empresa é socialmente consciente? Provavelmente não.

Giri, por exemplo, visita as fazendas de onde extrai o algodão; depois ele segue o processo pelo qual o algodão passa até a instalação de corte e costura, cujos proprietários ele conhece pessoalmente. Pode-se dizer que eles são mais amigos do que parceiros de negócios. "Sempre tem um quarto para eles em minha casa, para quando vierem me visitar", diz. Além de todas as certificações existentes, é a personalização de uma enorme cadeia de suprimentos global que dá a Giri a satisfação de saber que está produzindo da maneira mais ética possível. E ele nunca está totalmente satisfeito, está sempre em busca de maneiras para melhorar a vida dos trabalhadores, de suas famílias e suas condições de trabalho.

O que realmente importa é ter intimidade com as pessoas envolvidas na cadeia de suprimentos. As pessoas que cultivam nossos alimentos, fabricam nossas roupas e ajudam a economia global a funcionar não são somente números em um documento de auditoria. Elas são muito mais do que isso. Portanto, as certificações são uma mera referência. Konrad Brits, fundador da Falcon Coffee, uma empresa que comercializa café, diz que a economia regenerativa emergirá se encararmos cada uma dessas pessoas como uma força econômica poderosa: quando elas alcançarem o sucesso, a Terra também alcançará.

Portanto, neste livro, exploro as empresas que priorizam as pessoas — seja no chamado mundo em desenvolvimento ou dentro de um escritório nos Estados Unidos. Como criamos uma mentalidade de negócios que não foca apenas as finanças? (Sim! Isso é importante, sem dúvida) Essas empresas, no entanto, são reflexivas o suficiente para perceber que as pessoas fazem os negócios acontecerem, por isso elas devem ser respeitadas e cuidadas, em virtude da contribuição delas. Há, também, as pessoas consideradas párias da sociedade por pertencerem a comunidades carentes, terem um passado tumultuado ou viverem com uma doença crônica. Será que apenas nos esquecemos desses setores da sociedade? É claro que não. Em vez disso, diversas empresas apresentadas aqui abraçam a dignidade de cada pessoa e ajudam a criar empregos para todos — enquanto, nesse processo, provam que essas pessoas podem ser membros produtivos e eficientes da empresa, não apenas objetos de uma missão de caridade. Detalhes minuciosos como esses fazem parte da perspectiva regenerativa — regenerar a alma por meio de um trabalho que traga satisfação emocional e financeira.

Embora alguns desses temas possam ser óbvios — como alimentos, energia e moda, sobre os quais temos visto muitos debates, discussões e análises da mídia —, existem outros setores em que a visão de construir uma economia regenerativa não é tão simples. O setor de turismo, por exemplo, não tem uma resposta clara. Você pode continuar a usar um vestido ou um par de sapatos, cultivar o próprio alimento e optar por usar energia eólica ou solar em sua vida, mas o transporte "regenerativo" é complicado, a menos que você se limite a caminhar, andar de bicicleta e usar o transporte público. O que você faz quando precisa ir a um lugar mais distante, sem serviço de transporte público? E se não houver trens ou ônibus que vão até lá? E se você não tiver um veículo ecológico? E tem mais: você se hospeda em um hotel? Ou opta por usar o Airbnb? Seria egoísmo pegar um avião? Nesse quesito, os jogos mentais são infinitos.

Há certo grau de desperdício e consumo de energia inerente ao setor de turismo. E como alguém que passou boa parte da vida acomodada em um assento de classe econômica em voos transatlânticos de doze horas, estou bastante ciente do trabalho que precisa ser feito (podemos começar com todo aquele excesso de embalagens plásticas de lanches das companhias aéreas!). Apesar dos horrores das cápsulas de café descartáveis em quartos de hotel, feitas com café de baixa qualidade, dos intermináveis copos plásticos de água em voos e da visão de milhares de turistas descendo em áreas de beleza natural, tenho esperança de que a mudança esteja próxima. Já está sendo desenvolvido um combustível de aviação ecológico. Com sorte, após passarmos por uma pandemia, todos pensaremos duas vezes antes de embarcar em um avião para um compromisso profissional de apenas um ou dois dias. Em um capítulo posterior, analiso menos o consumo de energia do transporte em viagens e mais como o setor de hotelaria pode liderar o caminho em todas as faixas de preço. Aprendi que tudo o que nós, viajantes em férias, precisamos fazer é uma pequena pesquisa, além de nos interessarmos em apoiar mudanças positivas.

No capítulo em que falo sobre viagens, compartilho as histórias de três hotéis diferentes — um hotel chique perto de Bournemouth, na costa inglesa, um calmo refúgio nos fiordes noruegueses e um safári sofisticado que trabalha incansavelmente para a conservação em todo o continente africano —, mas a fonte de minha inspiração foi, na verdade, algumas das experiências que tive em hotéis no meu país natal, a Índia.

Na verdade, são esses tipos de viagens e estadias fortuitas que me lembram de que, em todos os lugares, existem empreendedores em busca de um modelo diferente de negócios. Há mais de cinco anos, eu estava em Pondicherry, uma cidade litorânea no sul da Índia, conhecida por sua influência portuguesa. Reservei uma estadia no Villa Shanti, um hotel relativamente novo, com acomodações modernas e uma forte estética indiana. Certa noite, durante o jantar, o proprietário, Ségiyane Sylvain Paquiry, veio até minha mesa para verificar se estava tudo certo com a minha refeição. Conversamos por horas sobre como ele abriu esse hotel e uma propriedade próxima. Ele foi criado em Pondicherry e queria construir um hotel que celebrasse os elementos históricos e lúdicos dessa cidade tão colorida. Não se tratava apenas de seu amor pelo artesanato indiano, pelas artes e pela preservação meticulosa da arquitetura antiga e em ruínas, mas também de seu desejo de construir um lugar de trabalho que fosse enriquecedor para toda a sua equipe.

Ele me explicou que, por ser uma cidade menor na Índia, Pondicherry tinha menos pessoas com treinamento formal em hospitalidade. Além disso, muitos dos funcionários do hotel iam embora quando chegavam à idade de se casar ou devido a outros problemas relacionados à família. Por isso, ele montou um esquema social para eles, oferecendo empréstimos para quaisquer eventos ou emergências importantes que surgissem, e investiu no treinamento dessas pessoas. É algo simples, ele me disse, mas, para pessoas que, de outra forma, recorreriam a um agiota ou ficariam tímidas demais para reconhecer que não sabem fazer algo, foi uma ajuda e algo que as fez se sentirem mais à vontade. Ele não pensou no hotel como uma empresa social; era um lugar divertido e voltado para o futuro, no qual os viajantes se reuniam todas as noites. Ainda assim, sem saber, Paquiry havia se concentrado em uma forma de sua empresa ser capaz de regenerar uma comunidade. Ele trouxe esse espírito de coletividade para seu negócio, e é disso que este livro trata — de empresários que administram empresas com alguma consideração com relação às pessoas.

Se é difícil identificar as respostas "certas" no setor de turismo, o mundo das finanças é ainda mais complicado. Para financiar todas essas empresas, é preciso dinheiro, mas o que vemos é que os grandes bancos, especialmente nos EUA, têm apoiado a agricultura de grande porte, as indústrias de carvão e de gás e a venda de munições, entre outros setores controversos. Há mais de uma década, tomei conhecimento de um novo tipo de financiadores, os chamados investidores de impacto. Desde então, o termo se tornou bastante popular, mas encontrar um verdadeiro investidor de impacto ainda é uma tarefa difícil, segundo alguns empresários. Assim, o setor financeiro talvez seja o que mais precisa trabalhar essa mudança, com bancos e investidores capazes de mudar sua mentalidade para uma que seja verdadeiramente de longo prazo. Mesmo na era das marcas voltadas para uma causa, de marcas que vendem direto para o consumidor e de toda a retórica sobre empresas com uma missão, ouço os fundadores dizerem que têm dificuldades com os investidores: a pressão por desempenho é constante — em planilhas e em volume.

É por isso que fiquei intrigada quando entrei na sede do Triodos Bank, na Holanda, um território semelhante a uma floresta. Isso era muito diferente do Vale do Silício. Eis uma empresa que se inspirou no movimento biodinâmico, cuja filosofia defende que toda agricultura deve ser holística, utilizando ao máximo os recursos encontrados na fazenda para crescer de maneira orgânica. Parece um pouco hippie? Pois bem, o Triodos é um banco que tem mais de 20 bilhões de euros em ativos sob sua gestão. Não é exatamente uma cooperativa local.

O Triodos não está sozinho nessa. Existem outras empresas que estão tentando tornar a busca por captação de recursos mais aceitável. A Capria Ventures, uma empresa de investimentos com sede em Seattle, tem trabalhado incansavelmente para tornar o capital menos centrado nos Estados Unidos e na Europa. Na África Oriental, que tem assistido a um surto de atividade empresarial, eles querem ajudar a identificar investidores locais para startups locais. Em vez de sempre recorrerem a empresas de investimento norte-americanas ou europeias para obter capital, eles argumentam que há dinheiro suficiente disponível localmente para investimento; é uma questão de associar uma ideia a outra. E não é apenas por conveniência — é para criar uma cultura de investimento em todo o continente e ajudar a treinar a próxima geração. Esse investidor brinca com a tendência daqueles que têm capital para investir de participarem do "investimento de paraquedas" — eles chegam, avaliam a paisagem e depois vão embora. Isso certamente não é sustentável.

Ao terminar este livro, vi uma mudança acontecendo. Ideias de sustentabilidade que eram consideradas marginais se tornaram mais comuns. Quando grandes varejistas começam a publicar relatórios de impacto e a estabelecer metas para se tornarem neutros em carbono, parece que a mensagem está se espalhando e sendo ouvida. A pandemia de covid-19 obrigou as empresas a analisar como tratam seus funcionários e sua equipe. Embora tudo isso possa parecer uma boa notícia — e algumas são —, também levantou questionamentos sobre o greenwashing e a inclinação de aderir a uma tendência por ser o assunto do momento.

Então, vamos abordar a palavra com G: greenwashing. É definitivamente um problema. Já vi inúmeros exemplos de empreendedores que adoram enfatizar seu impacto ambiental, que fazem declarações grandiosas sobre o alcance de suas empresas — francamente, se você é um cliente que está apenas lendo o jargão de marketing no site da empresa ou no feed da rede social, pode ser difícil determinar o que é genuíno e o que é falso.

No entanto, o que vi repetidas vezes ao me envolver com muitos CEOs e fundadores durante a pesquisa para este livro é que aqueles que estão buscando redefinir os negócios de verdade costumam fazer o que falam. Eles estão vivendo vidas simples, são acessíveis e estão ansiosos para debater assuntos e ouvir as pessoas, passam tempo individualmente com os parceiros em suas cadeias de suprimentos, evitam os holofotes e estão mais envolvidos com as complexidades de seus negócios do que com a linguagem utilizada pelo marketing.

Na verdade, a maioria dos líderes das empresas apresentadas neste livro não está perseguindo isso porque está na moda ou porque acha que chegou a hora de prestar atenção ao impacto que suas empresas causam. A motivação vem de sua concepção de negócio, e esse é o fator determinante. Chame de regenerativo, restaurador ou use qualquer outra palavra que desejar. Para eles, não se trata de uma palavra da moda. Trata-se de enfrentar um dilema mais profundo que precisa ser resolvido. Os chavões do marketing são passageiros. Mas o impacto que uma empresa causa, seja bom ou ruim, é duradouro. Portanto, é para isso que eles voltam sua atenção.

É importante observar que algumas dessas empresas podem fracassar no longo prazo; essa é a realidade dos negócios. Mas esses empreendedores optaram por tentar uma alternativa, e acredito que vale a pena analisar o trabalho deles para ver quais insights podem ser retirados para a versão 2.0 dos negócios.

Capítulo 1

SOLO

O Elemento Mais Fundamental

O solo é, provavelmente, a última coisa em que pensamos quando compramos algum item. Como é fabricada a camiseta ou o sapato que usamos e como isso impactou o solo? De que forma o café que bebemos impactou o solo em que os grãos cresceram? Qual foi o resultado: a restauração ou a degradação do solo? O solo saudável — que não é o mesmo que sujeira — é um elemento fundamental para as commodities comercializadas na economia global: algodão, café, chá, borracha, cacau, trigo, aveia. Muitos dos produtos que consumimos diariamente são cultivados no solo, e não em fábricas. O solo não é atraente, mas é essencial para nos manter vivos — de verdade. Viemos dele e para ele voltaremos. Ele está no centro da existência humana. No entanto, está enfrentando uma crise neste momento. E, se não tiver nutrientes, não importa que tipo de semente seja plantada nele — ela terá dificuldade para crescer.

O solo é crucial para a economia global. Pense em cada item presente em nosso cotidiano, como os móveis, que dependem da madeira para serem fabricados, ou os sapatos, que, muitas vezes, são feitos de couro, um subproduto da indústria da carne, proveniente dos animais que consomem gramíneas. Para fabricar as clássicas camisetas que tanto gostamos de usar, precisamos de fardos de algodão. A pecuária, a silvicultura e os têxteis estão todos diretamente relacionados à saúde do solo. A criação de animais concentrada em apenas uma área pode ter um efeito negativo sobre a qualidade do solo e levar ao sobrepastoreio. O desmatamento para a extração de madeira ou o uso da terra para a pecuária afeta a flora e a fauna do local. E o cultivo agressivo de algodão é capaz de esgotar o solo.

Segundo David Montgomery, professor de ciências da terra e do espaço da Universidade de Washington e autor do livro *Erosão: Dos Solos Às Civilizações*, que descreve os problemas resultantes do solo estressado, grande parte do solo de todo o mundo está se transformando em sujeira. Acontece que as sociedades que degradaram seu solo não tendem a prosperar.

Em tom de brincadeira, Montgomery descreve o solo fértil como um "casamento entre a geologia e a biologia". Ele explica que, para produzir esse solo, "a matéria mineral das rochas precisa se decompor. Não na forma sólida de El Capitan [do Vale de Yosemite], mas [como] rochas menores que lentamente se envolvem com a matéria orgânica, feita de organismos vivos ou de organismos outrora vivos. Essas duas coisas se unem para criar solos férteis e saudáveis. As plantas precisam dos elementos minerais para se formar e crescer. Elas precisam desses micronutrientes que derivam das rochas. O problema, no entanto, é que as rochas se decompõem muito devagar".

Quando esse casamento entre o pó de pedra e a matéria orgânica dá errado — quando a camada superficial do solo é arrancada ou lavada, restando apenas rochas —, as sociedades têm dificuldade para cultivar seus produtos nesse solo frágil. Reconstruir a camada superficial do solo não está fora de questão, porém isso se torna uma tarefa difícil sem todos esses nutrientes e a matéria orgânica. Quando Montgomery publicou *Erosão*, em 2007, ele estava tentando despertar as pessoas para a realidade iminente da perda de solo. Parece que ainda estamos tentando fazer isso, embora a evidência das consequências esteja mais clara para nós agora.

De acordo com uma pesquisa sem financiamento divulgada em 2017, um terço do solo do planeta está esgotado. Estamos perdendo solo fértil, cerca de surpreendentes 24 bilhões de toneladas por ano.[1] As estatísticas não estão completas, então a situação pode ser ainda pior do que o indicado pelas informações que temos. É difícil compilar dados mundiais sobre a desertificação (quando a terra fértil se transforma em deserto) e a degradação do solo (o esgotamento da matéria orgânica nele), pois eles são muito abrangentes. Esses dados são mantidos em agências específicas em nível nacional e estão ausentes em grande parte do planeta. Para monitorar isso mais de perto e desenvolver um conjunto sólido de dados globais, a Convenção das Nações Unidas de Combate à Desertificação elaborou uma nova publicação, a *Global Land Outlook*, responsável por mapear a qualidade do solo em todo o mundo.

O Centro Comum de Pesquisa da Comissão Europeia traçou os motivos por trás desse fenômeno. Nas últimas duas décadas, a produção agrícola aumentou e a quantidade de terra irrigada dobrou, mas essa agricultura intensiva — muitas vezes com o uso de fertilizantes e pesticidas carregados de substâncias químicas — retira os nutrientes do solo. Se a terra deixa de ser fértil, os agricultores a abandonam, resultando em desertificação. Portanto, em 2017, o Centro Comum de Pesquisa citou uma diminuição da produtividade em 20% das terras agrícolas do mundo, em 16% das florestas, em 19% dos pastos e em 27% das pastagens.[2]

A importância da qualidade do solo é, muitas vezes, negligenciada. Na agricultura, o foco é a produção, não o solo em que a cultura é cultivada. No entanto, tudo que cresce no solo extrai os nutrientes dele. O problema é que, atualmente, o solo em grande parte do mundo é desprovido de nutrientes. Segundo alguns especialistas, o resultado disso são plantações também desprovidas de nutrientes.

Em 2004, Donald Davis e sua equipe de pesquisadores da Universidade do Texas já haviam começado a analisar essa questão. Seu estudo, publicado na edição de dezembro de 2004 do *Journal of the American College of Nutrition*, comparando dados nutricionais registrados em 1950 com dados correspondentes em 1999, indicou que 43 frutas e vegetais diferentes tiveram "declínios confiáveis" nas quantidades de proteína, cálcio, fósforo, ferro, vitamina B12 e vitamina C. Outros quinze anos se passaram desde que Davis e sua equipe divulgaram esse estudo, e a agricultura continua a se expandir com foco no volume, não na qualidade.

Na verdade, de acordo com as Nações Unidas, a agricultura é o principal uso que o ser humano faz da terra. Ela cobre 38% da superfície terrestre do mundo, excluindo a Groenlândia e a Antártica. Desde o advento das máquinas agrícolas, no século XIX, o uso agrícola da terra aumentou consideravelmente.[3]

Essa situação está acontecendo em todo o globo. A ONU relata que "as terras degradadas representam mais de um quinto das florestas e das terras agrícolas na América Latina e no Caribe", e a agricultura é, hoje, a "causa mais significativa da atual conversão de terras nos trópicos, resultando na perda da biodiversidade e de serviços ambientais".[4]

Para agravar o problema, nossa população está aumentando. Com mais pessoas no mundo, não apenas vem o fardo de alimentar mais bocas, como também a necessidade de desenvolver a infraestrutura. Entre 2002 e 2010, mais de 3,2 milhões de hectares de terras agrícolas e espaços abertos foram ocupados pela expansão urbana e suburbana.[5]

Quando as terras abertas e as terras agrícolas são urbanizadas, trocamos o solo pelo asfalto e perdemos sua capacidade de aproveitar o carbono. Segundo pesquisadores, ter um solo saudável pode ser uma ótima maneira de suavizar a poluição e os gases do efeito estufa. Robert Jackson, professor de ciência do sistema terrestre na Universidade Stanford, estudou exatamente esta questão: o ciclo do carbono do solo. Em um estudo publicado em 2017, ele escreveu: "O solo é um componente importante do ciclo do carbono; contém mais carbono do que a biomassa vegetal e a atmosfera juntas. É uma solução climática sem riscos e com grandes benefícios colaterais. Promover a saúde do solo proporciona a segurança dos alimentos e aumenta sua resistência a secas, inundações e à urbanização."

O rápido declínio da saúde do solo levou as Nações Unidas a instituir um dia internacional anual dedicado a essa questão — o Dia Mundial do Solo, em 5 de dezembro. No Dia Mundial do Solo de 2017, a agência de notícias Reuters, em um fórum sobre a saúde do solo em Roma, organizado pela Food and Agriculture Organization, relatou algumas notícias angustiantes: se as taxas atuais de degradação continuarem, "toda a camada superficial do solo pode desaparecer dentro de sessenta anos". Volkert Engelsman, um ativista que participou do fórum, disse ao repórter da Reuters: "Estamos perdendo o equivalente a trinta campos de futebol de solo a cada minuto, principalmente devido à agricultura intensiva."

Embora a conscientização sobre a saúde do solo tenha aumentado, o uso de substâncias químicas e de pesticidas, uma das causas da degradação do solo, não está diminuindo. Em 2010, o Departamento de Agricultura dos Estados Unidos (USDA) relatou que 97% da área cultivada com milho no país precisava de fertilizantes. Compare isso com 1964, quando a porcentagem era de 85. A pesquisa do USDA pontuou que, em 1964, os agricultores estavam adicionando 65kg de nitrogênio por hectare de terra; em 2010, esse número havia subido para 157kg por hectare — mais do que o dobro.

A Agência de Proteção Ambiental dos EUA declara que "a poluição por nutrientes é um dos problemas ambientais mais disseminados, custosos e desafiadores dos Estados Unidos, e é causada pelo excesso de nitrogênio e fósforo no ar e na água".[6] Embora o nitrogênio possa estimular o crescimento de microrganismos e algas, se utilizado em grandes quantidades, ele também pode se tornar uma ameaça. Infelizmente, os fertilizantes ricos em nitrogênio estão contribuindo para esse problema. E esse tipo de fertilizante é tão difundido que mais de 210 milhões de norte-americanos podem estar bebendo água poluída com nitratos.

Essas práticas agrícolas estão colocando as pessoas e o solo em risco. De acordo com as Nações Unidas, a saúde do solo foi afetada como resultado de três tipos diferentes de degradação: física, química e biológica.[7] A física se refere à erosão, resultando em um solo muito fraco para reter a umidade. A química se refere à perda de nutrientes e ao solo que se tornou extremamente ácido. Isso está relacionado a resíduos tóxicos, escoamento e uso excessivo de substâncias químicas e fertilizantes. E, por último, a degradação biológica ocorre quando a lavoura e o plantio direto alteram a composição e a estrutura do solo, eliminando seus nutrientes.

Os Estados Unidos, que, nas últimas décadas, se concentraram no agronegócio e na agricultura em larga escala, estão vendo todas essas questões serem levantadas. Segundo alguns especialistas, mais de 50% da camada superficial do solo dos Estados Unidos sofreu erosão.[8] Montgomery explica que uma faixa de terra da Virgínia à Geórgia, no sudeste dos EUA, está sofrendo com isso agora: "A camada superficial do solo desapareceu. Os agricultores estão dependendo de fertilizantes químicos para aumentar a produtividade. Mas a principal questão é: por quanto tempo será possível fazer isso e quão nutritivo é esse alimento?"

Segundo ele, em Iowa, a situação é diferente: "Eles perderam cerca de 50% da camada superficial do solo, porém o que restou é um solo bom e, se a matéria orgânica puder ser reconstruída, é possível recuperá-lo."

Gabe Brown, um fazendeiro e criador de gado em North Dakota, fez exatamente isso. Em 1997, ele decidiu abandonar o uso de fertilizantes sintéticos em sua fazenda e adotar uma abordagem mais regenerativa. Ele já havia cultivado e tratado o solo da fazenda de acordo com os métodos convencionais modernos, mas isso não estava funcionando.

Agora Brown percorre o país, contando sobre sua experiência em reuniões e encontros de fazendeiros agrícolas, para incentivar outros agricultores a mudarem suas práticas. Ele inicia suas palestras apresentando alguns fatos e números básicos, fundamentados na ciência e em evidências para defender seu ponto de vista sobre a perda do solo e de sua fertilidade. Em 1960, a profundidade da camada superficial do solo na Dakota do Norte era de 86,36cm; em 2014, havia caído para 38cm — uma perda de mais de 50%. Além disso, a matéria orgânica do solo passou de 8% para 3%.

Brown diz que nem sempre o clima catastrófico é a causa de inundações nas terras agrícolas. Ele acredita que o solo perde a capacidade de absorção da água porque fica inundado. Em seguida, ele mostra duas imagens lado a lado: uma área de terra de sua fazenda e uma área de terra da fazenda de um vizinho. O solo da sua fazenda é escuro, rico em carbono, úmido e repleto de minhocas. O do vizinho apresenta uma coloração mais clara, está compactado e tem pouco espaço para a água penetrar e se infiltrar profundamente no solo — a água de que ele precisa durante os períodos mais secos.

Brown é amigável e se relaciona bem com seu público, seus colegas agricultores. "O lema deste grande estado da Dakota do Norte é 'Força através do solo'. É por isso que estou aqui hoje para conversar com vocês sobre esse assunto", ele diz.

Desde que ele evoluiu de um pecuarista e agricultor convencional que cultivava, fertilizava e dependia da monocultura (plantar a mesma cultura no mesmo local repetidas vezes) para administrador de uma fazenda regenerativa lucrativa de mais de 2 mil hectares, ele conhece a jornada — e o medo — relacionada a recorrer a uma nova prática, principalmente quando o bem-estar e o sustento da família dependem do sucesso de seu negócio.

"O modelo convencional tem tudo a ver com matar, seja uma erva daninha, uma praga, um fungo ou a diversidade", diz Brown. "Mas existe outra maneira de fazer isso — imitando a natureza. Eu diria que esse é o modelo convencional porque ele existe há muito mais tempo."

A agricultura regenerativa trata a fazenda como um ecossistema coletivo. Não se trata somente de plantar fileiras de frutas e vegetais orgânicos. Trata-se de culturas de cobertura, rotação de culturas, incorporação de animais na fazenda (e do uso de seu excremento!), de repensar o manejo de ervas daninhas e pragas e, também, oferecer salários dignos às pessoas que trabalham lá. Como o termo "regenerativo" está se tornando cada vez mais amplamente utilizado, é preciso fazer uma distinção entre esse termo como uma prática agrícola e a certificação para produtos orgânicos regenerativos. Estes últimos têm como base as certificações orgânicas existentes e, combinadas com as certificações sociais (como a Fairtrade), valorizam todos os elementos da fazenda. Vai além dos rendimentos e de uma lista de substâncias químicas que não devem ser pulverizadas: analisa como a fazenda e seus componentes — desde o solo até o gado e os trabalhadores — podem desempenhar um papel na regeneração.

Montgomery diz, ainda, que "a natureza leva muito tempo para preparar 2,5cm de solo, mas nós conseguimos prepará-lo muito mais rápido, aproveitando nossa capacidade de trazer matéria orgânica para aprimorar o que a natureza levaria muito tempo para fazer".

Para entender melhor o que funcionou, Montgomery viajou ao redor do mundo para se encontrar com agricultores que estavam tentando reconstruir o solo. Segundo ele, a solução — "bastante viável" — é reduzir o uso de pesticidas e de substâncias químicas, fazer a rotação de culturas, a introdução de uma diversidade de culturas e usar plantas de cobertura. Isso é exatamente o que Brown tem feito em Dakota do Norte. Ambos chegaram à mesma conclusão, um partindo de seu quintal em Washington e o outro de sua fazenda nas Dakotas.

David Pimentel, professor de ecologia em Cornell, disse ao *Cornell Chronicle*, o jornal da universidade, em 2006: "A erosão do solo perde apenas para o crescimento populacional como o maior problema ambiental que o mundo enfrenta. No entanto, o problema, que está se tornando cada vez mais crítico, está sendo ignorado, afinal quem se empolga com a sujeira?" No entanto, apesar do imaginário bucólico e da noção romântica que algumas pessoas têm dela, a agricultura é um negócio. Portanto, se as práticas e os valores comerciais puderem recuperar a qualidade do solo e, ao mesmo tempo, manter a lucratividade, as estatísticas adversas descritas anteriormente poderão ser revertidas.

PISANDO EM SOLOS MAIS SAUDÁVEIS

Por mais que possa parecer óbvio que o setor alimentício deve se preocupar em investir na saúde do solo, o que dizer das marcas de varejo da moda? Como essas empresas podem ajudar a melhorar a qualidade do solo se não vendem chá, café, frutas ou vegetais? Elas não estão localizadas nas colinas ou nas fazendas. Elas seriam mesmo afetadas se houver a degradação do solo em outro local?

A resposta curta é: Sim, e muito!

O algodão é um dos materiais mais usados para fabricar roupas e acessórios. Há muito tempo, é um produto cultivado com uma grande dose de pesticidas, o que contribui para a má qualidade do solo. Quando dois empresários franceses, Sébastien Kopp e François-Ghislain Morillion, decidiram fabricar sapatos, eles não sabiam nada sobre isso. Hoje, eles administram uma marca multimilionária, a Veja, que está focada em uma coisa: fabricar os calçados mais ecologicamente corretos possíveis. Nos últimos dezessete anos, à medida que a empresa crescia, eles também ajudaram a reconstruir o solo em fazendas de algodão orgânico no Brasil e a preservar o dossel da Amazônia e seu solo rico em carbono.

Conheci Kopp em um hotel chique no coração de Paris, nos arredores da Place Vendôme, onde estava acontecendo a Paris Fashion Week. Kopp chegou vestindo jeans velhos e um par de Vejas desgastado. Em meio a uma multidão de mulheres com vestidos justos, com lantejoulas e cheias de joias, ele definitivamente era o homem estranho no ambiente. Mas ele prefere assim.

"Alguns dias atrás, eu estava na Amazônia e, agora, estou sentado aqui com você", ele disse, enquanto tomava um café expresso. "É incrível que isso tenha acontecido tudo no mesmo planeta e na mesma semana."

Kopp está menos interessado no que está na moda e mais interessado em fazer as pessoas enxergarem a conexão entre as roupas que vestem e como elas são produzidas. Ele abomina a palavra "sustentável". "Não usamos 'sustentável', 'ético', 'lento' ou qualquer outro termo usado para descrever a moda alternativa. Nosso foco está em apenas sermos transparentes e justos", disse Kopp.

A transparência e a ética não estiveram no centro do mercado global de calçados esportivos, que, em 2015, foi estimado em incríveis US$75 bilhões. Espera-se que aumente outros US$15 bilhões até 2023.[9] Kopp e Morillion querem ver quanto desse mercado eles conseguem ganhar ou transformar com sua maneira nada tradicional de pensar.

Nascidos nos anos 1980 e formados em desenvolvimento global e ciência política, a dupla passou alguns anos após a faculdade viajando pelo mundo para ver como funcionavam projetos de responsabilidade social corporativa na prática. Eles ficaram bastante desapontados com os resultados. "Havia muita conversa, pouca transparência ou ações reais no local", conta Kopp.

Em 2003, ao realizar auditorias para uma marca de moda francesa em uma fábrica chinesa, eles encontraram 30 trabalhadores amontoados em uma sala de 25m^2 com uma única abertura para drenar a água do chuveiro e, também, para permitir que eles fizessem suas necessidades. "Percebemos que a globalização tinha dado errado", diz Kopp.

Eles voltaram para Paris e optaram por trabalhar com uma pequena marca francesa, a Alter Eco, focada no comércio justo. A Alter Eco, que, na época, estava apenas iniciando seus trabalhos, construía um negócio em torno de cadeias de suprimentos diretas, um conceito "radical, porém óbvio", segundo Kopp. A empresa vendia suco de laranja, chocolate, arroz, chá e café, que eram adquiridos diretamente de grupos de agricultores aos quais ela pagava salários de comércio justo. A Alter Eco foi fundada em 1998 e cresceu nos anos 2000, abrindo filiais nos Estados Unidos e na Austrália. Na época, a conversa relacionada aos negócios ainda estava ligada à filantropia; até mesmo a responsabilidade social corporativa (RSC) ainda não havia entrado no léxico corporativo.

Kopp e Morillion, no entanto, já eram viajantes experientes e, tendo visto as operações de back-end das empresas, perceberam que era possível construir um negócio que beneficiasse os produtores, não os comerciantes. "A maioria das pessoas não percebe que grande parte de seu dinheiro está indo para o marketing, e não para o produtor", diz Kopp.

Inspirados pela Alter Eco, os dois decidiram lançar um projeto próprio, com foco na "desconstrução do tênis". Os tênis se tornaram populares no final da década de 1980 e nos anos 1990 como vestuário para o dia a dia, muitas vezes com atletas usando e divulgando os estilos mais recentes. Porém, de acordo com Kopp, a maior parte do dinheiro gerado pelas grandes marcas estava indo para orçamentos de marketing, não para a cadeia de suprimentos. "Não sabíamos muito sobre calçados, mas era algo que todos usavam; nós adorávamos usar tênis quando éramos adolescentes e sabíamos que conseguiríamos obter todas as peças necessárias para fabricar o calçado em um só lugar: o Brasil."

Eles já tinham viajado diversas vezes para o Brasil, mas havia um problema real: nenhum dos dois falava português fluentemente. Porém isso não os impediu: "Percebemos que, se nós, dois franceses idiotas de 25 anos, que nem sequer falavam direito o idioma, conseguíssemos descobrir como criar uma cadeia de suprimentos justa e transparente, então as grandes empresas também poderiam fazê-lo — se quisessem."

Investindo aproximadamente US$5.500 (€5 mil) cada, eles se propuseram a construir o primeiro protótipo de calçado para a Veja (uma conjugação do verbo "ver" que sugere "ver o que há por trás da etiqueta"). Atualmente, para o cabedal de seus calçados, os modelos da Veja usam diferentes combinações de algodão orgânico, couro e um material que eles chamam de "b-mesh", feito de garrafas plásticas recicladas e couro. Vinte e dois modelos usam apenas algodão orgânico. As solas são feitas de uma mistura de borracha natural e sintética, proporcionando desempenho e durabilidade.

Quando Kopp e a Morillion começaram, o algodão orgânico não estava tão prontamente disponível. Mesmo uma década depois, Kopp admite: "Nem sempre tínhamos o suficiente para fabricar todos os nossos cadarços em algodão orgânico."

Em 2004, apenas um ano após terem despertado para a realidade naquela fábrica chinesa, Kopp e Morillion se empenharam em construir uma cadeia de suprimentos para a Veja. Eles visitaram a Associação de Desenvolvimento Educacional e Cultural de Tauá (ADEC), uma cooperativa de cerca de 30 agricultores na época — com 88 em 2022 — que produzia algodão orgânico no nordeste do Brasil. "Havia seis anos que esses agricultores não estavam conseguindo vender seu algodão orgânico", conta Kopp.

Eles estavam praticando a agroecologia, uma forma mais sutil de agricultura que ultrapassa a orgânica. Esses agricultores estavam trocando as monoculturas (apenas de algodão) por uma variedade de alimentos básicos que ajudavam a sustentar suas famílias e o solo. Além do algodão, eles cultivavam milho, gergelim e feijão — a maior parte de sua dieta.

"Na época, não sabíamos muito sobre agroecologia. Aprendemos que era muito mais do que apenas orgânico. Então conhecemos o papa da agroecologia, o Pedro Jorge", lembra Kopp. Agroecologia é exatamente o que o nome sugere: a agricultura que tem um papel no mundo mais amplo da ecologia. É um reconhecimento de que a agricultura não precisa acontecer de maneira isolada; ela pode fazer parte do mundo natural mais desordenado. Jorge, uma das mentes mais brilhantes da agricultura no Brasil, evitou as práticas agrícolas tradicionais que visavam aumentar a produtividade. Em vez disso, ele se tornou um defensor da agricultura que tem o cuidado de não danificar os recursos enquanto maximiza e usa o excedente que a natureza oferece para a produção de alimentos.

Kopp e Morillion seguiram sua orientação, adquirindo o algodão da ADEC. "Optamos pelo algodão orgânico de comércio justo porque a maior parte do algodão produzido todos os anos no mundo vem de monoculturas intensivas", diz Kopp. "O que as monoculturas fazem? Elas acabam com a qualidade do solo."

Em 2007, eles foram à primeira feira de algodão orgânico do Brasil, onde conheceram Maria Valdenira Rodrigues de Almeida, de um vilarejo do nordeste do Brasil, cujo pai era agricultor. Era uma família de poucos recursos, mas Rodrigues era estudante universitária. Ela havia absorvido esse conhecimento local e decidiu se especializar em agronomia. Aos 27 anos, ela estava em uma universidade aprendendo sobre agroecologia — exatamente o que os fundadores da Veja queriam praticar e apoiar. Depois que ela concluiu seus estudos, eles a convidaram para trabalhar como engenheira agrícola para a startup.

Dez anos depois, Rodrigues se tornou um trunfo para a marca, diz Kopp. "A maioria das marcas de moda não tem um engenheiro agrônomo, mas, se você está fabricando um produto de algodão, faz todo o sentido ter um."

Não é fácil cultivar algodão nesse canto do Brasil. Trata-se de uma área seca e ressecada do país que vem enfrentando essas condições há seis anos. De acordo com Rodrigues, a mudança climática já está sendo sentida: "Os agricultores tiveram de vender seus animais porque não tinham comida nem água."

Todo o algodão orgânico nesta região é alimentado pela chuva, em vez de ser irrigado. No entanto, em 2015, a seca se tornou tão severa que a Veja não teve nenhuma colheita de algodão orgânico. Naquele ano, a empresa recorreu ao uso de algodão orgânico reciclado e, desde então, expandiu sua cadeia de suprimentos para incluir algodão orgânico do Peru, a fim de garantir que tivessem suprimento suficiente. É por isso que, segundo Rodrigues, é ainda mais importante pensar em como eles cultivam: se a água é escassa, o solo precisa ser fértil para que os agricultores possam realizar suas colheitas.

Isso significa deixar que os bichos controlem a terra, em vez dos pesticidas, ela explica. "A agricultura convencional utiliza substâncias químicas para controlar pragas e doenças; [essas] substâncias [não] fazem seleção entre patógenos benéficos ou malévolos e acabam destruindo predadores naturais e a fauna do solo. Ao não utilizar substâncias químicas na produção orgânica, ajudamos a preservar esses inimigos naturais, como a joaninha."

Com o investimento da Veja na região e o compromisso de comprar cada safra, os agricultores estão aprendendo uns com os outros sobre como gerenciar melhor estes desafios. "Tem sido benéfico para eles aprenderem sobre o manejo sustentável da terra", diz Rodrigues. "A troca de conhecimentos que acontece entre agricultores de diferentes regiões em diversos encontros está ajudando a espalhar a mensagem."

De 2004 a 2021, a Veja comprou 954.358 quilos de algodão orgânico. Só em 2021, comprou 410 mil quilos de algodão (cerca de 905 mil libras esterlinas em algodão) antes da colheita efetiva, a produção de 200 famílias. A empresa e a cooperativa decidiram tornar públicas todas as suas transações; os consumidores podem ver os contratos realizados entre a cooperativa de algodão e a Veja.

Ao divulgar todos os detalhes, incluindo a precificação de sua cadeia de suprimentos, Kopp espera que os consumidores passem a exigir as mesmas informações de grandes participantes do setor de calçados, criando um efeito dominó.

Semelhante à sua cadeia de suprimentos de algodão, Kopp decidiu seguir um caminho não convencional também com as solas dos calçados.

"De que é feita a sola desse calçado?", ele diz, apontando para um espectador que está usando um par de tênis qualquer. "Não é borracha. Dizem que é borracha, mas é borracha sintética ou plástico."

Kopp queria que as solas de seus calçados fossem feitas de borracha proveniente da Floresta Amazônica. Há mais de dez anos, quando Kopp e Morillion fizeram sua primeira viagem ao Brasil para fundar a Veja, eles fizeram amizade com os seringueiros da reserva extrativista Chico Mendes, no estado do Acre.

"Quando íamos para a floresta", ele lembra, "as famílias achavam que era loucura pagá-las para extrair borracha silvestre e ajudar a manejar as árvores para não extrair borracha em excesso".

Agora, dezessete anos depois, elas se tornaram administradoras da terra, protegendo-a do desmatamento. "Eles me dizem que estão preocupados. Não é mais como costumava ser quando eles eram crianças. A floresta está mais seca. A mudança climática está se aproximando. Mas vemos que nossa atuação tem causado um impacto sobre a floresta por meio de nosso trabalho", Kopp explica.

Às 10 horas na Floresta Amazônica, José Ribamar, um seringueiro de 52 anos, já visitou todas as 130 seringueiras de sua propriedade, situada dentro da reserva extrativista Chico Mendes. Ribamar mora na terra, mas não é dono dela. Em vez disso, ele gosta de se referir a si mesmo como um protetor da floresta.

Ele cresceu na Floresta Amazônica e foi apresentado à extração de borracha aos 8 anos de idade. Filho de seringueiro, ele acompanhava o pai nas visitas diárias às árvores. No entanto, quando ele tinha 14 anos, seu pai faleceu. Como era o mais velho de cinco irmãos, ele assumiu o papel de provedor da família. E fez o que sabia: Ribamar continuou a colher e a vender a borracha durante mais vinte anos. Mas, então, segundo ele, o mercado de borracha natural desapareceu. "Não havia mais compradores."

Assim, ele deixou as árvores para trás e passou a cultivar legumes e frutas na terra à beira do rio para vender no mercado local. Até que ele ouviu falar da Veja e conheceu Bia Saldanha, parceira de longa data da Veja na Amazônia. Saldanha é uma estilista carioca que vinha fazendo experiências com a borracha natural na moda e em acessórios. Depois ela se mudou para Rio Branco, cidade de 400 mil habitantes que serve como porta de entrada para o oeste da Amazônia. Saldanha fez amizade com os seringueiros locais, movimentando e organizando um mercado aparentemente esquecido.

Ribamar é grato. "O projeto Veja é ótimo", ele diz. "É uma bênção, na verdade, porque está salvando muitos jovens de uma vida de trabalho com o gado, que depende de substâncias químicas e não é saudável para eles."

Ao entrar na floresta pela cidade de Rio Branco, podemos avistar essas fazendas de gado que margeiam as estradas. É difícil não vê-las. A pecuária está se tornando uma opção tentadora, que parece oferecer a perspectiva de lucro maior por hectare do que é possível obter com a extração da borracha. Ribamar discorda. "Se você compra a ração para os animais, além de todas as coisas de que precisa para cuidar deles, você acha mesmo que está ganhando mais dinheiro? Eu não acho."

Segundo ele, além da economia, o clima está mudando. "Está ficando cada vez mais quente. Se você não terminar o trabalho na terra até as 10h da manhã, você sente a pele queimar", ele diz.

É por isso que ele se levanta às 4 horas todas as manhãs e passa de cinco a seis horas batendo nas árvores sob a sombra do dossel. "Quando preservamos a seringueira, preservamos diversas outras espécies de árvores, plantas, animais — todos os outros seres vivos relacionados a ela", conta ele.

Talvez a Amazônia seja o único lugar onde ainda existem seringueiras em estado selvagem. A Veja começou comprando apenas borracha CVP, ou cernambi virgem prensado, termo usado para descrever o látex coagulado coletado da floresta. Antes do advento do CVP, os seringueiros tinham que coletar a borracha ainda líquida, geralmente no mesmo dia, para produzir as folhas de látex. Com o CVP, eles podem retornar à trilha da borracha após a coagulação do látex, geralmente dois ou três dias depois, o que lhes dá mais tempo para fazer outras tarefas. Além disso, a seringueira não deve ser explorada com muita frequência, portanto esse método economiza tempo e é mais eficiente. Kopp explica que, devido ao surgimento da borracha sintética nas últimas quatro décadas, muitos desses seringueiros passaram a usar outras formas de ganhar a vida, como a criação de gado e a extração de madeira. Mas ambos os modos de vida significavam eliminar as árvores, em vez de preservá-las. Isso tem implicações para o solo, porque essas atividades destroem anos de solo não cultivado, diminuindo a quantidade de carbono.

Agora a Veja compra borracha de quase 1.200 famílias na Amazônia. Nos últimos 15 anos, eles compraram 1.928 toneladas de borracha silvestre. "Não se trata apenas de vender produtos, mas também fazer com que as pessoas que moram nesses locais sejam protetoras de suas terras", diz Kopp.

O mais notável é que essas empresas, tão obcecadas em restaurar terras, proteger espaços verdes e enriquecer o solo, são, na verdade, lucrativas e viáveis. A Veja vende mais de 2 milhões de pares de calçados por ano e arrecadou US$115 milhões em 2020 — sem nenhuma publicidade.

"A maioria das marcas de calçados está pegando 70% do preço de varejo e direcionando esse valor para o departamento de marketing, não para a fabricação. Decidimos investir esse dinheiro extra em nossa cadeia de suprimentos", diz Kopp.

E eles não estão dizendo às pessoas para comprarem mais de seus calçados. "O consumo é um grande problema da sociedade atual; e isso está no cerne de diversos problemas ambientais", reconhece Kopp. "Algumas pessoas adoram nossos calçados, mas acabam comprando muitos pares. Eu diria que alguns pares são suficientes. Qualquer coisa em excesso se torna um problema para o ecossistema."

OURO LÍQUIDO EXTRAÍDO DE RESÍDUOS

Em meio ao crescente interesse em produtos orgânicos, na verdade não há alimentos e algodão orgânicos suficientes no mundo para atender a essa demanda. Assim como a Veja precisa lidar com a seca, os problemas relacionados ao clima e à escassez de algodão orgânico para seus calçados, o mesmo pode ser dito dos produtores de alimentos nos Estados Unidos. Apesar de toda a conversa sobre alimentos orgânicos e seus benefícios, menos de 1% das terras agrícolas norte-americanas são cultivadas de maneira orgânica.[10] A Califórnia é o estado com maior área no país, com mais de 161 mil hectares de terras agrícolas orgânicas certificadas, cerca de metade das quais é usada para o cultivo de frutas e vegetais.[11] Mas isso não é o suficiente. Os consumidores querem mais alimentos orgânicos, tanto que as principais marcas de alimentos agora estão tentando criar incentivos para que os agricultores convertam suas terras em orgânicas.

Dan Morash, fundador e CEO da California Safe Soil (CSS), pode ajudar esses agricultores que querem fazer a transição para terras orgânicas e restaurar a saúde do solo. Ao recuperar os alimentos que não foram vendidos em supermercados na área de Sacramento, a empresa de Morash está produzindo um fertilizante líquido denominado Harvest-to-Harvest™.

Na Califórnia, um estado que alimenta grande parte dos Estados Unidos com os produtos que produz, a qualidade do solo está se esgotando, assim como em outros lugares, principalmente graças à agricultura industrial em larga escala e seu uso massivo de nitrogênio. Os fertilizantes à base de nitrogênio, principalmente os sintéticos, requerem um volume maior de água para neutralizar o efeito do nitrogênio e garantir que a planta não queime. O escoamento carrega o excesso de nitrogênio para os sistemas hídricos. De acordo com pesquisadores da Universidade da Califórnia em Davis, o uso de fertilizantes à base de nitrogênio sintético aumentou, em média, 25% entre 1973 e 2005. Menos da metade do nitrogênio usado é recuperado. Estima-se que 419 mil toneladas de nitrogênio acabam nos lençóis freáticos do estado a cada ano. Um número chocante de 88% desse nitrogênio vem da agricultura. O pior de tudo é que ele permanece lá, poluindo a água potável das comunidades próximas.

Quando Morash comercializa seu produto para usuários em potencial, ele se esforça para conversar com os agricultores sobre as nuances da poluição das águas subterrâneas por nitrogênio. "Na maioria das vezes, eles só querem saber qual é a contagem de NPK [nitrogênio–fósforo–potássio] em meu fertilizante, e é isso. Nem sempre entramos em detalhes específicos."

Mas os detalhes são importantes. Porque, de acordo com o mesmo estudo da UC de Davis, o nitrogênio orgânico pode ajudar a restaurar a saúde do solo. "O processo natural é que as plantas exalem açúcar. Os microrganismos se alimentam desse açúcar. E o subproduto desses organismos é o nitrogênio, que serve de alimento para as plantas. Então, tudo o que estamos fazendo é alimentar os organismos do solo e acelerar esse processo", diz Morash. "Mas essa é uma longa história para contar ao produtor quando tudo o que ele quer saber é a quantidade de nitrogênio no fertilizante em comparação com o que está usando."

Mais nitrogênio, no entanto, nem sempre é melhor, continua Morash. "Para início de conversa, a maioria dos agricultores está usando muito fertilizante. Se usar um pouco é bom — então quanto mais fertilizante melhor, certo? Não. O excesso acaba indo para a água. Na verdade, é um desperdício de dinheiro", diz ele.

A CSS ainda precisa instruir os agricultores de que seu fertilizante pode substituir um fertilizante que eles já estão usando — não é um custo adicional. Na verdade, segundo Morash, se eles estiverem usando fertilizantes à base de nitrogênio sintético, podem economizar custos ao mudar para algo que funcione com a mesma eficácia, porém com uma dose menor. O Harvest-to-Harvest™ vem na forma líquida, facilitando a aplicação: ele entra nas linhas de gotejamento sem exigência de mão de obra ou infraestrutura adicional.

Enquanto isso, o Harvest-to-Harvest™ está reaproveitando um produto que, de outra forma, teria sido desperdiçado. De acordo com Morash, os supermercados deixam de vender ou doar até 227 quilos de alimentos perecíveis todos os dias, o que equivale a aproximadamente 10% de suas seleções de produtos, frios e carnes (poucos supermercados divulgam esses dados publicamente, então não se sabe exatamente quanto é desperdiçado). No momento em que este livro foi escrito, a Kroger é a única rede nacional de supermercados a assumir o compromisso de zerar o desperdício até 2025. O pior é que todos esses supermercados pagam para que tamanho desperdício de alimentos seja coletado e removido.

É aí que o plano de negócios de Morash faz sentido e resolve um problema de verdade. Os supermercados pagam à CSS para dar uma utilidade aos alimentos perecíveis não vendidos a determinado valor com desconto em comparação a outros coletores de lixo. Embora seja ótimo para o supermercado, Morash está adquirindo o principal ingrediente de seu fertilizante, que ele consegue vender para os agricultores, impulsionando a agricultura orgânica e restaurando a saúde do solo.

A Save Mart Supermarkets, uma rede de supermercados com sede no norte da Califórnia e no norte de Nevada, aderiu ao programa, que está em uso em 72 de suas 211 lojas. É um ganho mútuo para eles e para a CSS. Eles conseguem descartar seus excedentes e os alimentos não vendidos a um custo menor e ainda divulgam seus esforços relacionados à sustentabilidade. Os alimentos recuperados são transportados até as instalações da CSS, localizadas em uma antiga base da Força Aérea ao norte do centro de Sacramento.

Essa linha de trabalho está muito distante do primeiro trabalho de Morash em bancos de investimento e no setor de finanças. Formado em Yale e Dartmouth, ele entrou para o setor financeiro após a faculdade de administração, por seu interesse no setor de energia renovável. Ele gerenciava grandes fundos focados exclusivamente em energia. Agora, trabalha de capacete e calça jeans no chão de uma fábrica, observando os resíduos serem bombeados para um digestor gigante e sentindo o adorável cheiro de vegetais e carnes em decomposição. "É um conceito muito simples como negócio e faz todo o sentido. A execução é um pouco complicada", ele diz.

Ele é interrompido pelo som do digestor absorvendo os alimentos recuperados. Como os norte-americanos se recusam a comer frutas e vegetais deformados, montes de produtos ainda comestíveis, porém inadequados, passam pela esteira transportadora junto com restos de carne, cascas de milho, pedaços de peixe e muita alface. "Recebemos muitas folhas externas de cabeças de alface, que são descascadas para melhorar a apresentação", ele diz. "As pessoas são muito exigentes com os produtos que compram."

São adicionadas enzimas ao digestor e, na outra extremidade, o líquido é peneirado para a retirada das partículas restantes. Em seguida, o excesso de gordura é separado do fertilizante. Tudo, no entanto, é aproveitado, diz Morash. A gordura é transformada em óleo e pode ser adicionada à ração animal. Na verdade, eles estão tentando adicionar um novo produto à linha: ingredientes para ração animal feitos com a mesma mistura. Em três horas, os resíduos deixam de ser um amontoado fedorento e passam a ser fertilizantes prontos para uso, dos quais eles produzem 17 mil litros por dia. O produto final é testado, para verificar se algum agente patogênico, como bactérias problemáticas, pode ser transferido dos resíduos para os novos fertilizantes. Estudos realizados na UC de Davis e publicados em uma revista revisada por pares indicaram que o processo eliminou patógenos, como Salmonella, Escherichia coli e Listeria, deixando um "risco mínimo".[12]

"Do ponto de vista da tecnologia, todas as máquinas que usamos estão 'prontas para uso'. Embora tenhamos patentes sobre o processo, não é nada muito difícil de aprender ou entender", brinca Morash.

Embora possa parecer simples transformar alimentos que ninguém quer em fertilizantes — quase óbvio —, Morash levou uma década para fazer com que o processo funcionasse e se tornasse a base de um empreendimento lucrativo. E essa não foi sua primeira tentativa. Em 2008, na Flórida, ele experimentou um conceito de negócio semelhante — "não era um bom momento para começar um negócio", ele diz. "Mas também fomos incluídos na lista de empresas que usam tecnologia limpa e biocombustível, e não temos nenhuma das duas coisas."

A empresa afundou, mas Morash se recuperou em 2011. Após retornar ao seu estado natal, Nova Jersey, ele entrou em contato com seu irmão, David, que mora em San Diego. Os dois decidiram tentar novamente — dessa vez na Califórnia, o estado que cultiva a maior parte da produção do país. "Faz muito mais sentido aqui do que na Flórida", diz ele.

De 2012 a 2016, eles trabalharam com pesquisadores da UC de Davis para fazer testes e pesquisas de campo. Quando se sentiram confiantes em relação ao fertilizante — de que ele poderia se equiparar ao que estava no mercado a um preço competitivo —, eles entraram em contato com alguns varejistas para ver a possibilidade de comprar seus perecíveis excedentes. Os varejistas locais menores, como a Nugget Markets, uma empresa familiar com cerca de uma dúzia de lojas na região, aderiram. Assim como a Save Mart.

Mas, então, veio a surpresa: a arena Golden 1 Center, na qual os Sacramento Kings jogam basquete, também concordou em trabalhar com eles. Quando a arena foi inaugurada, em 2016, os proprietários assinaram contrato com a CSS para que seus resíduos de preparação de alimentos fossem coletados. As sobras também vão para bancos de alimentos locais. A arena, que, segundo Morash, concentrou-se em reduzir seu desperdício, fez disso uma prioridade. Considerando a quantidade de comida desperdiçada que vai para a lixeira após um jogo de basquete, essa foi uma mudança bem-vinda.

Como não há escassez de resíduos alimentares, obter essa matéria-prima é a parte fácil do negócio, diz Morash. "A parte mais difícil é financiar um negócio de capital intensivo. Não é um aplicativo. Requer maquinário, mesmo que não seja muito, além de espaço e mão de obra. Exige infraestrutura."

Morash já arrecadou US$20 milhões de 30 investidores, a maioria dos quais são pessoas físicas de alto patrimônio líquido e fundações familiares. Ele está sempre ao telefone, conversando com potenciais investidores. Durante nossa conversa, ele recebeu duas ligações de um investidor que estava querendo fechar um negócio. "Alguns deles nos encontraram na internet. Tendem a ser investidores pacientes, que entendem o que estamos tentando fazer aqui no longo prazo", ele disse. "É muito mais fácil e um investimento melhor do que o capital de risco."

Ele também precisou descobrir quais agricultores podem se beneficiar mais com o produto. "Para os produtores de trigo, soja e milho no Centro-Oeste, o rendimento por hectare é tão baixo, digamos US$500 por cerca de meio hectare, que é difícil pedir que usem nosso fertilizante. Os aspectos econômicos são menos convincentes", ele admite.

Mas, na Califórnia, seu foco está em fazendas que cultivam vegetais e frutas que podem se beneficiar do aumento adicional. Por exemplo, para um produtor de frutas silvestres, é fundamental produzir o maior número possível de frutas, a fim de garantir que homens e mulheres que colhem as frutas aproveitem ao máximo seu tempo e trabalho. Além disso, se os produtores puderem estender a temporada por uma ou duas semanas, quando o preço da safra estiver mais alto, eles poderão ganhar mais dinheiro. "É mais provável que o agricultor pague por [nosso fertilizante]", diz Morash, "porque, com a produção de frutas vermelhas, o retorno é maior do que com trigo, soja ou milho".

No entanto, para chegar até os agricultores, ele precisa passar pelos distribuidores. De nada adianta bater à porta de cada agricultor: a agricultura se tornou um negócio consolidado, e muitos produtores individuais às vezes não tomam as decisões que afetam suas fazendas. Os distribuidores vendem mais de uma centena de produtos: são lojas de balcão único. "Eles precisam acreditar no produto", diz Morash. "Então leva tempo. Além disso, eles não comercializam o produto para você. Isso significa que você ainda precisa instruir a comunidade que vai usar seu produto."

A princípio, Morash pensou que poderia fazer com que os supermercados influenciassem os produtores a usar seu fertilizante. Mas ele logo percebeu que, com as margens de lucro apertadas no setor de supermercados, essa seria uma tarefa difícil. Além disso, a relação entre os supermercados e os produtores pode ser bastante tensa. "Era lógico, mas, conforme fomos entendendo a natureza daquela relação, não fazia sentido", ele admite.

A maioria de seus clientes são produtores orgânicos; poucos são agricultores convencionais. As fazendas que usam esse fertilizante podem ter até 4 mil hectares, embora o agricultor provavelmente experimente o produto em uma pequena área, verifique o rendimento e, depois, expanda o uso para toda a área. Essas fazendas estão localizadas em toda a Califórnia, nas áreas de Central Valley, Salinas Valley, Ventura County e Santa Maria. A maioria dos produtores orgânicos está optando por não usar fertilizante hidrolisado de peixe, um padrão do setor, que, segundo ele, vem de peixes selvagens capturados que não são adequados para a alimentação, mas que ainda são essenciais para o ecossistema marinho, e, em vez disso, estão usando o fertilizante orgânico Harvest-to-Harvest™.

A visão de Morash é levar essa ideia para centros urbanos nos Estados Unidos. Em vez de tentar construir instalações semelhantes em todo o país, ele quer licenciar a tecnologia para outras pessoas que queiram replicá-la. "Não há motivo para que mais cidades norte-americanas, cercadas por comunidades agrícolas, não possam ter uma configuração semelhante; assim, podemos começar a viver em uma economia circular, em vez de linear", diz ele.

A CSS é uma empresa pequena, mas fundamental para o funcionamento da agricultura orgânica. Se esse tipo de agricultura não se tornar mais fácil, econômica e acessível aos agricultores nos EUA, será mais difícil converter os sistemas existentes, que foram projetados para a agricultura convencional em larga escala, em sistemas mais regenerativos, com foco na saúde do solo. O que é ainda mais interessante é que Morash está ajudando a melhorar a saúde do solo ao resolver outro problema: encontrar um uso para um produto essencialmente residual.

Essa é a criatividade de Morash e de outros empreendedores como ele. Eles estão encontrando oportunidades no lixo, literalmente, e fazendo com que isso funcione em diversos setores: desde o supermercado, que busca se livrar de alimentos inutilizados, até os agricultores, que buscam fertilizantes orgânicos líquidos para introduzir em seus sistemas de gotejamento.

GRÃOS QUE RECONSTROEM SOLOS

A apenas 110 km da fábrica da California Safe Soil em Sacramento, a família Lundberg tem uma conexão direta com o solo. Atualmente, a terceira e a quarta gerações de Lundbergs cultivam solos argilosos em Richvale, no norte da Califórnia, onde produzem o arroz da marca Lundberg. Todos os membros da família são descendentes de Albert e Frances Lundberg, que chegaram à região em 1937, levados para lá pelas infames tempestades de poeira no Meio-Oeste. Se os solos degradados levaram Albert e Frances para o oeste, agora seus netos construíram uma marca de alimentos orgânicos, expandindo as práticas agrícolas não convencionais de seus avós.

Nas décadas de 1910 e 1920, a demanda por trigo aumentou — não apenas por parte dos norte-americanos, mas também dos europeus, que estavam em combate na Primeira Guerra Mundial. Como resultado, muitos fazendeiros dos Estados Unidos devastaram os solos do Meio-Oeste com seus arados, a fim de cultivar trigo e milho. Nesse processo de inovação, milhões de hectares de pastagens nativas desapareceram, bem como os solos ricos em que eles cresceram.

Em 1929, quando ocorreu a Grande Depressão, o preço do trigo caiu. Os desenhos animados da época usavam o humor para questionar qual seria o preço do trigo após 1930. Mas a crise desse alimento estava longe de ser uma piada e, junto com isso, veio a seca no Centro-Oeste. Os solos, já secos e superutilizados, foram submetidos a um estresse ainda maior. Em 1937, Albert e Frances Lundberg, que já haviam passado por muitos períodos de seca e tempestades de poeira em sua fazenda no Nebraska, decidiram ir para o oeste em busca de melhores solos e de irrigação.

Com seus quatro filhos pequenos e carregando apenas o essencial — um trator Farmall e uma caminhonete Chevy —, eles deixaram Nebraska e partiram rumo a Sacramento Valley, na Califórnia. Lá as condições eram melhores, porém o solo em Richvale, Califórnia, seu novo lar, também apresentava desafios. Era um solo argiloso e pesado, que, na verdade, só era adequado para uma cultura: a do arroz. Eles teriam que deixar de ser fazendeiros de milho e de gado para se tornarem produtores de arroz.

Quando Albert começou a plantar arroz em seus 16 hectares, ele percebeu que, todos os anos, os fazendeiros ao seu redor queimavam a palha do arroz — um subproduto do cultivo que é basicamente a palha resultante da colheita do arroz junto com as plantas, que são peneiradas para separar os grãos da palha. Mas, para Albert, queimar essa matéria orgânica não parecia a coisa certa a se fazer. Então ele adotou uma abordagem diferente.

Grant Lundberg, membro da terceira geração da família e ex-CEO da Lundberg Family Farms, descreve seu avô como uma pessoa bastante diferente em suas ideias sobre a agricultura. "Ele decidiu incorporar a palha de arroz ao solo. Que ideia maluca!" Talvez tenha sido considerada maluca para a época e o local, mas arar a palha de arroz de volta ao solo era uma prática antiga em todos os outros países do mundo, que usavam métodos agrícolas mais tradicionais do que nos Estados Unidos.

Descobriu-se que Albert estava à frente de seu tempo. "Somente em 1991 essa prática de queimar a palha de arroz foi formalmente proibida", explica Grant. Ele se refere à lei de redução da queima de palha de arroz Connelly-Areias-Chandler, de 1991, que eliminou gradualmente a queima de palha de arroz em Sacramento Valley em 1992 (depois de 2001, ela foi permitida em circunstâncias extremas, para o controle de doenças).

Albert e Frances não eram nada convencionais: eles começaram a cultivar levando em consideração a natureza. Grant lembra que seus vizinhos riram de seus esforços para transformar a palha em terra. "Era uma etapa a mais. Então por que fazer se complicava mais as coisas? Os vizinhos claramente não concordavam com eles. Meus avós, sem dúvida, eram as pessoas mais estranhas da comunidade. Eles tinham fortes convicções."

Mas reaproveitar as coisas estava no DNA de Albert. Na década de 1940, quando os recursos se tornaram escassos devido à Segunda Guerra Mundial, Albert fez um secador de arroz com alumínio reciclado e madeira de serrarias locais, para que a família pudesse garantir que sua colheita, livre de umidade, não estragasse.

"Eles eram pessoas muito práticas", conta Grant. "Eles tinham uma praticidade típica do Meio-Oeste — viram toda aquela energia no resíduo da colheita e pensaram: 'Temos que devolvê-la ao solo.' Vovô Albert tinha um lema que repetimos até hoje: deixe a terra melhor do que estava quando você a encontrou."

Esse ambientalismo se tornou um negócio multigeracional. Os filhos de Albert e Frances — Eldon, Wendell, Harlan e Homer — decidiram fazer uma parceria e produzir juntos, após um período de cultivo independente. "Foi uma decisão importante, em que eles escolheram trabalhar juntos", enfatiza Grant. "Sem essa parceria, a Lundberg Family Farms não existiria."

Em 1969, eles começaram a receber uma grande demanda dos clientes. Consumidores preocupados com a saúde começaram a pedir arroz integral orgânico de grão curto. "Naquela época, o arroz não era consumido na forma integral. Mas esses novos consumidores queriam reter as vitaminas e os minerais do farelo — o alimento integral", diz Grant. "Isso sinalizou o início de um movimento por uma alimentação mais natural: solos saudáveis, alimentos saudáveis, pessoas saudáveis."

Uma empresa em particular, a Chico-San, pediu a cerca de 150 agricultores da região que cultivassem arroz integral orgânico para eles em escala comercial. Ninguém aceitou — até a empresa conhecer os Lundbergs, que já haviam reduzido o uso de insumos sintéticos e estavam reaproveitando materiais como a palha de arroz no solo. Em 1969, os Lundbergs testaram essa ideia em 30 hectares de suas terras.

Esse foi o início do que hoje é a Lundberg Family Farms, uma empresa que cultiva, mói, armazena, produz e comercializa o próprio arroz e produtos à base de arroz — tudo no mesmo local, uma construção que tem seu telhado revestido com painéis solares. Em 2003, eles estavam fazendo toda essa produção e compensando 100% dela com energia eólica e solar por meio da geração de energia no local e de créditos de energia renovável.

Em 2007, em resposta à crescente discussão sobre produtos geneticamente modificados, os Lundbergs apoiaram a fundação do Non-GMO Project, cuja missão é garantir que os consumidores saibam que estão adquirindo um produto livre de transgênicos. A Lundberg Family Farms também tem o próprio viveiro, onde cria variedades de arroz e as aprimora para a produção orgânica, além de manter vivas as variedades tradicionais que já não são cultivadas na Califórnia.

Grant admite que não foi fácil fazer tudo isso. "Não é um caminho fácil e barato. Nos primeiros vinte anos, tivemos que aprender a cultivar arroz orgânico de maneira eficaz. Entramos em contato com especialistas em agricultura orgânica, como Robert Rodale, entre outros."

Mesmo assim, em algumas de suas áreas, houve uma quebra de safra após outra, enquanto eles experimentavam diferentes práticas de agricultura orgânica. "Não sei como conseguimos sobreviver a esse período. Aprendíamos algo com cada erro. Mas definitivamente foi uma grande batalha", ele lembra.

Nada, porém, poderia abalar seu compromisso com a agricultura orgânica. Tanto é que, em 1973, Homer Lundberg se juntou a outros 53 produtores orgânicos da Califórnia para fundar a California Certified Organic Farmers, o órgão de certificação que, atualmente, supervisiona a certificação de empresas e de produtores de alimentos orgânicos.

A produção orgânica de arroz não é uma tarefa simples, explica Bryce Lundberg, membro da terceira geração da família e vice-presidente de agricultura da empresa. É preciso ter talento para garantir que as ervas daninhas não dominem a plantação de arroz. Há dois tipos de ervas daninhas que infestam os campos: as gramíneas e as aquáticas. A grama morre quando fica debaixo d'água, enquanto as ervas daninhas aquáticas se desenvolvem; por isso os Lundbergs usam água em vez de substâncias químicas para o controle de ervas daninhas. Eles inundam seus campos, cobrindo-o com água a uma altura de 25 a 30cm, para impedir o crescimento de ervas daninhas gramíneas. À medida que estas se dissipam, surgem as ervas daninhas aquáticas. E, para se livrar destas, eles secam os campos por cerca de trinta dias.

Enquanto os agricultores convencionais manteriam o arroz sob 10 a 15cm de água durante toda a estação de crescimento, juntamente com a pulverização de herbicidas diversas vezes, os Lundbergs optam por fazer isso em um ritmo que vai de acordo com a natureza. É mais difícil, leva mais tempo e pode resultar em um rendimento mais baixo. "É preciso ler as folhas, literalmente", diz Bryce. "As folhas da planta de arroz lhe dirão se ela está pronta para a próxima etapa ou não. Quando a quarta folha surgir, podemos drenar os campos."

Essa etapa extra permite que os produtores evitem o uso de substâncias químicas. Como resultado, a Lundberg paga aos produtores orgânicos 50% a mais, em média, por safra, garantindo que haja um incentivo financeiro para que eles continuem trabalhando. Embora cerca de 2.400 hectares de terra sejam de propriedade direta dos membros da família Lundberg, a empresa também arrenda áreas adicionais e compra de cerca de 40 produtores orgânicos. Em determinado ano, a produção orgânica para a empresa cobre cerca de 6.500 hectares. Ao operar nessa escala, eles têm total capacidade de impactar a camada superficial do solo.

"A natureza pode levar até mil anos para desenvolver 2,5cm de camada superficial de solo", diz Grant. "Esses 2,5cm são responsáveis por 95% dos alimentos consumidos pelos seres humanos, que são capazes de destruí-los rapidamente por meio do uso de substâncias químicas e da agricultura industrial."

Em vez de fertilizantes sintéticos, os Lundbergs dependem de excremento animal compostado, em sua maioria de aves. Isso parece estar funcionando. Os relatórios de análise do solo indicam que as terras dos Lundberg têm, em média, 5% de matéria orgânica em suas terras, o que sugere uma saúde positiva do solo. "Normalmente, a quantidade de matéria orgânica varia de 3% e 6%. Portanto, estamos quase alcançando o topo dessa faixa", diz Anders, um membro da quarta geração dos Lundberg.

Adicionar essa mistura rica em nutrientes ajuda a manter as terras produtivas. As culturas de cobertura, como aveia, ervilhaca e fava, também fazem parte da rotina da plantação, para manter os solos férteis durante os meses de inverno e reduzir a exposição aos elementos prejudiciais. Leguminosas como ervilhaca e favas são particularmente boas para ajudar a repor o nitrogênio no solo e a reconstruir sua matéria orgânica. "As áreas que tiveram culturas de cobertura recentes apresentam níveis mais altos de atividade microbiana", confirma Anders.

Embora Anders tenha três gerações de Lundbergs antes dele que podem compartilhar seu conhecimento e toda a sabedoria sobre o setor agrícola, ele admite que ainda enfrentam desafios. Por exemplo, os densos solos argilosos do Condado de Butte, onde fica a fazenda da família, podem dificultar a rotação das culturas de cobertura. "Mas acreditamos que vale a pena o esforço extra de cultivar aveia, ervilhaca e fava!"

Apesar de os Lundberg terem décadas de experiência em lidar com essas frustrações sazonais, elas continuam acontecendo. Bryce Lundberg explica que, nos últimos dois anos, tem surgido uma quantidade considerável de ervas daninhas nas terras da empresa. "As ervas daninhas conseguem se adaptar. Elas são muito resistentes. Temos que continuar inovando nossas práticas agrícolas."

"É preciso estar bastante comprometido com esses riscos e com a variabilidade na agricultura orgânica", diz Grant. "Se você está nisso apenas pelo dinheiro, provavelmente não durará muito. Você passará por um processo que o fará questionar por que está fazendo isso. As coisas que duram são aquelas que têm mais valor."

Em 2017, estimava-se que apenas 1% a 2% do arroz cultivado nos Estados Unidos era cultivado de maneira orgânica, a maior parte na Califórnia e no Texas. Segundo Grant, o crescimento desse mercado impulsionará a agricultura orgânica. "Nós [o setor orgânico] precisamos continuar criando demanda. Quero que a agricultura orgânica represente 50% do mercado nos Estados Unidos. Então temos muita demanda para gerar! E [para] fazer isso, precisamos defender os produtos orgânicos."

A defesa dos orgânicos não se resume somente ao aumento das vendas. O estilo de cultivo dos Lundbergs ajudou a trazer de volta a biodiversidade para uma região da Califórnia que estava precisando recuperá-la. Com o desaparecimento das áreas úmidas devido ao desenvolvimento e ao cultivo de espaços abertos, agora pássaros costeiros, patos, gansos e grous visitam os arrozais quando estes estão inundados, buscando refúgio (e alimento) nessa paisagem livre de substâncias químicas. Bryce explica que toda primavera, antes de ligarem os tratores para preparar os campos para o plantio, eles vasculham milhares de hectares em busca de ninhos de pato, recuperam os ovos e os transferem para uma incubadora. Esses patinhos, então, são criados e, depois, soltos na natureza. Nos últimos trinta anos, Bryce estima que eles ajudaram a libertar mais de 30 mil patinhos na natureza, trabalhando com conservacionistas locais e com a California Waterfowl Association.

"Está tudo conectado. Essas práticas agrícolas buscam preservar a saúde do solo, a vida selvagem e a biodiversidade", diz Grant. "Todos somos beneficiados quando as fazendas se convertem de convencionais em orgânicas. Talvez nem sempre tudo seja perfeito, mas é um bom começo e, certamente, é bom para nossa saúde, para o solo e para o planeta."

Em meio aos milharais de Nebraska, onde os Lundbergs residiam, outra família de agricultores, os Vetters, decidiu dar um passo a mais com suas técnicas agrícolas. Situados a 65 km de uma unidade da Monsanto e de uma fábrica da Syngenta, duas gigantes do setor de agroquímicos nos EUA, os Vetters vivem e trabalham no coração das gigantes do setor. Sua fazenda de cerca de 115 hectares, no entanto, é tudo menos isso. Como agricultores orgânicos regenerativos, faz muito tempo que os Vetters praticam algumas técnicas agrícolas "estranhas": cultivo intercalado, rotação de áreas, plantio de fileiras de árvores coníferas e uso de algas marinhas e kelp para fertilizar suas plantas.

"Os vizinhos pensavam que éramos loucos", conta David Vetter, um agricultor da terceira geração da família que cresceu no cinturão do milho dos Estados Unidos. "Meu pai e meu avô sempre foram assunto de conversas por essa região."

Na pequena cidade de Marquette, que tem apenas trezentos moradores, quase não havia segredos. Se os Vetters tivessem ervas daninhas em suas terras ou decidissem cultivar algo além do tão adorado milho, os vizinhos compartilhavam sua opinião abertamente, lembra David. Teve um ano em que seu pai decidiu cultivar amaranto, para aumentar a diversidade em sua fazenda e explorar novas culturas. Algumas pessoas da comunidade o confundiram com caruru, uma erva daninha temida pela maioria dos produtores de milho de Nebraska.

Os vizinhos dos Vetters no condado de Hamilton estavam mais acostumados a usar pesticidas, fertilizantes e inseticidas fornecidos pelos gigantes químicos das redondezas. Mas Donald Vetter evitou usar essas substâncias e passou a criar as suas — feitas com ingredientes naturais, como emulsão de peixe e algas marinhas. Todos pensaram que ele tinha enlouquecido, brinca o filho. "Os vizinhos não ficaram entusiasmados. Eles não sabiam o que era aquilo; alguns chegaram a pensar que era veneno."

Para Donald Vetter, no entanto, os verdadeiros venenos eram as substâncias químicas desenvolvidas em tempos de guerra e que estavam sendo recompiladas para vender aos agricultores do Meio-Oeste como a única solução para as ervas daninhas e as pragas. Um veterano do exército, Donald voltou para casa da Segunda Guerra Mundial em 1945. O Nitro e o 2,4-D, as mesmas substâncias químicas que haviam sido usadas durante a guerra, agora estavam sendo vendidas aos agricultores como herbicida. Ele participava dos cursos de treinamento organizados por empresas como a Dow Chemical, nos quais foi "instruído" sobre como essas substâncias capazes de matar uma pessoa funcionavam e como libertariam os agricultores do trabalho difícil de capinar e manter as terras livres de pragas. Mas ele não se deixou enganar. Como alguém que havia estudado biologia e entendia como a biodiversidade e os microrganismos contribuem para a saúde do solo, não parecia certo eliminar os seres vivos das terras por meio do uso dessas substâncias.

Em 1953, Donald deixou de lado o Nitro e o 2,4-D para buscar uma agricultura orgânica (e, mais tarde, incorporar elementos da biodinâmica) livre dessas substâncias químicas. Um ano antes de falecer, em 2015, aos 95 anos, ele conversou com a cineasta Bonnie Hawthorne sobre o motivo pelo qual deixou de usar as substâncias químicas sintéticas. No filme da cineasta, *Dreaming of a Vetter World*, ele conta que um dia estava cultivando milho em sua fazenda e pensando no que as substâncias químicas estavam fazendo com ele e com a terra: "Quando você está cultivando milho, tem muito tempo para pensar em outras coisas também. Achei que essa abordagem não estava certa. Quando estamos pulverizando as plantações, é possível sentir o cheiro da substância, e nós também a aspiramos. E esse veneno está indo para o solo. O que estávamos fazendo colocando veneno no [solo]? Todos os seres vivos que estão ali também estão absorvendo o veneno. Então decidi que não faria mais isso."[13]

David Vetter herdou do pai o gosto pela agricultura e o amor pela natureza. Ele brinca: "É muito provável que eu tenha sido o único garoto no ensino fundamental que lia a revista quadrimestral *Biodynamics*." Em seguida, ele abandonou a carreira em medicina para se formar em ciência do solo pela Universidade de Nebraska. Em 1960, infelizmente, seu pai teve que abandonar a agricultura. Ele contraiu malária enquanto servia na guerra e precisou lidar com os efeitos colaterais da doença, o que dificultou as atividades cotidianas na fazenda. Naquela época, os Vetters fizeram a difícil escolha de arrendar a terra para um fazendeiro convencional. Mas, em 1975, David Vetter voltou para a fazenda da família após concluir os estudos. Ele assumiu a fazenda e voltou a conduzi-la por meio da abordagem de seu pai: a agricultura orgânica e regenerativa.

Quando questionado sobre como ele distingue a sujeira do solo, ele diz: "Aprendi em uma aula na faculdade que o solo é o local em que se planta. A sujeira é o que você encontra debaixo da cama. Acho que isso resume bem."

No condado de Hamilton, a maior parte do solo da vizinhança era tratada como sujeira, diz David, e era ocupada por uma ou duas plantações, milho ou soja. Quando assumiu o controle da fazenda de seu pai, ele teve uma grande dor de cabeça: lidar com as ervas daninhas invasoras, especificamente o sorgo e os girassóis, devido à monocultura extensiva — o plantio de uma única cultura repetidas vezes.

É difícil encontrar ervas daninhas nas fileiras perfeitamente cuidadas das fazendas convencionais dessa região. Na verdade, as terras livres de ervas daninhas são o estilo de cultivo predominante. Mas David não está interessado em um visual tão artificial. Sua fazenda de 115 hectares é dividida em áreas menores de cerca de 5 hectares. Sempre é possível encontrar gramíneas e leguminosas crescendo na fazenda, embora em locais diferentes, a fim de enriquecer o solo. E as vacas passam por um rodízio regular nos pastos da fazenda, para ajudar a melhorar a qualidade do pasto e a saúde do solo, além de capturar carbono.

Até 2019, os Vetters mantinham abelhas na fazenda, mas, naquele ano, perderam suas colmeias para o que Vetter suspeita ter sido a exposição a um pesticida neonicotinoide chamado PENNCAP-M. Esse não é um problema recente. Seu cunhado, Charlie Ponec, o apicultor residente, cuidava das colmeias há 35 anos na fazenda dos Vetters; ele identificou que, ano após ano, eles sofriam perdas. Conforme explica David, as abelhas colhem o pólen dos campos de milho próximos, que estão encharcados de PENNCAP-M, depois retornam à colmeia e "alimentam a ninhada" com esse pesticida. Mesmo depois que os testes de amostra apontaram resíduos de PENNCAP-M nas colmeias dos Vetters, os agricultores locais relutaram em mudar seus hábitos. Sabe qual é o inseto do estado de Nebraska? Ironicamente, é a abelha.

As estradas costumam ser os principais divisores entre solos orgânicos e não orgânicos nessa região. Para os insetos, eles não são um problema. Mas o mesmo acontece com herbicidas e pesticidas. O vento pode facilmente atravessar uma fronteira de menos de dez metros destinada a proteger um solo orgânico de um solo pulverizado.

"As fronteiras, ou barreiras, não são eficazes ao evitar problemas de insetos", diz Vetter. "Elas também têm pouca eficácia contra a maioria dos pesticidas, se não forem aplicados corretamente e não puderem impedir a deriva de pesticidas voláteis ou pólen transgênico."

Para Vetter, isso significa ter que passar por testes extensivos antes que ele possa rotular seus produtos como "orgânicos".

E isso é apenas o começo de suas frustrações com o sistema agrícola atual. Embora reconheça a utilidade das diretrizes orgânicas do USDA, ele as considera apenas um "ponto de partida. Existe o orgânico na prática e o orgânico no papel", ele diz. Não é fácil conseguir o orgânico na prática da noite para o dia. Segundo ele, são anos de aprendizado e de adaptação ao que a natureza exige. "Acredito que a maioria das pessoas não faz isso porque dá mais trabalho e exige mais do intelecto."

Como o solo é tratado como prioridade em sua fazenda, ele passa muito tempo pensando em como melhorar continuamente a saúde dessa base esponjosa por meio da qual ele desenvolveu um negócio lucrativo. "Não entendo por que alguém optaria por pulverizar glifosato no solo. É um antimicrobiano. E o objetivo é melhorar a atividade microbiana no solo!"

O que Vetter aprendeu em seus 45 anos administrando sua fazenda é que grande parte das terras agrícolas ao redor deles não é usada para o cultivo de alimentos. Na verdade, apenas uma pequena porcentagem da produção de Nebraska é usada para a alimentação. O restante é usado como ração para gado, produção de etanol e para uso industrial.

"E ainda estamos importando 50% da ração orgânica necessária para a ração de gado nos EUA", ele acrescenta.

Apesar do desafio de mudar as práticas agrícolas convencionais e a maneira de pensar, Vetter tem se empenhado em tentar convencer outros agricultores de Nebraska a adotar as práticas orgânicas. Mais de uma dúzia de fazendas em sua região se tornaram orgânicas. Algumas delas fornecem seus grãos para a outra empresa de Vetter, a Grain Place Foods, uma empresa de processamento que os Vetters iniciaram em 1987, porque havia poucas ou nenhuma opção para transformar suas safras em grãos com grau alimentício comercializáveis e para criar uma infraestrutura comercial para outros agricultores da região que optaram pela produção orgânica. Atualmente, a Grain Place Foods processa grãos como trigo e cevada diariamente, além de grãos de milho e de soja, oferecendo aos agricultores locais um lugar para levar suas colheitas orgânicas e desenvolver um ecossistema local para o processamento orgânico.

Na fazenda dos Vetters, esses grãos são cultivados em meio a pastagens de gramíneas perenes, legumes, aveleiras, porcos e vacas que se alimentam nessas terras. A fazenda utiliza um ciclo de rotação de culturas de nove anos. Embora eles tenham concluído apenas dois ciclos até o momento da escrita deste livro, seus dezoito anos de experiência convenceram Vetter de que essa abordagem está funcionando: "Nosso milho está tão alto quanto o dos vizinhos. E não estamos adquirindo nada para colocar no solo.

Mesmo enfrentando períodos de seca, Vetter diz que suas terras, encharcadas de água, ajudaram a manter o calendário das plantações. O mesmo acontece no sentido inverso. Em 2019, quando Nebraska teve alguns dos meses mais úmidos já registrados, as fazendas convencionais tiveram grandes prejuízos causados pelas enchentes, pois a água escorria da superfície de suas terras, formando torrentes. O solo dos Vetters, no entanto, absorveu a água extra, em vez de precisar recorrer ao escoamento.

Nas margens de seus campos, eles plantam faixas de grama alta da pradaria e flores silvestres para atrair polinizadores nativos, como pássaros e insetos, e servir de alimento para eles. O besouro-japonês, uma praga que apareceu pela primeira vez nos Estados Unidos em 1916, é bastante visto nas planícies de Nebraska. Uma maneira de lidar com eles é utilizando substâncias químicas. Mas, em vez disso, os Vetters permitem que eles se alimentem de folhas da pimenta d'água, uma planta com flores da família do trigo sarraceno. Vetter observa: "As ervas daninhas fazem o mesmo trabalho [como pesticidas] e não custam nada."

Segundo ele, a agricultura orgânica — e, nesse caso, a agricultura orgânica regenerativa — é, na verdade, mais lucrativa, uma vez que não envolve gastos adicionais com inseticidas, herbicidas ou fertilizantes para a fazenda.

Vetter aponta para dados de quase vinte anos de agricultura orgânica rotativa em suas terras para defender seu argumento: usando o sistema orgânico, o retorno líquido médio foi de US$600 por hectare. Ele comparou esse valor com o que outros agricultores do condado de Hamilton estavam ganhando: a monocultura extensiva de milho em fazendas convencionais rendeu US$120 por hectare; as fazendas de milho e soja dobraram seu retorno, para US$300 por hectare; mas isso ainda equivale à metade do retorno da produção orgânica. De acordo com Vetter, essas diferenças se devem à economia nos custos de produção. No entanto, de modo geral, os retornos líquidos da produção orgânica foram superiores ou equivalentes ao cultivo de milho ou de milho e soja em 16 dos 18 anos.

Segundo ele, o segredo é fazer com que mais agricultores adotem essas práticas em todo o Meio-Oeste e, de maneira mais ampla, nos Estados Unidos. "Estou sempre incentivando os agricultores orgânicos a também comprarem mais produtos orgânicos para suas famílias. É a economia que vai impulsionar esse setor, não apenas os números."

Vetter gosta de lembrar aos ouvintes que: "É importante analisar a forma como seu alimento é produzido", porque pode ser uma vitória tanto para o agricultor, quanto para o solo e o consumidor — uma espécie de trindade sagrada que pode parecer ilusória, mas que, de acordo com Vetter, é perfeitamente alcançável se houver visão.

Capítulo 2

RESÍDUOS

Visando Círculos, Não Linhas Retas

Brianne West, uma empresária neozelandesa, administra uma empresa de cuidados pessoais, a Ethique, com um objetivo simples: eliminar embalagens desnecessárias de produtos, principalmente as partes que são feitas de plástico. Frustrada com a quantidade de embalagens que jogava na lixeira todos os dias, ela buscou desenvolver xampus, condicionadores, cremes, esfoliantes e hidratantes em barra.

"Para mim, parece loucura não exigirmos que as empresas sejam responsáveis por todo o ciclo de vida de seus produtos", diz West. "Precisamos devolver o ônus para a empresa que lucra com o produto, a fim de garantir que as embalagens não acabem asfixiando nosso planeta."

Ela faz parte de uma nova geração de empreendedores que olham para o desperdício de uma maneira diferente. O lixo não é mais problema dos outros, é de responsabilidade da marca que vende o produto que vem dentro da embalagem — uma faceta da mentalidade regenerativa que pensa no futuro e é orientada para soluções.

A embalagem é um bom lugar para começar a resolver o problema dos resíduos. Mas é uma pequena parte de uma conversa mais ampla sobre o desperdício. Como consumidores, produzimos muito lixo, muitos dos quais vão além dos itens físicos que jogamos na lixeira. Pense na água desperdiçada na fabricação de roupas ou nos produtos químicos tóxicos envolvidos nesse processo, que entram nos sistemas hídricos e poluem a água potável. Pense nas pilhas cada vez maiores de lixo eletrônico — desde telefones celulares, secadores de cabelo, lâminas de barbear, ferros de passar, fones de ouvido, entre outros. Poucas empresas estão focadas na durabilidade e na longevidade de seus produtos. Elas querem que os consumidores comprem cada vez mais; essa é a base de seu modelo de negócios.

Com o consumo em massa, vem uma enorme quantidade de resíduos. Os norte-americanos desperdiçam, em média, cerca de 30kg de resíduos têxteis por ano ao descartar roupas usadas.[1] Em 2017, a EPA estimou que os norte-americanos produziram quase 17 milhões de toneladas de resíduos têxteis: a maior parte, 11,15 milhões de toneladas, foi enviada para aterros sanitários.

E essa quantidade é apenas de roupas. É difícil agrupar todos os resíduos em uma única categoria. Existem muitos tipos diferentes: plástico, roupas, produtos químicos, eletrônicos, alimentos... a lista é longa. E eles têm algo em comum: há uma enorme quantidade de lixo, e os sistemas de gerenciamento de resíduos estão tendo dificuldade em dar conta desse montante.

Vamos começar pela poluição plástica, o resíduo que mais vemos e do qual mais ouvimos falar. Na vida moderna, o plástico está presente em todos os lugares. Então qual é verdadeira quantidade de resíduos plásticos existente?

De acordo com um estudo publicado no *Journal of Science Advances*, em 1950, produzimos 2 milhões de toneladas métricas de plástico. Em 2015, esse número subiu para 322 milhões.[2] Até 2017, é possível que os seres humanos tenham fabricado 8,3 bilhões de toneladas métricas de plástico. Esse tipo de resíduo é tão difundido que os cientistas encontraram um saco plástico na Fossa das Marianas, a fossa oceânica mais profunda do mundo, que fica a 11 km abaixo da superfície do Oceano Pacífico. Mesmo as montanhas cênicas dos Alpes suíços — áreas que só podem ser alcançadas a pé — apresentam microplásticos no solo.

De acordo com Jenna Jambeck, professora associada da Faculdade de Engenharia da University of Georgia, especializada no estudo de detritos marinhos, estima-se que 5,3 milhões a 14 milhões de toneladas são adicionadas aos oceanos todos os anos por meio de áreas costeiras. Mas isso é apenas plástico que acaba indo parar nos oceanos. A revista *National Geographic* estimou que todos os anos são produzidas 448 milhões de toneladas de plástico, 40% das quais são descartáveis. Em 2017, a Coca-Cola informou que produziu 128 bilhões de garrafas de plástico em apenas um ano.[3] Embora seja fácil culpar as empresas que geram esse tipo de resíduo, é preciso ter em mente que existe uma demanda gigantesca por esses produtos. De acordo com o jornal *The Guardian*, a cada segundo, consumidores do mundo todo estão comprando 20 mil garrafas de plástico.

Por quê? Uma palavra: conveniência.

Algumas pessoas argumentam que, se for reciclável, é sustentável. Mas isso não é verdade. Apenas parte do plástico é reciclável. O problema, porém, é que a maior parte dele não está sendo reciclada: a cada ano, apenas cerca de 14% das embalagens plásticas consumidas no mundo são reutilizadas. Os europeus são melhores nisso do que os norte-americanos, pois eles reciclam 30%; os norte-americanos reciclaram apenas 9% desde 2012.[4]

Pense na vida útil do plástico. Os plásticos se decompõem em partículas cada vez menores. Elas ficam tão pequenas que não são mais visíveis a olho nu; no entanto, não desaparecem. Esse é um problema atual que atingiu nossos oceanos. Os pesquisadores descobriram que pequenos fragmentos de plástico criaram um tipo de resíduo tóxico para a vida aquática e que podem representar uma ameaça para os seres humanos que consomem peixes. "A degradação total em dióxido de carbono, água e moléculas inorgânicas é chamada de mineralização", explica a Administração Nacional Oceânica e Atmosférica. "Os plásticos mais comumente usados não mineralizam (ou desaparecem) no oceano."[5] Em vez disso, existem milhões de pedaços de microplásticos com menos de 5mm de comprimento.

Como os plásticos não se decompõem, é difícil descartá-los. Diferentemente dos resíduos de compostagem ou de alimentos, que acabam se decompondo, os plásticos precisam ser tratados e reciclados, ou simplesmente queimados. Durante anos, os Estados Unidos e outros países industrializados enviaram seus resíduos plásticos para a China para que fosse feita a reciclagem. A China, no entanto, proibiu a importação de grande parte desses resíduos em 2018.

De acordo com o estudo feito pelo *Journal of Science Advances* de 2018 mencionado anteriormente, a China importa quase metade dos resíduos plásticos globais desde o início dos anos 1990. Os Estados Unidos enviavam à China quase 4 mil contêineres de lixo plástico para reciclagem todos os dias. Porém, com o crescimento da economia chinesa, o problema global dos resíduos e a consciência do impacto ambiental da importação de todo esse lixo, o país está negando o recebimento de resíduos de outros países e deixando a responsabilidade de encontrar novas soluções para o problema por conta dos países que produzem esses resíduos.

Essa decisão gerou alguns desafios de curto prazo, uma vez que os aterros sanitários de Londres a Oregon ficaram lotados de materiais recicláveis que não têm mais um destino. Mas isso também pode servir como um alerta e, por fim, ajudar a dar origem a uma nova economia inovadora focada no reaproveitamento de resíduos.

O problema, no entanto, não é apenas com a garrafa de plástico e os plásticos descartáveis das embalagens. Como Susan Freinkel escreve em seu livro *Plastic: A Toxic Love Story*, o plástico construiu o mundo moderno; ele é fundamental para a fabricação de dispositivos de saúde, para a indústria farmacêutica, para os materiais de construção e a infraestrutura.

O plástico não é apenas aquele material transparente que envolve quase todos os produtos que compramos. Ele também está nas roupas que vestimos, nos locais em que dormimos e onde nos aconchegamos. Os plásticos estão na maioria dos tecidos produzidos atualmente — e essas fibras sintéticas se desfazem nas máquinas de lavar, entrando nos sistemas de abastecimento de água locais, poluindo os oceanos com microfibras.

A moda é o setor que mais polui no mundo. E, da mesma forma como as garrafas de plástico, muito pouco dos tecidos usados nas roupas é reciclado ou reaproveitado: apenas 0,1% das roupas descartadas e coletadas são transformadas em fibras têxteis novas.[6] A EPA informa que o descarte de roupas usadas custa US$45 por tonelada às cidades.[7]

A importância do problema pode ser esmagadora e difícil de quantificar. O CEO da Outerknown, Mark Walker, ao resumir o Copenhagen Fashion Summit de 2018, um encontro para defensores da slow fashion, disse que ficou chocado com a imensidão de resíduos que estamos gerando. "Foram apresentadas diversas estatísticas, mas há uma que não consigo tirar da cabeça: 50 milhões de toneladas de roupas são produzidas todos os anos, e 87% delas acabam incineradas ou em aterros sanitários. E espera-se que nosso setor [produção] dobre. Isso significa 87 milhões de toneladas por ano de roupas queimadas ou jogadas fora!"[8]

Muito do que é usado, doado ou revendido nos Estados Unidos é enviado para a América Latina ou para a África Oriental, onde é vendido em mercados locais. Mas tamanhos norte-americanos são grandes demais ou os estilos não são adequados, portanto essas roupas acabam sendo queimadas. Para construir os próprios setores têxteis e reduzir a importação de roupas de segunda mão, várias nações do leste africano tentaram interromper por completo o fluxo de roupas usadas importadas.[9] Independentemente de a proibição ser instituída ou não, a verdadeira questão é esta: é correto a Europa e os Estados Unidos simplesmente repassarem seus resíduos para outros países?

O primeiro passo para recuperar o equilíbrio nessa luta contra o desperdício é reciclar mais, porém o objetivo final é simplesmente comprar menos coisas que precisam ser jogadas fora. Embora as principais marcas tenham entrado na onda e estejam promovendo programas de reciclagem, a raiz do problema é a alta velocidade e o volume alto de roupas produzidas a cada "estação" no setor da moda. Marcas como H&M, Zara e Forever 21 lançam coleções novas semanalmente, incentivando uma taxa de consumo que só contribui para esse desastre ambiental. Segundo Elizabeth Cline, autora de *Overdressed: The Shockingly High Cost of Cheap Fashion*, "nas duas últimas décadas, os consumidores norte-americanos aceitaram e se beneficiaram da corrida para o fundo do poço na moda".[10]

Mas o desperdício vai além de nossos armários, quartos e banheiros; ele se estende à cozinha e à mesa de jantar. Em um mundo que está passando por uma explosão populacional, parece ridículo desperdiçar comida enquanto há pessoas lutando para obter o suficiente para sobreviver. No entanto, o desperdício de alimentos está incorporado em nosso sistema. Não se trata apenas de jogar fora as sobras ou os vegetais estragados. Os sistemas se tornaram tão complexos, globais e acelerados que o próprio setor de alimentos produz uma quantidade exorbitante de resíduos, às vezes só para criar uma apresentação melhor. As frutas e os vegetais com defeitos superficiais são chamados de "inadequados", muito tortos e deformados para serem expostos nos supermercados e enviados aos consumidores exigentes.

Mesmo que esses problemas de desperdício pareçam enormes e quase impossíveis de serem resolvidos, alguns empresários descobriram como construir negócios capazes de controlá-los. Embora isso não vá ajudar a limpar o planeta da noite para o dia, alguns proprietários de empresas estão evitando o desperdício e se voltando para uma economia circular — um termo popularizado por Ellen MacArthur, a velejadora mais rápida (até o momento) a dar a volta ao mundo em um barco. Após concluir sua incrível jornada, ela decidiu dedicar seu tempo — e seu dinheiro — à criação de uma economia baseada em inovação e sistemas sustentáveis de resíduos. Ela abriu a Fundação Ellen MacArthur, com o objetivo de promover a ideia da economia circular. A economia circular considera o ciclo de vida completo de um produto, remetendo à posição que West defende: todas as empresas devem pensar no destino final dos produtos que fabricam e nas embalagens.

Ray Anderson, da Interface Inc., com sede em Atlanta, foi um dos pioneiros desse movimento, reaproveitando carpetes na década de 1990 e desafiando a noção de que um produto à base de petróleo deveria ser descartado no final de sua vida útil. Desde cerca de 2010, existe um novo grupo de marcas que está mesclando sua ética ambiental com o comércio, uma vez que os empreendedores iniciaram negócios baseados na reutilização dos próprios resíduos. A Suga Yoga Mats, com sede em Encinitas, Califórnia, por exemplo, reaproveita roupas de mergulho velhas transformando-as em tapetes de ioga. A Nomadix, uma marca de produtos para atividades ao ar livre, é especializada na produção de uma toalha multiúso feita de plástico reciclado. A Bureo, uma empresa de óculos de sol e skate, trabalha com comunidades pesqueiras no Chile para coletar redes de pesca usadas e rasgadas do oceano e transformá-las em produtos utilizáveis. Agora eles também estão fazendo a transição para os tecidos, transformando a mesma matéria-prima em tecidos adequados para a indústria do vestuário e, ao mesmo tempo, removendo-os do oceano, onde prejudicam a vida selvagem. A Singtex, de Taiwan, fabrica tecidos a partir da borra de café e de plástico reciclado.

Parte dessa mudança também vem de líderes do setor: a Dell, por exemplo, está incorporando uma nova tecnologia que captura a fuligem e a transforma em tinta. A empresa indiana Chakr Innovation desenvolveu a tecnologia que coleta a fuligem dos gases de escapamento e transforma a poluição em tinta para impressão. Diversas marcas de moda de rua incorporaram o poliéster reciclado em seus estoques. A etapa seguinte é descobrir como realmente reciclar esses materiais: da Suécia aos Estados Unidos, surgiram empresas de reciclagem química e mecânica trabalhando com grandes empresas de moda, para determinar por quanto tempo podemos continuar reciclando um tecido e criar um modelo mais circular, no qual os materiais sejam reutilizados diversas vezes.

Em um futuro próximo, é muito improvável que os seres humanos parem de consumir, portanto a solução para o problema do desperdício está no consumo inteligente e moderado e em uma economia circular que reduza a produção de resíduos e ajude a restaurar o equilíbrio. Os montantes de resíduos discutidos neste livro, na verdade, deixam muitos empreendedores intrigados. Para eles, representa um desafio para refletir sobre o que podemos mudar na forma como as fábricas de todos os setores trabalham com esses resíduos. É como se eles estivessem reaproveitando os próprios resíduos — algo que normalmente classificaríamos como "morto" está, de alguma forma, recebendo uma nova oportunidade. Vamos apresentar alguns desses inovadores reutilizadores de resíduos.

BARCOS DE LIXO, LITERALMENTE

Essa empresa gosta de armazenar lixo. Escondida nos fundos do elegante e moderno escritório da Plastic Whale, de frente para o canal, existe uma sala cheia de sacos de lixo plástico. Marius Smit, um nativo de Amsterdã de quase 40 anos de idade, abandonou uma carreira corporativa em marketing para coletar lixo dos canais de Amsterdã.

"Minha esposa achou que eu estava ficando louco. E talvez eu estivesse. Eu tinha uma estratégia, mas nenhum plano de negócios; eu só queria fazer algo que fosse bom para o meio ambiente", ele diz, sentado em uma cadeira feita de garrafas plásticas descartadas nos canais de Amsterdã.

Estamos sentados a uma mesa de diretoria feita, sobretudo, de resíduos plásticos retirados dos canais. Inspirada nas formas de uma baleia, a mesa é de um tom cinza-escuro elegante, com contornos suaves e um centro embutido que lembra o espiráculo de uma baleia em sua superfície. A superfície externa cinza é feita de feltro produzido a partir de garrafa PET reciclada; o centro de espuma também é de PET reaproveitado e madeira de bétula de origem sustentável, para dar estrutura. Em cada extremidade da mesa, há uma borda de sucata de metal que diz: "Esta mesa é feita do plástico retirado dos canais de Amsterdã." A mesa foi fabricada na Holanda, a apenas três horas dos escritórios da Plastic Whale, em Amsterdã, pelo fabricante de móveis Vepa.

"Muitas pessoas apontam para o problema do lixo nos canais, mas eu estava interessado em encontrar uma solução. Queria fazer algo a respeito da sopa de plástico", diz Smit. O mantra da empresa é: "Pare de falar, comece a fazer."

Essa mensagem está estampada nas paredes dos escritórios e em seu material de marketing — que, é claro, é inteiramente feito de resíduos e materiais reciclados.

Em 2011, Smit iniciou sua busca para encontrar uma solução para o problema da poluição plástica — pelo menos no próprio quintal, em Amsterdã. "Lembro-me de ligar para minha mãe, meu pai e minha sogra e lhes dizer que isso estava acontecendo. E eu não tinha ideia do que aconteceria em seguida."

Mas ele estava cansado de participar de reuniões que não produziam resultados. "Durante anos, achei que era péssimo no trabalho porque simplesmente não estava interessado. Todos ficamos presos em reuniões, fazendo brainstorms, mas há uma enorme lacuna entre pensar e fazer." Ele estava se voltando para a segunda opção — e rápido. "Pensei que, se eu começasse a fazer algo, como criar um desafio que levasse as pessoas a se juntarem a mim, surgiria um movimento."

E foi isso que ele fez. Ele lançou um desafio: construir um barco com resíduo plástico. Ele chamou o projeto de Plastic Whale [Baleia de Plástico, em tradução livre]. Embora ele diga que é contra as redes sociais, ele foi inundado por mensagens com referências de uma pequena comunidade de amigos e familiares em Amsterdã. Todas essas pessoas estavam dispostas a fornecer seus serviços jurídicos, de design, manufatura e contabilidade gratuitamente.

"As pessoas querem ajudar. Essa foi a grande lição", ele disse.

Em 2011, após viajar pela Holanda, formando um grupo de apoiadores para o projeto Plastic Whale, ele voltou para Amsterdã, onde seus amigos e novos colegas sugeriram uma tarde de pesca nos canais — para a retirada do plástico.

"Eu pensei, se umas cinquenta pessoas aparecerem em uns dez barcos, já será um sucesso", ele diz.

Eles elaboraram cartazes, planejaram uma campanha de mídia social e convidaram os moradores a se juntarem a eles para uma "pesca de plástico à moda antiga em Amsterdã" em uma tarde de domingo. Um total de 450 pessoas compareceram. No ano seguinte, o evento cresceu e recebeu 1.200 pessoas em 72 barcos. A pesca de plástico se tornou maior do que a construção do próprio barco. O plástico coletado é armazenado, limpo e reutilizado na fabricação de mais barcos e, posteriormente, de móveis.

Um ano após o início do projeto, o escritório da Starbucks em Amsterdã ligou para eles e perguntou se poderiam se juntar ao projeto para fazer da pesca de plástico uma atividade no local de trabalho para seus funcionários. "Fiquei bastante surpreso, mas também entusiasmado", diz Smit.

Isso fez com que a Plastic Whale tomasse uma nova direção, mais lucrativa. Smit começou a organizar excursões de pesca de plástico para empresas; ele cobrou uma taxa das empresas por esse serviço. Em troca, conseguiu mais plástico dos canais e, logo, muitas empresas estavam ansiosas para patrocinar a construção de barcos feitos com plástico reciclado.

Olhando através das paredes de vidro de seu novo escritório, cuja porta se abre para um canal, Smit aponta para uma pequena frota de barcos de plástico reciclado, todos cheios de colagens de diversos logotipos de empresas. Atualmente, a Plastic Whale tem dez barcos feitos de resíduo plástico, que são usados para coletar mais plástico dos canais. Todos os dias, eles levam funcionários, voluntários e até crianças em idade escolar até os canais para coletar lixo plástico.

Inicialmente, Smit criou a organização como uma fundação. "Nos primeiros dias, fui apresentado a muitas pessoas que queriam nos oferecer seus serviços gratuitamente; então resolvi criar uma fundação em vez de uma empresa com fins lucrativos", ele explica. "Dessa forma, poderia lhes garantir que o financiamento iria para a construção desses barcos e para a coleta de mais resíduos, e não para encher os bolsos de alguém."

Agora, a Plastic Whale Foundation está associada à Plastic Whale, uma empresa com fins lucrativos. Esta última tem múltiplos fluxos de receita: fornece experiências para empresas, palestras dadas por Smit, trabalho de consultoria e, o mais recente, uma nova linha de produtos para escritório.

A mesa inspirada em uma baleia é a estrela da nova linha de produtos da Plastic Whale, e Smit espera que as empresas que se inscreveram para os passeios de pesca de plástico considerem trocar o mobiliário de suas sedes por essa solução reciclada. Smit reconhece que os móveis são caros. A mesa da sala de reuniões com oito cadeiras custa aproximadamente US$22 mil, mas ele espera que esse preço caia à medida que a produção aumente.

Eles lançaram essa ideia de mobiliário em parceria com cerca de quinze empresas. "A ideia é que, no futuro, eles precisem de outros móveis para seus escritórios, então essa primeira mesa é apenas o ponto de partida. As pessoas estão perguntando: 'Podemos fazer apenas algumas cadeiras, ou isso e aquilo?' Estamos, assim, ampliando o catálogo de produtos."

Por exemplo, a empresa adicionou produtos a preços mais baixos no catálogo, como uma luminária que imita as cracas das baleias; ela tem uma sombra de feltro feito de garrafa PET reciclada, em uma estrutura heptagonal, e usa lâmpadas de LED. "É algo que podemos vender diretamente aos consumidores no mercado varejista e ir além do mercado corporativo", diz Smit.

E todos os itens podem ser reaproveitados no final de sua vida útil. Os móveis modulares são construídos de maneira que possam ser desmontados, para serem reaproveitados ou transformados em matéria-prima.

A ideia dos móveis, das cadeiras, das luminárias e dos painéis acústicos surgiu durante um almoço na Plastic Whale. A equipe estava aumentando, e o espaço na mesa do almoço, diminuindo; foi aí que Smit percebeu que precisava de móveis de escritório melhores e maiores. "Mas não queríamos sair e comprar algo novo. Isso não seria condizente com nossos valores. Pensamos em algo de segunda mão;

mas, então, uma pessoa apontou para a placa de espuma no canto da sala", ele lembra.

Feita de PET reciclado, a espuma é usada para montar a estrutura de seus barcos. "Será que essa mesma placa de espuma não poderia ser usada para fabricar móveis de escritório?" Um de seus acionistas adorou o conceito e apresentou Smit à Vepa, uma empresa que fabrica móveis e que é administrada por seis famílias em Hoogeveen, na província de Drenthe.

"Eu não sabia muito sobre a empresa, mas eles são do leste da Holanda, onde as pessoas não são de falar muito e, sim, de fazer as coisas acontecerem. A organização da empresa é plana, e eles tomam decisões rápidas, considerando algumas questões que também são importantes em nossa empresa. E, ainda por cima, produzem de tudo na Holanda, o que é raro hoje em dia."

Em seis meses, a Vepa ajudou a desenvolver o primeiro protótipo. Tradicionalmente, eles levam cerca de dois anos para desenvolver uma nova linha de produtos; mas Smit disse que pressionou a equipe para trabalhar mais rápido. E ele está empolgado com os resultados obtidos.

A Plastic Whale doa 5% do faturamento total para a Plastic Whale Foundation, que financia um programa escolar e projetos de economia circular no exterior, como o SweepSmart, em Bangalore, que ajuda a simplificar a coleta de lixo, para que os catadores possam coletar até cinco toneladas de plástico em apenas um dia.

Smit acredita que, "ao investir nesses sistemas locais, podemos ajudar as comunidades a fabricar produtos relevantes para elas, e não uma mesa para o escritório da diretoria de uma empresa, inspirada em uma baleia".

Smit não tem todas as respostas para o problema e está contente em admitir isso. Uma década atrás, quando começou a ter ideias para fundar a Plastic Whale, ele não sabia muito sobre plásticos, móveis ou design de produtos. Mas, segundo ele, os melhores CEOs são aqueles dispostos a arriscar o próprio dinheiro em uma nova ideia.

"Na sociedade holandesa, o foco está em ter respostas às perguntas colocadas sobre a mesa: Como você pagará o empréstimo? Como atingirá essas metas em um ano?", Smit diz rindo. "Eu não sabia as respostas. Só sabia que, se começasse a fazer algo por meio da construção de uma comunidade, seria possível desenvolver algo. O mundo ideal não existe, mas é preciso fazer algo para chegar próximo a isso."

Galahad Clark, da Vivobarefoot, está indo pelo mesmo caminho. "Iniciaremos o processo de fabricação de produtos de circuito fechado, mesmo que as primeiras iterações não sejam completamente assim", ele diz, sentado no bar do hotel King's Cross, em Londres, usando uma de suas criações. Clark e seu primo, Asher Clark, administram a Vivobarefoot, uma empresa de calçados com sede no Reino Unido que defende o design de pés descalços e o uso de materiais alternativos. Calçados com design descalço, com pouco ou nenhum amortecimento em suas solas, imitam a sensação de andar descalço. As origens dos dois Clarks vêm de sete gerações de sapateiros, descendentes da família que fundou a Clarks Shoes, uma marca de calçados com lojas em shoppings dos Estados Unidos."

A Vivobarefoot tem trabalhado no desenvolvimento de calçados feitos de plástico reciclado e algas — sim, o material que está florescendo em corpos d'água e causando crises de saúde pública.

"Estamos a cerca de cinco anos de conseguir fabricar calçados de circuito fechado", ele diz. "Mas a resposta não é apenas fazer mais coisas com material reciclado, mas também fazer com que as pessoas comprem coisas que as reconectem ao ser humano e à natureza."

A inspiração de Galahad Clark em busca de sustentabilidade (embora ele não seja fã dessa palavra, como muitos empresários inovadores são) vem de John Ehrenfeld, autor de *Sustainability by Design: A Subversive Strategy for Transforming Our Consumer Culture.* "[Ehrenfeld] basicamente argumentou que, se você vai produzir mais porcaria no mundo, deve ser algo que o ajude a se conectar com a natureza, com a própria humanidade e/ou a levantar algumas questões ambientais sérias", explica Clark.

Kate Fletcher, a "eco guru" da Clark, apresentou-o aos escritos e às obras de Ehrenfeld. Segundo Clark, Fletcher, que se autodenomina uma especialista em sustentabilidade e em slow fashion — uma alternativa ao fast fashion focada em fazer roupas de maneira ética e com materiais mais ecológicos —, ajudou a elaborar a missão da Vivobarefoot no início do empreendimento, baseando-se inteiramente na filosofia de Ehrenfeld.

A empresa avalia o desperdício e a sustentabilidade de três maneiras: use calçados que o aproximem fisicamente da natureza por meio do design descalço, opte por produtos reparáveis de longa duração e, sempre que possível, use materiais naturais totalmente recicláveis ou compostáveis. Clark quer que a Vivobarefoot passe a usar 90% de materiais "regenerativos" em sua oferta de produtos. O objetivo final é "fabricar calçados com o mínimo de interferência biomecânica, a fim de permitir que os pés executem seu movimento natural, e ter um impacto mínimo no meio ambiente", diz o site da empresa. A Vivobarefoot também tem uma plataforma própria de "recommerce", a ReVivo, que oferece "calçados renovados e recondicionados", para minimizar o desperdício.

Resumindo, Clark diz: "A fabricação de calçados sustentáveis é feita com os pés descalços."

E ele não mede palavras. "O setor de calçados esportivos de US$80 bilhões é uma mentira global", ele diz. "Não fomos feitos para enfiar os pés em calçados. Estamos fabricando calçados com biqueiras estreitas, mas basta olhar para os chineses, que amarram os pés de seus filhos para que, aos 16 anos, seus pés se pareçam com seus calçados. Isso é loucura!"

Ele acredita que o problema do desperdício vem de um marketing interminável voltado para os consumidores, focado em tendências e na moda, e de uma máquina de relações públicas a todo vapor. "O pé é um kit excelente, desenvolvido ao longo de milhões de anos", ele acrescenta.

Galahad Clark fundou a Vivobarefoot em 2012 com recursos próprios; de início, investiu US$645 mil. Em 2013, a empresa estava quase falida. "Decisões comerciais ruins, sem dúvida", diz Clark. "Não se faz esse tipo de coisa a menos que você seja um pouco ingênuo e confiante demais." Mas ele teve o apoio da esposa e da família para continuar. O primeiro tênis que a Vivobarefoot lançou foi uma oferta "all in one" com diversos tipos de sola para adaptar a diferentes superfícies. "Era como um sofá-cama. Mas não era bom nem como sofá nem como cama", ele brinca.

A Vivobarefoot decidiu abandonar a oferta de tênis "all in one" e deu preferência a quatro categorias mais tradicionais: off-road, exercícios, cotidiano e infantil. Em 2015, lançaram as linhas Eco Suede e Eco Canvas, feitas com materiais que utilizam 50% de PET reciclado. Segundo Clark, cada par de tênis Eco Suede reaproveita cerca de 17 garrafas plásticas descartáveis. Em 2018, eles ampliaram o uso de materiais reciclados em forros de malha ecológica e na parte superior de seus modelos Primus e Motus.

Em 2017, a Vivobarefoot iniciou sua jornada em direção à fabricação de um calçado à base de plantas, em parceria com uma empresa com sede no Mississippi, a Algix, que havia criado um produto chamado Bloom ao reaproveitar algas cuja produção sofreu um aumento excessivo. "Durante décadas, o foco foi a petroquímica, mas existem outros materiais por aí", diz Clark.

Os tênis verdes estilo Croc foram projetados para a pessoa percorrer longas distâncias e entrar na água com eles. A parte central do tênis é feita de espuma — à base de algas em vez de produtos petroquímicos. Clark explica que as algas agem como um polímero, deixando os tênis flexíveis e confortáveis. Embora esse tenha sido o primeiro tênis à base de plantas da empresa, eles incorporaram a espuma feita de algas em outros modelos desde então, e a Algix tem compartilhado sua espuma, a Bloom, com outros fabricantes de calçados.

Eliminar ou reutilizar resíduos plásticos se tornou um novo desafio para o setor da moda como um todo, não apenas para os fabricantes de calçados. No entanto, para mudar um setor inteiro, é fundamental adotar um modelo B2B [business to business]: o design dos produtos e a fabricação das mercadorias devem ser feitos com a intenção de reduzir o desperdício e explorar alternativas mais ecológicas antes que os produtos cheguem ao mercado. É assim que essas soluções podem ser ampliadas. Contar com sistemas de reciclagem e infraestrutura municipal para reaproveitar os resíduos é bom, mas não é a solução. Embora seja bom ver algumas marcas assumirem a liderança na utilização de materiais inovadores e conteúdo reciclado, como fazer com que um setor global colossal, como o da moda, adote esses materiais?

Vá direto à fonte, onde acontece a fabricação.

Patricia Ermecheo, que se mudou de Miami para o Oregon, mora em uma casinha a cerca de trinta minutos de Portland, no vale de Tualatin. Ela administra a Osomtex, uma empresa que recicla resíduos têxteis, transformando-os em fios adequados para a fabricação de roupas e calçados.

Ermecheo está no negócio de reciclagem de resíduos há uma década. Antes de fundar a Osomtex, em 2016, ela vendia roupas de segunda mão, sobras de roupas doadas disponíveis nas lojas Goodwill (estilo brechó) e em brechós, para compradores da Guatemala. Ela despachava até quatro contêineres por semana, cada um pesando cerca de 18 toneladas.

Segundo Ermecheo, "havia uma necessidade real de termos roupas mais acessíveis nesses países e, nos Estados Unidos, muitas roupas são jogadas em aterros sanitários. Então pensamos que era uma boa maneira de reaproveitar roupas perfeitamente boas para uso".

As marcas de fast fashion incentivam os clientes a devolver suas roupas usadas às lojas para obter um desconto em novas compras; os clientes acham que estão fazendo algo positivo. No entanto, a realidade é que muito pouco dessas roupas está realmente sendo reciclado e transformado em roupas novas. O pior é que isso está incentivando as pessoas a comprar ainda mais roupas.

Ermecheo aprendeu que, se alguém como ela não tentasse reaproveitar aquelas roupas que ela não queria mais, elas acabariam em um aterro sanitário. "Muitas pessoas pensam que, se você doar as roupas, elas serão reutilizadas. Mas são muitas peças, e nem tudo é usado. A grande maioria, de fato, acaba em aterros sanitários. Além disso, muitos norte-americanos usam roupas de tamanhos extragrandes, algo que não condiz com os mercados de países em desenvolvimento", ela diz.

Incapaz de colocar todas as roupas de segunda mão para uso, Ermecheo começou a pensar em como romper as fibras usadas na fabricação dessas roupas e transformá-las em fios outra vez, prontos para serem transformados em uma peça de roupa nova. Isso poderia gerar uma mudança mais sistêmica no setor.

Ermecheo fez parceria com alguns cientistas da North Carolina State University para conduzir pesquisas sobre a resistência do fio reciclado. Dois anos de pesquisa na NCSU e visitas a fabricantes e especialistas em moda resultaram em uma nova tecnologia que lhes deu uma solução, e Ermecheo fundou outra empresa, a Novafiber, na qual empregaria esse novo processo. Ela montou uma fábrica na Guatemala, trabalhando com os contatos que já tinha. A Novafiber decompõe os tecidos e os recicla sem o uso de produtos químicos, corantes ou água. "Isso é muito importante, porque o uso de corantes e de uma enorme quantidade de água no setor da moda também são ruins, e não queríamos aumentar esse problema", ela conta.

Ermecheo levou essa solução ao mercado por meio de uma oferta simples: meias. Era um produto acessível e de baixo custo com apenas algumas opções de tamanho, ou seja, um bom projeto piloto. A resposta foi positiva. Eles venderam mais de duas mil meias em um mês, e ela começou a pensar em como ampliar esse modelo de negócio.

"Para que consigamos realizar uma mudança real no setor, precisamos trabalhar com grandes marcas e convencê-las a adotar a reciclagem", explica ela. "Por isso me concentrei no modelo B2B." Em vez de desenvolver a própria linha de produtos, ela investiu tempo trabalhando com marcas já estabelecidas que poderiam transformar o setor praticamente de um dia para o outro. Embora essa mudança não tenha acontecido tão rapidamente, ela encontrou um público receptivo ao colocar isso em prática por meio de uma das maiores marcas esportivas do mundo, a Nike. Ermecheo tem trabalhado com a Nike nos últimos dois anos, e o foco é impulsionar a inovação em sua cadeia de suprimentos sustentável e aperfeiçoar esse fio reciclado para que seja utilizado em seus produtos.

Nesse ínterim, ela recebeu o reconhecimento de outras marcas ecológicas. Por exemplo, em 2018, Stella McCartney, marca mundialmente conhecida de moda feminina focada em sustentabilidade, apresentou as meias na Fashion Week de Paris. Cada convidado do desfile de Stella McCartney recebeu um par de meias personalizadas da marca Osom dentro de uma sacola 100% compostável.

"Definitivamente ainda estamos no início, mas começando a ver mais marcas tomando iniciativas e buscando soluções e mudanças", diz.

O foco de Ermecheo é aproveitar o lixo após ser utilizado, especificamente roupas que já foram usadas. Talvez esse seja o maior desafio na reciclagem de roupas porque, atualmente, a maioria das roupas é feita de uma mistura de tecidos e fibras. "Isso faz com que o processo de romper as fibras e tecer um novo fio seja mais difícil. Esses materiais têm propriedades únicas, por isso não é tão fácil separá-los, como quando são mesclados", ela explica.

Anders Bengs, o cofundador finlandês da Pure Waste Textiles, com sede em Helsinque, viu isso de perto. Em 2006, Bengs abriu uma empresa chamada Costo, junto com Hannes Bengs e Lauri Köngäs, uma marca de acessórios que transformava resíduos têxteis em chapéus. O conceito foi um sucesso e, à medida que a popularidade da Costo aumentava na região nórdica, Bengs, assim como Ermecheo, começou a pensar alto: como podemos revolucionar o setor como um todo?

Bengs firmou uma parceria com um colega finlandês, Jukka Pesola, e com uma italiana, Maela Mandelli, para fundar a Pure Waste Textiles em 2013. Ao perceber a quantidade de tecido que era desperdiçada na mesa de corte dentro das fábricas, Bengs e seus cofundadores se concentraram nos resíduos têxteis já durante o processo de fabricação ou no resíduo gerado após o tecido ser utilizado. Em particular, eles começaram a trabalhar com o algodão, um material que, segundo Bengs: "Exige muitos recursos para crescer e é praticamente um crime desperdiçar."

Em 2016, eles construíram uma fábrica com seu parceiro indiano, Raj Agrawal, em um pequeno vilarejo fora de Coimbatore, na Índia. Situados no coração da indústria têxtil indiana, eles tinham fácil acesso aos cortes do chão da fábrica. "A Índia é uma potência quando se trata de malhas e, como resultado, eles também têm muito desperdício. Cerca de 15% do material é desperdiçado no processo de fabricação", ele estima.

Com cem trabalhadores, em sua maioria mulheres, a fábrica coleta todas as aparas de algodão das fábricas próximas e as classifica por cor; depois as decompõe mecanicamente em fibras individuais.

Tal como Ermecheo, Bengs está focado em reaproveitar o material da maneira mais "limpa" possível. "Não utilizamos corantes ou produtos químicos no processo, e o consumo de água é quase zero", ele assegura. A fábrica funciona com 90% de energia eólica, sendo que os últimos 10% serão compensados por painéis solares muito em breve.

Para facilitar o trabalho das empresas com eles, a Pure Waste Textiles oferece produtos acabados, como camisetas, moletons, calças e bolsas que podem ser personalizados com logotipos, slogans e designs da empresa. "Fazemos isso porque trabalhamos com um tipo de material relativamente novo, misturas de algodão reciclado, com o qual algumas fábricas podem não estar tão familiarizadas ou [não sabem] como trabalhar adequadamente", ele explica. É mais fácil para eles serem donos de toda a cadeia de suprimentos, desde os resíduos até o produto acabado. "Não temos investidores, acionistas ou uma auditoria externa nos dizendo o que fazer, portanto conseguimos crescer lentamente com base em nosso conhecimento e em nossos valores", conta Bengs.

Os três fundadores começaram com US$3.500 (o equivalente a €2.500) em 2013. Em 2019, eles tiveram um faturamento anual de US$5 milhões. Com algumas doações do governo finlandês, eles também investiram em pesquisa e desenvolvimento. Sua última empreitada é aprender como reciclar melhor os resíduos têxteis após serem utilizados. Atualmente, eles estão testando possíveis soluções em parceria com universidades e institutos de pesquisa locais na Finlândia.

"Nós definitivamente seremos capazes de fazer isso. É preciso muita infraestrutura no setor, que é o que falta no momento. Portanto, precisamos investir em maquinário e infraestrutura para poder reaproveitar todos os tipos de resíduos têxteis", afirma Bengs.

Apesar da necessidade de capital de investimento, eles não estão interessados em receber capital de investidores institucionais. "Gostamos de nossa liberdade. Isso nos permitiu chegar aonde estamos hoje e construir um negócio que não tem a ver com ganhar dinheiro, mas com mudar o mundo", diz Bengs.

O FLUXO DE RESÍDUOS EM SI

Para reduzir o fluxo de resíduos, é importante usar materiais existentes — primeiro porque alguns desses itens são feitos de polímeros e materiais sintéticos que não se decompõem; segundo, por causa dos corantes químicos que os fabricantes usam para colorir tecidos em tons específicos, como Millennial Pink (rosa em tom pastel) ou azul-celeste. O processo de tingimento de tecidos, tanto para uso industrial quanto para o consumidor, consome recursos preciosos, especialmente água, e libera toxinas.

Além dos problemáticos corantes, há também os acabamentos dessas roupas, que as deixam mais macias, resistentes à água e ao suor. Segundo o químico têxtil Matthias Foessel, todos os têxteis têm alguns segredos bastante sujos.

Vestido com uma jaqueta jeans da Nudie Jeans, uma marca sueca que usa algodão orgânico e promove o jeans selvedge, inspirado nos primeiros modelos de jeans, que não eram pré-lavados, Foessel adota suas opiniões no cotidiano. Mas esse não era o caso há quase três décadas, quando ele iniciou sua carreira no setor têxtil.

Mestre em química têxtil pela Coburg University, na Baviera, Alemanha, Foessel foi preparado para ter uma carreira duradoura na fabricação de têxteis. Seu primeiro emprego após concluir o mestrado foi na Ciba Specialty Chemicals, uma empresa que operava em mais de oitenta países e em quase todos os setores em que um produto têxtil poderia ser usado: de assentos de carro a roupas de bebê, de calçados a roupas de cama. Em 2009, a Ciba foi incorporada pela BASF, uma empresa química alemã que também é uma das maiores empresas químicas do mundo.

Depois da Ciba, ele migrou para a Huntsman, uma empresa química norte-americana com sede no Texas. Foi na Huntsman, em 2008, que Foessel começou a pensar em alternativas para os milhares de produtos químicos utilizados nos processos de fabricação do setor têxtil.

"Precisei de tempo para aprender sobre a indústria e seus erros antes de acordar para a realidade", admite Foessel. "Precisei desse tempo para entender que podemos fazer melhor. A essa altura, eu já tinha viajado pelo mundo e visitado inúmeras fábricas. Eu poderia ter alcançado um cargo executivo em uma empresa do setor químico e tido uma vida muito confortável. Mas vi o efeito de todo esse consumismo no planeta e não consegui fingir que nada disso existe. Então pedi demissão."

Foessel fez parceria com amigos para iniciar uma nova era na fabricação de produtos químicos têxteis. Foi o início da Beyond Surface Technologies, ou BST. Usando recursos próprios, eles começaram a criar alternativas para alguns dos produtos químicos mais comuns no setor. Eles levaram quatro anos para elaborar seu primeiro produto — e foi por acidente.

"Todos pensaram que estávamos loucos por começar uma empresa química com uma base biológica, ainda mais na Suíça", brinca Foessel. "Nós éramos loucos e estúpidos. Essa é a verdade."

Por sorte, eles não se importavam com o que todos pensavam. Em vez disso, Foessel, com a ajuda de Mike Rushforth, um escocês com doutorado em química, decidiu encontrar um substituto para o repelente de água durável — DWR, como é conhecido — um dos revestimentos químicos mais usados em roupas para atividades ao ar livre. O trabalho do DWR é manter o tecido seco quando o tempo está úmido, o que ele faz com a utilização de produtos químicos. Até recentemente, o DWR era feito com um fluorocarbono de cadeia longa (C8), mas os subprodutos desse produto químico são tóxicos e, quando misturados à água, podem facilmente acabar no meio ambiente.

"Após três anos trabalhando com diferentes produtos químicos para a DWR, jogamos água em uma amostra e, em vez de repeli-la, a amostra absorveu [a água]", conta Foessel. Em vez de criar uma alternativa de base biológica para o DWR, a BST desenvolveu exatamente o oposto, um produto que absorve a água. "Ainda bem que não desistimos. Nós apenas demos continuidade ao experimento", Foessel continua, rindo.

Embora não tenham encontrado a solução para o DWR, em 2015, eles criaram seu primeiro produto, o bioWick. As roupas esportivas e para atividades ao ar livre precisam ter propriedades eficazes de absorção, de modo que, quando a pessoa transpira, o tecido absorve esse líquido e o dispersa rapidamente por todo o material, permitindo que ele evapore.

A equipe da BST, com sede em Basel, na Suíça, não tinha orçamento para viagens, a fim de comercializar seu produto para os clientes. Então eles entraram em contato com a Adidas, um nome importante no setor de produtos esportivos e convenientemente localizada a apenas algumas horas de distância, em Herzogenaurach, perto de Nuremberg, na Baviera. Naquele ano, a Adidas realizou um teste com o acabamento bioWick nas camisas da seleção alemã de futebol da Copa do Mundo. Se os profissionais não perceberam a diferença entre os acabamentos de base biológica e os de base química, a BST tinha um vencedor.

"Sabíamos que precisávamos desenvolver um produto que não fosse apenas biológico ou natural — ele tinha que funcionar. E esse foi o teste", conta Foessel.

O feedback da Adidas foi positivo. O bioWick da BST apresentou o mesmo desempenho que a mistura sintética. Três anos depois, a BST já tinha um cliente. Em 2015, a Adidas adotou o produto em sua coleção mundial de futebol.

"Nossa solução é 99% de base biológica. Embora não seja 100%, porque temos menos de 1% de sintéticos, é um grande avanço em relação ao padrão do setor, que pode ser tão baixo quanto 0% [de base biológica]", diz Foessel.

Como resultado, o resíduo químico e a pegada de carbono do bioWick são um nono da pegada de carbono do DWR convencional. Em uma análise do ciclo de vida, o bioWick à base de óleo vegetal da BST foi comparado à mistura tradicional de absorção à base de petróleo; o bioWick ficou em 2,4 contra 23,4 para o último (nas unidades usadas para medir a pegada de carbono).

A BST tem como objetivo diminuir o uso de petróleo pelo setor têxtil, que usa 98 milhões de toneladas de recursos não renováveis, incluindo petróleo, todos os anos.[11] A produção têxtil polui os sistemas hídricos; 20% da poluição industrial da água são atribuídos ao tingimento e ao tratamento de têxteis.[12] A BST pode resolver ambos os problemas ao adotar a abordagem biológica: a água tem menos poluentes, se é que tem algum, e os próprios acabamentos são, em grande parte, biodegradáveis e não contêm petróleo.

Com a Adidas como cliente, a BST estabeleceu que poderia competir com os participantes existentes do setor e trabalhar com grandes volumes. Isso se deve à equipe da BST, formada por veteranos do setor com redes de contato estabelecidas, e ao reconhecimento de que, para ter sucesso, o produto precisava estar no mesmo nível ou ser melhor do que as opções atualmente no mercado.

Desde 2015, a BST tem desenvolvido mais algumas alternativas de base biológica. O DWR ainda é só parcialmente feito de base biológica, conta Foessel. "É melhor, tem cerca de 53% de base biológica, mas ainda estamos trabalhando nisso."

Ele reconhece que ter quatro alternativas de base biológica é um bom começo, mas nada comparado às dezenas de alternativas existentes na empresa em que ele trabalhou anteriormente. Mesmo a BST tendo apenas 12 anos, Foessel espera que o desenvolvimento de produtos seja mais rápido do que nos primeiros três anos.

"Espero que não demoremos três anos para desenvolver um único produto", diz ele. "Mas estamos aprendendo rápido, e acredito que seremos capazes de iterar mais rapidamente daqui para a frente."

Embora a ênfase, até o momento, tenha sido o desenvolvimento de revestimentos de base biológica para fibras sintéticas e convencionais, mesmo materiais como o algodão orgânico podem ter um acabamento revestido com produtos químicos sintéticos, o que Foessel faz questão de destacar: "Não se trata apenas da fibra, e o setor precisa reconhecer isso. Vai além disso e se torna complexo."

Além da Adidas, a base de clientes da BST inclui algumas marcas tradicionais, como Levi's e Tommy Hilfiger, e os produtos de base biológica da empresa foram usados em 100 milhões de peças de roupas (anualizadas) até o momento. Surpreendentemente, cerca de 10% desse total vem da Tchibo, uma empresa de café alemã que também tem uma rede de cafeterias em todo o país, para a qual a BST produz mercadorias periodicamente. "O que adoro sobre o trabalho com eles é que isso mostra que não se trata de uma solução sofisticada. Eles são uma marca bastante popular. Se eles podem fazer isso, por que outras marcas não o fazem?", questiona Foessel.

Segundo ele, em termos de custo, o bioWick é comparável aos padrões do setor. "Após passar duas décadas trabalhando em fábricas e tinturarias, eu sabia que precisava desenvolver um produto que fosse tão bom e barato quanto o que o mercado estava oferecendo. Portanto, não há absolutamente nenhuma desculpa para não realizar a conversão", ele diz

FAZENDO A FESTA COM OS RESÍDUOS

Embora tenhamos discutido principalmente sobre os resíduos gerados no mundo da moda, o problema se estende a muitos outros setores, incluindo algo que consumimos com ainda mais frequência: alimentos. Considerando os recursos necessários para cultivar alimentos, é uma triste realidade que os norte-americanos desperdicem 150 mil toneladas de alimentos todos os dias. Não se trata de um problema norte-americano; à medida que os alimentos se tornaram mais baratos e abundantes, ele se tornou um problema global. Segundo a Organização das Nações Unidas para Agricultura e Alimentação, um terço dos alimentos produzidos no mundo (para humanos) é desperdiçado a cada ano. Isso equivale a 1,3 bilhão de toneladas.[13] No entanto, assim como calçados e vestuário, há uma oportunidade de olhar para esse desperdício com novos olhos. Foi isso que uma empresa do Reino Unido fez.

"A alternativa para o desperdício de alimentos é deliciosa. É a cerveja", diz Rob Wilson, da Toast Ale. "Não estamos interessados em converter ninguém ou ser politicamente corretos. Estamos apenas concentrados em fazer — e sim, a cerveja é feita de sobras de pão fresco que teriam sido jogadas fora.

Em 2016, Wilson estava em lua de mel pela África, visitando empreendedores sociais em cerca de uma dúzia de países em todo o continente. "Certamente não foi uma lua de mel comum", ele brinca enquanto toma uma xícara de chá na estação ferroviária de King's Cross, em Londres.

Mas Wilson sempre se interessou por como os negócios poderiam se tornar uma força geradora de mudança. Ele catalogou as histórias das pessoas e dos empreendedores que conheceu em um livro autopublicado em 2012, intitulado *On the Up: Inspirational Stories of Social Entrepreneurs Transforming Africa*. Embora o tema do livro não fosse o desperdício de comida ou cerveja, escrevê-lo consolidou o desejo de Wilson de criar uma carreira na qual pudesse trabalhar com um propósito maior. Quando retornou ao Reino Unido, ele bateu à porta da Ashoka, uma organização sem fins lucrativos que ajuda empreendedores sociais de todo o mundo a ampliar suas ideias.

"Achei que eles poderiam querer usar o livro de alguma forma", ele diz.

Em vez disso, ele acabou conseguindo um emprego como empreendedor residente (EIR) na Ashoka. Pouco tempo depois, quando o CEO deixou o cargo, Wilson assumiu essa posição e atuou como diretor da organização por quase cinco anos. Mas, por dentro, ele estava ansioso para mergulhar de cabeça e construir o próprio negócio, não só apoiar outros empreendedores.

Por sorte, ele conheceu Tristram Stuart, um bolsista da Ashoka baseado no Reino Unido que vinha trabalhando como ativista do desperdício de alimentos nos últimos quinze anos. Stuart havia experimentado recentemente uma cerveja deliciosa em Bruxelas chamada Babylone, batizada com o nome da primeira receita de cerveja descoberta, que remonta a 4 mil anos atrás, na época da Babilônia. Um dos principais ingredientes da antiga receita era o pão. Na verdade, até cerca de 1800, se usava pão para fazer cerveja. O pão fornecia o amido que se decompunha em açúcares e, depois, fermentava em álcool. "Por fim, tornou-se mais barato e fácil utilizar apenas 100% de cevada na fabricação de cerveja, ou grãos diretamente. Mas, historicamente, o pão costumava ser parte fundamental da receita de cerveja", explica Wilson.

Foi fácil para Stuart e Wilson obter o pão excedente, visto que o Reino Unido tem certa obsessão por sanduíches. De restaurantes a mercearias e até farmácias, como a Boots, sempre é possível comprar sanduíches para viagem.

Mas a realidade oculta por trás de todos esses sanduíches é que muito pão é desperdiçado, principalmente as pontas, que são muito duras para preparar o sanduíche perfeito que será embalado em uma caixa para viagem. Segundo a Toast Ale, 44% do pão produzido no Reino Unido é desperdiçado, metade nas residências e metade por varejistas e fabricantes. Stuart sabia que esse pão desperdiçado poderia se tornar um insumo valioso para um negócio no setor cervejeiro. Com base nessa ideia, ele começou a formar uma equipe para criar uma empresa social e convidou Wilson para liderá-la como "chefe da torradeira", ou CEO. Os dois procuraram um dos fabricantes de sanduíches responsáveis pela produção em massa dessas refeições fáceis e rápidas.

A Adelie Foods produz três milhões de itens em uma semana. Em uma de suas fábricas, localizada em Middlesborough, a apenas 100 km da cervejaria em Yorkshire que a Toast Ale estava usando como fonte de recursos, na linha de produção, há um funcionário cuja única responsabilidade é arrancar as pontas do pão e jogá-las em uma lixeira.

"Pense nisso. Não estamos falando de pão velho. Isso é algo que simplesmente não se encaixa nos parâmetros do que é um sanduíche vendável. É pão ainda fresco", diz Wilson. "Quero dizer, isso é simplesmente ridículo."

Por sorte, a Wold Top Yorkshire Brewery fica nas proximidades. É uma fábrica familiar, iniciada por agricultores que se preocupam tanto com a flora e a fauna de seus campos quanto com a bebida produzida por eles. Wilson e Stuart fizeram a conexão entre a Adelie e a cervejaria. "Foi fácil ligar os pontos. E, por acaso, encontramos uma das cervejarias mais ecológicas nessa mesma região."

Para fabricar a cerveja Toast Ale, a Wold Top Yorkshire Brewery pega o pão da Adelie Foods e o substitui por um terço da cevada maltada em sua receita. O resultado tem rendido muitos prêmios: no Beer Challenge internacional de 2017, a Ipa da Toast Ale conquistou o prêmio Silver Tasting em sua categoria.

Mesmo sendo uma cerveja bastante apreciada, Wilson não está interessado em manter a receita dela em segredo. Por isso ele a disponibiliza no site da empresa, para que qualquer pessoa a copie.[14] "O objetivo é replicá-la em todo o mundo, a fim de eliminar o desperdício de pão. Então por que manteríamos a receita em segredo? Ela já foi baixada mais de 50 mil vezes", conta Wilson. "Não podemos estar em todos os lugares e, certamente, não queremos que nosso produto seja distribuído do Reino Unido para o mundo inteiro. Isso não funcionaria bem, em virtude da pegada ambiental [de transporte]. Então a solução para ampliar é ajudar outras pessoas a fazer algo semelhante em seus respectivos países e conectar cervejeiras a padarias."

A Toast Ale também se preocupa com os demais insumos necessários para a fabricação de seu produto. Por exemplo, a cervejaria em Yorkshire depende de duas turbinas eólicas para gerar energia. A cevada vem de campos vizinhos, e a água vem de um poço na propriedade da cervejaria. O lúpulo é reaproveitado como cobertura morta no jardim. E os grãos utilizados — basicamente sobras de malte, que é o subproduto de maior volume de uma cervejaria comum — são usados por um fazendeiro local como alimento para as vacas. A única outra saída do processo de fabricação de cerveja, a água, é filtrada através de canaviais e devolvida às terras agrícolas.

Em dois anos, a Toast Ale passou de um conceito para uma realidade nos supermercados de todo o Reino Unido, e grandes varejistas, como Tesco e Waitrose, estavam estocando a Toast Ale. Em 2017, a empresa decidiu entrar no mercado norte-americano — lembrando que os norte-americanos são os que mais desperdiçam alimentos no mundo. A Toast Ale foi lançada na cidade de Nova York, porém, em vez de vender a cerveja produzida na cervejaria de Yorkshire, eles fizeram parceria com a Captain Lawrence Brewing Co., uma microcervejaria em Hudson Valley, ao norte de Nova York, para produzir uma linha local. O pão foi adquirido de uma padaria local na cidade de Nova York.

A Toast Ale se expandiu para seis mercados: Reino Unido, Estados Unidos, África do Sul, Brasil, Irlanda e Islândia. No futuro, eles querem construir uma plataforma e um modelo de franquia, chamado ToastX, que ajudará mais empreendedores locais a replicar seu sucesso.

"Estamos tentando mostrar que existem algumas lacunas problemáticas na maneira como operamos atualmente. Deveríamos estar pensando em usar melhor os recursos. Somos apaixonados por impulsionar o crescente movimento da economia circular e provar que podemos aproveitar o que antes era descartado como lixo, a fim de obter produtos excepcionais", diz Wilson.

Os lucros da empresa, após o pagamento da equipe de vinte pessoas e dos custos operacionais, são destinados a uma organização sem fins lucrativos, a Feedback, que se concentra na redução do desperdício de alimentos. Além disso, Wilson gosta de salientar que eles "salvaram" mais de 2,5 milhões de fatias de pão, que, se empilhadas, eles calculam que teria três vezes a altura do Monte Everest — o que não é pouca coisa.

"O principal ponto é que, para mudar o mundo, você precisa dar uma festa melhor do que a festa daqueles que estão destruindo o mundo", diz Wilson. "A cerveja atrai um público completamente novo, que talvez antes tivesse virado as costas para a empresa social, chamando-a de um mundo de 'benfeitores'."

Um brinde a isso.

O desperdício não é problema de outra pessoa. É uma oportunidade de transformação: de barcos a cerveja. Mesmo nos setores mais desafiadores, nos quais a mudança tem sido lenta, alguns empreendedores estão questionando a maneira como as coisas foram feitas para abrir caminho para modelos de negócio mais circulares.

Capítulo 3

CADEIAS DE SUPRIMENTO

Valorizando a Fonte

Até o momento, a maioria dos exemplos tem sido sobre a promoção de mudanças ambientais — cuidar do solo, reaproveitar os resíduos, transformar os setores para que sejam mais conscientes de seu impacto no planeta. Tudo isso é muito bom. Mas a criação de um modelo de negócios regenerativo vai além da redução da pegada ambiental: precisamos realizar alguns ajustes na forma como fazemos negócios com outros seres humanos. Os próximos dois capítulos são dedicados a isso — um examina como nossas cadeias de suprimentos podem ser mais voltadas para as pessoas, e o outro analisa como criar um local de trabalho sem hierarquias.

Afinal, as pessoas são fundamentais para o sucesso de longo prazo de uma empresa. Se elas não se sentirem cuidadas, ouvidas ou incluídas, que tipo de incentivo você dará para que elas se empenhem em cumprir a missão da empresa?

Uma forma de garantir que as pessoas estão sendo cuidadas é a certificação Empresa B, que foi iniciada em 2006 e projetada para incorporar os valores éticos de uma empresa relacionados a sua estrutura e suas operações. A B Lab, a organização que oferece essa certificação, analisa cuidadosamente a maneira como as empresas tratam seu pessoal e a inclusão — para obter a certificação, elas passam por uma avaliação com aproximadamente 150 perguntas. E todos os anos, a B Lab realiza um Desafio de Economia Inclusiva: como sua empresa pode se tornar mais inclusiva e, dessa forma, promover uma economia inclusiva?

Mas o que, de fato, significa "inclusão"? Inclusão, diversidade e respeito pelos funcionários se tornaram uma preocupação cada vez maior para a sociedade — e adquiriram o status de nova palavra da moda. A certificação Empresa B define uma economia inclusiva como aquela que "gera oportunidades para que todas as pessoas, de todas as origens e experiências, vivam com dignidade, assegurem seu sustento e de suas famílias e ajudem suas comunidades a prosperar".

Grande parte da discussão nos Estados Unidos tem sido sobre a cultura do local de trabalho, o equilíbrio entre vida pessoal e profissional e a participação nos lucros da empresa. Mas não se trata apenas de focar as pessoas que trabalham nas sedes das empresas. Milhões de pessoas estão envolvidas nas cadeias de suprimentos, permitindo que elas funcionem sem problemas, e muitas delas são agricultores. Grande parte dos alimentos do mundo ainda é cultivada em fazendas pequenas, e não em gigantescas faixas de terra industriais de cultura monolítica.

É por isso que as empresas apresentadas neste capítulo estão buscando a inclusão em suas cadeias de suprimentos. Não porque os fornecedores sejam alvos de caridade, mas porque a inclusão constrói cadeias de suprimentos mais resilientes, as quais, por sua vez, apoiam os negócios e permitem uma vida próspera para os grupos de produtores e produtos de maior qualidade para os compradores.

Basicamente, os agricultores não são meros fornecedores. Eles desempenham papéis muito importantes como administradores da terra (se quisermos investir em nossos espaços abertos, nas florestas e na biodiversidade), como promotores da paz (sem acesso aos mercados, o crime e as operações do mercado clandestino se tornam mais tentadores) e como fornecedores de conhecimento indígena — que pode ser tão poderoso e útil quanto a tecnologia moderna.

Se adotarmos a filosofia de que o comércio, em vez da ajuda, é capaz de desenvolver comunidades e reduzir as diferenças econômicas, então as estruturas atuais da cadeia de suprimentos não são suficientes. Mais empresas estão adotando padrões de sustentabilidade e comércio justo, mas será que elas estão cedendo um lugar na mesa do conselho ou uma participação acionária na empresa aos membros de sua cadeia de suprimentos? Há tempos, a comunidade de desenvolvimento sofre de um complexo de "salvador": pessoas mais ricas doam seu tempo e serviço para melhorar a vida dos menos favorecidos. Será que as empresas podem estar cometendo o mesmo erro?

A desigualdade entre compradores e produtores é evidente. Apesar da globalização, que inicialmente foi considerada uma força equalizadora que traria oportunidades para todos, a desigualdade persiste. Um relatório do Banco Mundial afirma que "a riqueza global aumentou 66% de 1995 a 2014... Mas a desigualdade foi substancial, pois a riqueza per capita nos países de alta renda da Organização para a Cooperação e Desenvolvimento Econômico (OCDE) era 52 vezes maior do que nos países de baixa renda".[1]

Considerando essa crescente desigualdade, as Nações Unidas estabeleceram a ambiciosa meta de erradicar a pobreza até 2030. Para alcançar essa meta, ou mesmo chegar perto dela, as pessoas que fabricam nossas vestimentas e produzem nossos alimentos devem receber uma parcela maior dos lucros. Assim como pensamos sobre a participação nos lucros das empresas nos EUA, as cadeias de suprimentos precisam ser uma parte maior da equação.

Para as empresas que adquirem produtos agrícolas, o aumento da inclusão representa uma real oportunidade. De acordo com o relatório de 2017 da Organização das Nações Unidas para Alimentação e Agricultura, *The State of Food and Agriculture 2017*, existem 500 milhões de pequenos agricultores no mundo, constituindo 85% da população total de agricultores. Em média, eles são proprietários de menos de dois hectares cada, porém sofrem com a falta de recursos. O relatório afirma que: "Eles não têm a mesma capacidade técnica ou acesso a recursos, como novas tecnologias. Essa forte concorrência no mercado internacional acabaria fazendo com que esses pequenos agricultores fossem excluídos."

É fundamental investir em pequenos agricultores, por dois motivos. O primeiro é que, apesar de as nações mais ricas favorecerem a agricultura industrializada, os pequenos agricultores ainda alimentam grande parte do mundo. Segundo, porque eles têm a capacidade de reverter alguns dos danos causados pela mudança climática. Mas, para evitar mais danos ecológicos e ambientais, esses agricultores precisam de recursos e conhecimento para revitalizar solos esgotados e preservar habitats selvagens. Se não tiverem incentivos, é menos provável que pensem em ganhos de longo prazo e mais provável que recorram a medidas de curto prazo.

Estradas ruins, ligações aéreas precárias com alguns lugares, tecnologia limitada e pouco capital de giro têm impedido que os pequenos agricultores melhorem suas práticas agrícolas e aumentem seus ganhos anuais. No entanto, de acordo com o relatório, "uma das principais forças por trás da transformação rural inclusiva será a crescente demanda proveniente dos mercados urbanos de alimentos, que consomem até 70% do suprimento de alimentos, até mesmo em países com uma população rural grande".

Essa demanda cria uma oportunidade para que as empresas enfrentem o crescimento de maneira lenta, constante e saudável, formando alianças com os agricultores em suas cadeias de suprimentos. Em vez de concentrar todos os lucros na sede, elas podem compartilhar os ganhos com as pessoas que estão na linha de frente e causar um impacto social e ambiental positivo ascendente.

Barb Stegemann, que trabalhou com agricultores no Afeganistão, diz que tudo se resume a uma palavra: dignidade. "Todos merecem dignidade e salários justos por um dia de trabalho. Se damos isso a alguém nos escritórios de nossa empresa, por que trataríamos alguém que está do outro lado do mundo de maneira diferente?"

A definição de economia inclusiva da Empresa B inclui essa palavra — dignidade. "Uma economia inclusiva é aquela que cria oportunidades para que todas as pessoas, de todas as origens e experiências, vivam com dignidade, sustentem a si mesmas e suas famílias e contribuam com suas comunidades."[2]

Falcon Coffees, Cafédirect, The 7 Virtues e Loving Earth — as quatro empresas citadas neste capítulo estão repensando suas cadeias de suprimentos. As duas primeiras são empresas voltadas para o café; a 7 Virtues produz aromas; e a Loving Earth é uma empresa de doces socialmente responsável.

O setor cafeeiro é um estudo de caso ideal sobre inclusão. De acordo com o relatório Barômetro do Café de 2018, coproduzido pela organização holandesa Hivos, a produção de café tem aumentado mais de 20% desde 2010. E a maior parte desse café é produzida por pequenos agricultores: de 20 a 25 milhões de pequenos agricultores produzem 70% do café do mundo.[3]

Mas há um grande problema. Sjoerd Panhuysen, coautor do relatório, escreve: "A colheita do café [...] depende de milhões de trabalhadores rurais, um grupo importante, porém invisível, de partes interessadas. Eles permanecem em grande parte sem voz nas discussões sobre um setor cafeeiro sustentável."

Obviamente, a falta de voz impede a inclusão. Esses agricultores são fundamentais e só se tornarão mais importantes à medida que o consumo de café continuar a aumentar: os especialistas estimam que, até 2050, haverá uma demanda de 300 milhões de sacas de café por ano no setor — pelo menos o dobro, se não o triplo, da produção atual.[4] O desafio será atender a essa demanda sem causar mais danos ambientais e, ao mesmo tempo, promover preços justos para a commodity.

A Falcon Coffees, uma empresa de comércio de café sediada no Reino Unido, defende uma cadeia de suprimentos colaborativa, na qual o produtor recebe uma parte justa dos lucros e é tratado como um ativo e um investimento, não apenas como um fornecedor. A Cafédirect dá aos produtores uma participação nos negócios e representação na diretoria; 5% da empresa pertencem aos agricultores que cultivam e colhem chá e café para a empresa em todo o mundo. Segundo Konrad Brits, fundador da Falcon Coffees: "Isso precisa ir além das histórias que lhe dão uma sensação boa por estar comprando de cafeicultores para uma realidade de tratar todos na cadeia de suprimentos de maneira justa. Não se trata de compradores ricos ajudando cafeicultores pobres. Trata-se de reconstruir uma cadeia de suprimentos agrícolas com preços baseados no valor que o indivíduo, ou o fornecedor, coloca." E, no setor cafeeiro, a pobreza está à frente e no centro das discussões, diz Brits. "As decisões são tomadas [pelos agricultores] com base na sobrevivência diária, não na saúde de longo prazo das sociedades ou dos ecossistemas. No entanto, esses agricultores ocupam vastas extensões de terra arável, dentro e ao redor de florestas tropicais, extraindo água de rios, córregos e aquíferos. Por isso, a maneira como influenciamos o gerenciamento desses recursos globais é definida pela forma como compramos, pelo preço que pagamos e como vendemos o produto."

Segundo ele, os preços das commodities geralmente operam a uma quantia artificialmente baixa. A precificação do café precisa ir além do custo padrão da commodity para determinar o "verdadeiro custo" do cultivo do café. Uma definição de preço mais precisa incluiria os fatores externos, como custo da poluição do solo e da água, bem como o seguro e a seguridade social dos agricultores.

Apesar de a demanda por café aumentar todos os anos, de acordo com o relatório da Panhuysen, os preços de exportação de café ao redor do mundo caíram dois terços em termos reais desde a década de 1980.[5] Consequentemente, em virtude da complexidade de precificar o café, os ganhos reais de um cafeicultor caíram pela metade nas últimas quatro décadas. Isso se tornou um problema tão grande para os jovens das regiões produtoras de café, como a África Oriental, que agora eles associam o café à pobreza, não à oportunidade. Se esses jovens deixarem as áreas rurais pelas cidades, isso causará um impacto ambiental e social negativo.

Os agricultores que estão cultivando mais café para atender à demanda global estão fazendo isso à custa da biodiversidade. As novas terras de cultivo de café no Vietnã, na Indonésia, na Etiópia e no Peru são criadas pelo desmatamento. De acordo com o relatório da Hivos, "as florestas são convertidas em sistemas de produção de café com pouca sombra ou a pleno sol, com poucas ou nenhuma árvore. É provável que o aumento anual [da área plantada] seja muito superior a 100 mil hectares".[6]

É por isso que as cadeias de suprimentos precisam ser mais do que apenas uma equação transacional. Durante cinco anos, Charlie Habegger trabalhou como comprador de café verde para a Blue Bottle Coffee, uma marca popular de café da terceira onda que começou na área da baía de São Francisco, mas agora compra mais de 40 toneladas de café verde por ano para suas lojas em todo o mundo e para seu negócio online. Habegger concorda com as preocupações de Brits em relação ao status dos agricultores que fornecem o produto bruto: "Precisamos desmercantilizar o café e desenvolver um preço real mais diferenciado, que reflita todos os fatores sociais e ambientais envolvidos na produção do café."

Mesmo com todas essas notícias desanimadoras sobre o setor cafeeiro, há esperança de que as coisas possam mudar se a cadeia de suprimentos for considerada um investimento de longo prazo e um parceiro no caminho para a sustentabilidade. Brits, por exemplo, abordou quatro questões críticas por meio de seu modelo comercial: aumentar a transparência no setor cafeeiro, de várias camadas; fornecer aos agricultores as ferramentas necessárias para cultivar grãos com práticas agrícolas mais regenerativas; pagar mais a eles por um café de melhor qualidade; e, por fim, encontrar fontes de capital para os cafeicultores que, de outra forma, poderiam ser considerados um investimento arriscado.

A preocupação com os fornecedores e suas comunidades não se limita ao setor cafeeiro. A empresa The 7 Virtues, uma empresa de fragrâncias, trabalha com comunidades agrícolas consideradas muito arriscadas para se fazer negócios devido à instabilidade política. Ela usa seus negócios como um catalisador para a paz; em vez de esperar que haja alguma estabilidade antes de fazer um investimento, a empresa está tentando inverter a equação ao fazer a seguinte pergunta: "O dinheiro investido nos negócios pode trazer estabilidade, empregos e fontes alternativas de renda para comunidades onde a violência está presente?"

A Loving Earth busca incluir populações indígenas em sua força de trabalho. Em virtude do desenvolvimento, os grupos indígenas se afastaram cada vez mais do ambiente urbano em expansão. Mas como eles podem manter vivo seu modo de vida e, com ele, seu conhecimento do mundo natural, uma vez que têm oportunidades de renda limitadas?

Considerando os diferentes setores em que essas empresas operam, seus líderes devem pensar nas questões sociais e ambientais que afetam os agricultores e os fornecedores. No entanto, a intenção deve ser a mesma: ir além de um relacionamento transacional e buscar uma parceria.

OS NOVOS INTERMEDIÁRIOS

Konrad Brits é um comerciante de café. Ele é um intermediário. Atualmente, a maioria das empresas está interessada em eliminar os intermediários porque eles são vistos como um excesso que acrescenta mais zeros ao preço final e uma possível fonte de corrupção. No entanto, Brits é um comerciante obcecado por rastreabilidade e transparência, e dedica a maior parte da sua energia ao coletivo. No caso de Brits, são os pequenos produtores de café. "O café é apenas o veículo", ele diz. "Mas tem a ver com as pessoas. Sempre teve a ver com pessoas. Só precisamos descommoditizar o produto para revelar as pessoas por trás dele. Se quisermos ter essas cadeias de suprimentos no futuro, precisamos cuidar das pessoas que as fazem acontecer."

Nascido na África do Sul e criado durante a época do apartheid, Brits tem consciência das desigualdades na sociedade. Aos 17 anos de idade, ele foi recrutado para o exército sul-africano como oficial de infantaria e foi enviado para o norte da Namíbia, na fronteira com Angola. Isso aconteceu em 1987. Os angolanos estavam lutando contra uma guerra civil que vinha acontecendo desde a década anterior e continuaria até 2002. "Percebi que as coisas não estavam certas. O sistema estava quebrado. No entanto, naquela época eu era indiferente a essa situação. Não tomei nenhuma atitude. Eu me senti um pária", ele conta.

Quando voltou da guerra, Brits se dedicou ao café. "Rapidamente percebi que se tratava de um produto produzido em países pobres e vendido para países ricos por agricultores que não estavam se beneficiando totalmente dessa troca."

De sua base na África do Sul, Brits trabalhou como corretor e comerciante de café, importando cafés de todo o mundo para seu país de origem. Seu trabalho acabou se concentrando em quatro países: Zimbábue, Angola, Congo e Zâmbia. No entanto, no início da década de 1990, quando iniciou sua carreira, ele ainda não sabia que enfrentaria alguns fracassos antes de alcançar o sucesso.

Após tentar administrar um negócio de exportação bem-sucedido nesses países e fracassar todas as vezes devido à política local e às forças do mercado global que mudaram a dinâmica em cada cenário, Brits desanimou. "Eu estava pensando em criar uma empresa que fosse orientada para o impacto social, mas ela estava sendo destruída por políticas corruptas, infraestrutura precária e a economia de um mercado global que só estava interessado em dinheiro."

Em 2007, Brits leu o livro *The Bottom Billion: Why the Poorest Countries Are Failing and What Can Be Done About It*, de Paul Collier, que explica por que alguns países têm dificuldades para se desenvolver economicamente. O livro acabou se tornando uma leitura obrigatória na comunidade de desenvolvimento. Collier argumenta que determinados países enfrentam "armadilhas da pobreza", que mantêm sua população presa no chamado "bilhão inferior". Entre os motivos para essas armadilhas estão a má governança (em situação de conflito ou apenas pós-conflito); o fato de não ter fronteira litorânea com vizinhos pobres (a falta de acesso à navegação limita as exportações); e o controle da riqueza mineral da nação por uma minoria da elite (as nações são impedidas de diversificar suas economias, alimentando conflitos e aumentando ainda mais a armadilha da pobreza). Todos os quatro países em que Brits estava trabalhando tinham uma ou mais dessas características.

Brits percebeu que muitos países produtores de café próximos à Linha do Equador apresentam essas características. A maioria desses — Nicarágua, Congo, Ruanda, Quênia, Colômbia — passou por períodos violentos, de má governança e sociedades fragmentadas. Quando ele começou a comparar os dados do Banco Mundial, que classifica os países com base na riqueza, com a lista de países produtores de café, o desafio ficou ainda mais evidente: 21 dos 30 países mais pobres do mundo cultivam e exportam café.

"Pense em como os negócios funcionam. Se você vem de um contexto em que não tem acesso à educação ou ao crédito e reside em um sistema falido, isso cria uma relação muito predatória e unilateral. Dessa forma, como é possível construir uma relação de trabalho mais justa?", questiona Brits.

Munido desse conhecimento e da experiência adquirida em diversas tentativas fracassadas no passado, Brits fundou a Falcon Coffees em 2008. Ele não queria tratar bem apenas seus funcionários; ele queria tratar bem toda a cadeia de suprimentos de café, com práticas iguais e justas. Ele criou um termo para descrever sua visão: "A cadeia de suprimentos colaborativa."

O modelo se baseia no trabalho em parceria com diversas entidades para criar uma cadeia de suprimentos mais justa. A Falcon reúne investidores de impacto, ONGs, grupos de produtores e torrefadores. Embora possa parecer contraintuitivo envolver mais participantes para simplificar uma cadeia de suprimentos, as intenções de Brits com cada parte são claras: elas precisam contribuir para a saúde e a vitalidade de longo prazo das fazendas — e dos agricultores.

Embora as certificações ajudem, Brits argumenta que elas não são suficientes. São boas certificações, pois transmitem uma mensagem positiva para os consumidores, mas não são a melhor maneira de garantir a rastreabilidade e a equidade em uma cadeia de suprimentos. Em 2015, apenas cerca de 15% das empresas responsáveis pelo fornecimento de café foram certificadas por uma das cinco principais organizações: Fairtrade Labeling Organization International, Organic, Rainforest Alliance, UTZ Certified e 4C Association.[7]

"Ainda existe muito box ticking e greenwashing acontecendo no mundo", diz Brits. A Falcon queria desafiar esse sistema, então Brits foi um dos primeiros a adotar outra abordagem. Quando estava na África do Sul, Brits trabalhou com alguns clientes que faziam parte desse grupo. A Taylors of Harrogate, uma marca de chá e de café com sede em Yorkshire, por exemplo, compra o café de Brits há mais de vinte anos. De acordo com Brits, eles tinham uma equipe de auditores que visitava cada fornecedor e já analisava o processo antes de isso se tornar moda.

Na última década, Brits colocou em prática sua abordagem de uma cadeia de suprimentos colaborativa. Atualmente, a Falcon trabalha com mais de 500 torrefadores de café e obtém essa commodity de muitos países: mais de 70% de seu café vem de países como Nicarágua, Etiópia, Peru, Uganda, Ruanda e Honduras, e está expandindo suas atividades em outros países, como Colômbia e República Democrática do Congo.

Segundo ele: "Não incorporar o fornecimento ético ao DNA de sua empresa é suicídio comercial. Os consumidores passarão a exigir isso cada vez mais e, à medida que as tecnologias se tornam mais elaboradas, a transparência será a única maneira de avançar, além de ser, também, a única maneira de enfrentar os desafios ambientais de verdade."

Brits argumenta que a pobreza impede práticas sustentáveis: como os agricultores não têm dinheiro, conhecimento e conexão com os mercados, eles são menos propensos ou capazes de investir na saúde de sua colheita e no solo em que ela cresce. "Precisamos que os agricultores sejam parceiros comerciais viáveis, que vejam a cafeicultura como um meio de melhorar a qualidade de vida; não queremos que eles sejam pobres beneficiários de doações insustentáveis, dependentes de nosso bem-estar. Portanto, trabalhar em prol da sustentabilidade não é uma questão de justiça social ou de assumir uma posição moral elevada; trata-se de investir na economia do café porque isso faz sentido para os negócios", ele diz.

A empresa irmã da Falcon em Ruanda, a Rwanda Trading Company (RTC), dá vida à cadeia de suprimentos colaborativa usando novas tecnologias de comunicação. Desde 2009, a RTC conta com mensagens de texto e telefones celulares para criar uma cadeia de suprimentos rastreável e para trabalhar diretamente com 30 mil agricultores no treinamento agronômico. Ao usar telefones celulares para fazer o rastreamento digital das entregas dos agricultores, é possível rastrear cada saca de café até o agricultor e o lote de terra onde foi cultivada. Como resultado, a RTC pode fornecer ao torrefador detalhes sobre a transação, o valor pago ao agricultor e as práticas agrícolas utilizadas.

Matt Smith divide seu tempo entre a administração da RTC e o gerenciamento da cadeia de suprimentos da Falcon na África Ocidental. Ele explica o processo: cada estação de processamento, onde os grãos são lavados, está associada a algo entre 700 e 3 mil agricultores. As estações de lavagem podem estar a uma distância muito longa para os agricultores, por isso a RTC estabeleceu pontos de coleta em locais mais próximos. Nesses locais, usando mensagens curtas de texto ou um aplicativo para Android, os agentes da RTC inserem a identificação individual do agricultor, a quantidade de café coletada e o valor pago. Essas informações são enviadas à sede e adicionadas ao banco de dados. Os agricultores são orientados a guardar seus recibos e, no final do ano, a RTC oferece um bônus, se possível. Esse bônus, segundo Brits, costuma ser entregue em momentos em que os agricultores estão sem renda, construindo uma relação de lealdade e criando um senso de comunidade.

Simultaneamente, os agricultores participam de um treinamento agronômico por dois anos, que consiste em vinte aulas sobre práticas agrícolas, como cobertura morta, gerenciamento de água e saúde do solo.

"O valor desse treinamento não está isolado no café", diz Smith. "[A RTC ajuda] os agricultores a aumentar a produção de frutas e legumes, melhorando sua segurança alimentar. Mas estamos tentando mudar o comportamento daqueles agricultores que acham que um pé de café pode ser negligenciado durante nove meses do ano e, depois, dar a eles um ótimo retorno durante a colheita."

O treinamento agronômico é incentivado: os agricultores recebem uma classificação de ouro, prata ou bronze com base em seu sucesso na adoção das novas práticas. Esse sistema de mérito permite que essas comunidades rurais, muitas delas com altos índices de analfabetismo, compreendam facilmente como está seu desempenho e saibam a quem recorrer para obter orientação em suas comunidades. A RTC recebeu uma doação de US$2,5 milhões do Mastercard Foundation

Fund for Rural Prosperity para expandir suas operações em Ruanda e replicar seu sistema em Uganda.

De acordo com Smith, em Ruanda, o modelo está funcionando: os rendimentos dos agricultores aumentaram em 149% desde que iniciaram o programa, em 2013. Isso se traduz em um aumento de 86% na renda deles proveniente do cultivo de café. A Falcon e a RTC incorporaram outro incentivo ao negócio para promover a gestão ambiental, aliviar a pobreza e aumentar os lucros dos agricultores: eles recompensam os cafeicultores por produzirem uma safra de alta qualidade. Smith conta que, depois que o café é vendido para a torrefadora, o agricultor pode receber um segundo pagamento. Após determinado o preço final de venda desse café, a RTC verifica se o comprador pagou um prêmio. Se for esse o caso, o produtor recebe 50% do prêmio.

Esse é um passo para resolver o maior problema do setor cafeeiro: há um número excessivo de participantes que corroem as margens de lucro sem agregar nenhum valor imediato à qualidade do café ou ao agricultor, que é o primeiro elo da cadeia de suprimentos. A RTC viu isso em primeira mão quando começou a trabalhar em Bukavu, na República Democrática do Congo. "Ficamos chocados com a forma precária como as cadeias de suprimentos funcionavam nesse país", diz Smith.

A RTC resolveu o problema simplificando o processo: os fazendeiros da região foram convidados a se associar a cooperativas que, em seguida, enviariam o café para um moinho. Do moinho, o café estaria pronto para ser exportado. O resultado foi a consolidação de muitas etapas em apenas três.

Por último, a RTC instituiu a abordagem de segundo pagamento, incentivando os agricultores a cultivar um café de melhor qualidade. Segundo Smith, o resultado disso foi que, entre 2013 e 2014, a renda familiar dos 4.200 agricultores afetados pela mudança nas práticas comerciais aumentou três vezes.

O processo gera incentivos tanto para os agricultores quanto para o exportador. A RTC constrói uma cadeia de suprimentos mutuamente benéfica. Um modelo semelhante foi implementado em novos locais, como o Peru — um dos maiores países produtores de café do mundo (principalmente de café arábica) — e Uganda, localizado na especialidade da Falcon: a África Oriental. No outro extremo da cadeia de suprimentos, a lista de clientes da Falcon é uma mistura de marcas do mercado de massa e torrefadores de terceira onda, todos buscando grãos rastreáveis. A empresa tem como clientes as empresas Stumptown Coffee Roasters, Blue Bottle, Starbucks e Allegro Whole Foods, para citar alguns.

"Essa é a única maneira de nossas cadeias de suprimentos sobreviverem — se começarmos a investir nas pessoas da mesma forma como investimos no produto final", diz Brits.

Mas, para isso, a Falcon precisou descobrir um componente que faltava: o financiamento. Os grupos de produtores precisam de capital de giro para comprar café na colheita, mas os bancos locais têm regras rígidas sobre garantias e são avessos ao risco. Então Brits identificou parceiros financeiros que estariam dispostos a assumir esse risco, assegurando-lhes que a cadeia de suprimentos não seria prejudicada pela falta de capital. Uma dessas fontes de financiamento foi uma gestora de ativos suíça, a ResponsAbility Investments AG, que se concentra em investimentos em mercados emergentes. Eles se juntaram à equipe em 2013 e, em 2018, haviam fornecido US$15 milhões em empréstimos flexíveis para cadeias de suprimentos de cultivo de café por meio da Falcon Coffees. Esses empréstimos flexíveis, respaldados por contratos de vendas, possibilitam o trabalho em comunidades em que há limite de capital, explica Brits. "Ao pagar sempre em dia, também construímos confiança, garantindo [aos agricultores] que continuaremos comprando seu café a longo prazo. Fazemos nossa parte, se eles fizerem a deles."

Brits resume o modelo Falcon como sendo composto por quatro componentes principais: primeiro, cada parte da cadeia de suprimentos é lucrativa, não apenas para o comerciante ou o comprador; segundo, os custos são compreendidos de maneira clara; terceiro, o valor total do produto é determinado; quarto, os lucros são compartilhados de maneira justa, com base no valor que cada parte gera na cadeia de suprimentos.

Habegger, comprador de café verde da Blue Bottle Coffee, viu a Falcon e a RTC evoluírem como empresas na última década. Ele começou a comprar o café de Ruanda em 2007.

"Os intermediários são essenciais para uma empresa como a nossa, cujo foco é obter cafés de alta qualidade e de microlotes. Não podemos gerenciar tantas cadeias de suprimentos por conta própria. É por isso que nosso relacionamento com a RTC e a Falcon é essencial", ele reconhece.

Habegger diz que a Falcon e a RTC são destaques no setor. Desde 2010, o crescimento dessas empresas tem sido excepcional. Isso se deve ao fato de que elas têm o financiamento em ordem, o que é fundamental. "Não é algo sexy, não é algo sobre o qual as pessoas geralmente falam, mas faz com que todo o processo [funcione]."

A Blue Bottle paga um prêmio por seus cafés. Esse prêmio, combinado com os prêmios pagos por muitos dos outros clientes da Falcon e da RTC, tem gerado para essas empresas a capacidade de pagar o salário de um agrônomo em Ruanda. O agrônomo "ajuda os produtores de café a melhorar a qualidade da commodity, aumentar o rendimento e o valor da produção. A iniciativa foi minha, mas não seria possível sem o apoio da RTC e da Falcon. É um excelente exemplo do que é necessário para que os compradores estejam do lado certo do café, e não do lado errado".

O investimento adicional da Blue Bottle cria um cenário em que todos ganham: a Blue Bottle obtém um café melhor, a cadeia de suprimentos é apoiada por práticas agrícolas inteligentes e os agricultores produzem um produto da melhor qualidade possível. "Somos uma empresa em crescimento, portanto certamente precisaremos de mais café", acrescenta.

Christy Thorns, compradora da Allegro Coffee Company, está no setor há mais de duas décadas, comprando para a marca com sede no Colorado, que, mais tarde, foi adquirida pela Whole Foods. Thorns se lembra de que começou a comprar da Falcon por volta de 2008 e permaneceu com eles desde então, tornando a Falcon um de seus maiores fornecedores. "No mundo dos negócios, é difícil encontrar pessoas que não sejam motivadas pelo lucro, e a cadeia de fornecimento de café precisa de muito apoio e ajuda. Na época, poucos fornecedores estavam fazendo o que a Falcon fazia", ela conta.

Thorns recebe planilhas da Falcon que mostram os detalhes da cadeia de suprimentos: os custos e os preços estão claramente definidos. "E há o fator confiança", diz Thorns. "Konrad é um ser humano decente, e isso transparece na empresa."

Apesar dos elogios que receberam por criar transparência em uma cadeia de suprimentos difícil, Smith e Brits ainda não terminaram seu trabalho. Eles querem aplicar esse modelo de rastreabilidade a outros produtos agrícolas e outras commodities.

A marca britânica de café Cafédirect é mais voltada para o mercado de massa do que a Blue Bottle; é vendida em supermercados em todo o Reino Unido. Seu modelo oferece outra alternativa para a inclusão: dar aos agricultores uma participação nos negócios e uma voz no conselho da empresa. O mundo do café, do chocolate e do chá tem inúmeras marcas que estão tentando fazer a coisa "certa", investindo em certificações, obtendo a commodity o mais próximo possível da fonte e pensando no impacto de longo prazo em sua cadeia de suprimentos. Fundamentalmente, não existe uma única resposta certa — somente uma infinidade de soluções, todas visando a um ponto final semelhante: tornar o capitalismo global um pouco mais justo.

Conheci a Cafédirect por meio de seu chá. Em uma viagem ao Quênia, conheci Sylvia Ng'engo, diretora do programa para a África da Producers Direct, uma organização sem fins lucrativos independente que administra a programação agrícola da Cafédirect no continente africano.

"É a estrutura de governança mais singular que já vi no setor de chá e de café", ela afirma. Representando mais de 600 mil agricultores na África e na América do Sul, a Producers Direct é uma instituição beneficente autônoma de propriedade e gerenciada por produtores. Os acionistas da Cafédirect são o público, os próprios agricultores e investidores socialmente conscientes. A entidade privada no Reino Unido trabalha em conjunto com a instituição beneficente autônoma para realizar sua visão.

As origens da Cafédirect remontam ao movimento do comércio justo. Em 1991, um grupo de organizações — Oxfam, Traidcraft, Equal Exchange e Twin Trading — uniu forças para fundar a Cafédirect, uma empresa de café de comércio justo. Cada organização colaborou com o que tinha a oferecer: a Oxfam tinha uma rede de lojas e capacidade de fazer campanhas para levar as questões do comércio justo até o público; a Twin Trading gerenciava a cadeia de suprimentos do café; a Traidcraft já estava importando café e chá para o Reino Unido; e a Equal Exchange é uma das empresas de comércio justo mais antigas dos Estados Unidos.

Assim, a Cafédirect trouxe o primeiro café de comércio justo para o mercado do Reino Unido. Desde o primeiro dia, a intenção da empresa era unir o comércio ao impacto social, algo que John Steel, CEO da Cafédirect, quer levar adiante. "Há muita enganação nesse setor. Eu gostaria de incentivar as pessoas a publicar os preços reais, desde as fazendas", ele diz. Mas esse tipo de transparência pode ser complicado, pois revela as margens de lucro dos torrefadores.

Para a Cafédirect, a estrutura organizacional da empresa tem sido uma maneira importante de respeitar os milhares de pequenos agricultores que possibilitam a existência de seus negócios. Apesar de serem os principais responsáveis pela existência de um mercado com café de qualidade, esses pequenos agricultores geralmente não estão envolvidos nas estruturas organizacionais das empresas que fornecem o café. A Cafédirect permite que eles garantam uma fatia do bolo. A Cafédirect Private Limited, a cooperativa de produtores, possui cerca de 5% das ações da empresa britânica Cafédirect. "Embora seja um acionista minoritário, representa um avanço em relação a muitas empresas cujo envolvimento com os agricultores termina na cadeia de suprimentos", explica Steel.

"Nosso objetivo não é enriquecer os proprietários ou fundadores, ou vender a marca para algum outro participante do mercado global", ele diz. "A empresa foi criada para de fato ajudar os agricultores."

Como os agricultores também fazem parte do conselho, os representantes da cooperativa participam de todas as reuniões de investidores, que são publicadas no site da empresa para fins de transparência. Na verdade, os produtores fazem parte das diretorias da empresa com fins lucrativos e da entidade separada sem fins lucrativos, a Producers Direct.

Vendida em grandes supermercados como Sainsbury's, Waitrose e Tesco no Reino Unido, bem como online, a Cafédirect não é uma torrefadora de terceira onda. Eles querem levar um produto de café ético para o público em geral a um preço competitivo, a fim de mostrar a funcionalidade em escala desse modelo. Apesar de a empresa ter passado por momentos difíceis do ponto de vista financeiro, com queda nas vendas e aumento da dívida, Steel conseguiu recuperar sua lucratividade e, inclusive, oferecer pequenos dividendos aos acionistas.

A Cafédirect apresenta uma nova maneira de pensar sobre a estruturação de uma empresa que depende de sua cadeia de suprimentos: 60% das ações são de propriedade de pessoas físicas, que as adquiriram por meio de uma campanha de Equity Crowdfunding, 5% são de propriedade dos produtores e o restante, de investidores de impacto, como a Oikocredit, que possui o maior bloco de ações mantido por uma única entidade, 20%.

Em 2009, a Cafédirect teve a ideia de criar a Producers Direct, uma instituição de caridade totalmente independente, liderada por agricultores e para agricultores. A Producers Direct não faz parte da marca de café, como seria o caso de um programa tradicional de responsabilidade social corporativa. Em vez disso, a maioria dos membros da diretoria da Producers Direct são representantes de pequenos produtores, e a execução do programa é liderada principalmente por líderes agricultores inspiradores nas comunidades agrícolas com as quais a Producers Direct trabalha.

Steel explica: "Criamos a Producers Direct para ser independente e autônoma. Seus estatutos e governança são tais que estamos totalmente alinhados estrategicamente. Filosoficamente, fizemos isso para ter um maior envolvimento com nossos produtores, propriedade e, em última análise, impacto na sociedade."

A Producers Direct, embora classificada como uma organização sem fins lucrativos, funciona mais como uma empresa social. Com um orçamento anual de US$500 mil, Ng'engo me disse que o objetivo deles é fortalecer e apoiar essas cadeias de suprimentos de café e de chá, com oficinas de agricultura e ajuda aos agricultores para diversificar suas plantações, aumentar a saúde do solo e ter uma variedade de fluxos de renda.

"Alguns agricultores estavam colhendo chá antes do tempo apenas para ganhar dinheiro. Quanto mais chá eles colhiam, mais dinheiro ganhavam, mas o chá não estava pronto para ser colhido", explica ela.

Para impedir isso, eles incentivaram os agricultores a pensar além do chá e do café. Em Uganda, onde o vinho de banana é uma bebida comum, a organização sem fins lucrativos está ajudando os agricultores a vender essa mistura local. Em outros lugares, é a produção de mel. Segundo ela, é melhor para a fazenda ter uma variedade de fluxos de renda sem depender somente de compradores estrangeiros: alivia um pouco a pressão de um produto e garante que o agricultor terá uma renda durante o ano inteiro, e não apenas durante a época de colheita de uma cultura.

Em 2018, a Cafédirect se tornou a primeira empresa de café do Reino Unido a receber a certificação de Empresa B. Embora certamente não seja perfeita, como Steel admite livremente, o modelo apresenta outra perspectiva sobre a equidade na cadeia de suprimentos: A inclusão pode significar uma oferta de um lugar na diretoria para os agricultores? Mesmo que seja um primeiro passo simbólico, é um convite que pode ter um efeito duradouro e provocar mudanças no futuro. E também mostra que a abordagem regenerativa dos negócios não é uma fórmula padrão; o que funciona para uma empresa pode não funcionar para outra. No entanto, a mentalidade e os objetivos finais são os mesmos: a busca pela verdade, equidade e respeito pela humanidade.

PERFUMES DE GUERRA

Aos 50 anos de idade, Barb Stegemann é uma força da natureza — e não tem medo de assumir grandes desafios. Ela optou por criar uma cadeia de suprimentos partindo do Afeganistão (antes do retorno do Talibã). Foi uma atitude arriscada, mas ela estava determinada a mudar a trajetória de alguns agricultores por meio dos negócios dela. "Estávamos administrando uma empresa social, construindo uma marca de beleza limpa e sendo orientados por uma missão antes mesmo de esses termos serem cunhados", ela diz.

É verdade. Em 2010, Stegemann fundou a The 7 Virtues, uma empresa canadense de perfumes que obtém seus ingredientes de comunidades em conflito em todo o mundo, publicou um livro sobre como levar uma vida orientada por propósitos e, em seguida, conseguiu um acordo no programa de TV canadense *Dragon's Den* (semelhante ao programa de TV *Shark Tank*), vendeu mais de 100 mil frascos de perfume e colocou sua marca nas prateleiras das lojas Sephora nos Estados Unidos e no Canadá.

Brett Wilson, um dos "dragões" do *Dragon's Den*, imediatamente ofereceu a ela US$75 mil por 15% de participação em sua empresa e, em seguida, se tornou seu mentor e consultor de negócios. Ele diz em tom de brincadeira: "Barb fala desde que saiu do útero. Quando me encontro com ela, tenho que tomar uma dose pesada de cafeína antes e planejar um cochilo depois."

Ele decidiu apoiar Stegemann por causa da missão exclusiva da empresa e da capacidade de combinar lucro com propósito — algo que raramente é visto no *Dragon's Den*, cujo foco está nas vendas e no retorno para os investidores, e não no impacto social ou ambiental.

The 7 Virtues, a empresa de Stegemann, foi criada a partir de circunstâncias terríveis. Trevor Greene, um amigo de faculdade de Stegemann, estava servindo o exército canadense em Kandahar, no Afeganistão, quando o país foi atacado pelo Talibã. Greene e seus colegas tinham viajado para um pequeno vilarejo nos limites da fronteira com o Paquistão. Eles estavam se reunindo com os líderes do vilarejo — uma tarefa rotineira que buscava desenvolver uma melhor compreensão do que eles poderiam oferecer às famílias locais. Em uma tentativa de se aproximar e fazer amizade com eles, os homens baixaram suas armas e Greene até tirou o capacete. Do nada, um homem se aproximou por trás e golpeou Greene na cabeça com um machado, ferindo gravemente seu crânio. Seguiu-se um tiroteio. Greene foi levado às pressas de volta ao acampamento base para receber atendimento médico de emergência.

Quando Greene retornou ao Canadá, Stegemann ficou profundamente perturbada com o que havia acontecido com seu amigo. Ele teve uma lesão cerebral grave e nunca mais voltaria a andar; foi um milagre ele ter sobrevivido ao ataque.

"Eu sabia que queria fazer algo para ajudar a manter sua visão viva e ajudar o povo do Afeganistão. Percebi, assim como Trevor, que a solução era dar empregos a essas pessoas. Era um país onde as mulheres eram espancadas, tratadas de maneira terrível e forçadas a casar por dinheiro, porque as pessoas precisam de trabalho e de dinheiro suficiente para cuidar de suas famílias", explica ela.

É por isso que tantos fazendeiros de lá se voltaram para o cultivo de papoulas para a produção de ópio, porque é lucrativo, gerando até US$3 bilhões por ano para a economia do país.[8] "Mas isso também trouxe a cultura das armas, o vício, o Talibã e muitas outras forças negativas", diz Stegemann.

Infelizmente, os aspectos econômicos superam todos esses riscos. Em 2008, um relatório da ONU indicou que o Afeganistão produzia 90% do ópio consumido em todo o mundo, e a maior parte dele era comercializada no mercado clandestino.[9] Quando Stegemann ficou sabendo dessa estatística, em 2007, 193 mil hectares haviam sido utilizados para o cultivo de papoulas para a produção de ópio. Dez anos depois, em 2017, esse número havia aumentado para 328 mil hectares.[10]

O Afeganistão é o principal produtor global de papoula e, também, tem a maior taxa de dependência do mundo. A safra de ópio do Afeganistão foi avaliada entre US$4,1 e US$6,6 bilhões em 2017, o que representa cerca de um quarto do PIB do país (com estimativas variando de 20% a 32%).[11] Apesar dos esforços do governo para dar aos agricultores sementes de trigo e ureia como fertilizante, eles estão aderindo à papoula por causa de seu melhor rendimento por hectare de terra.

Mas, em meio a todo esse conflito, ainda há esperança. Stegemann descobriu Abdullah Arsala, um fazendeiro e destilador que estava transformando rosas e flores de laranjeira em óleos essenciais em Jalalabad. Ele explicou que os fazendeiros se dedicam à produção de papoulas porque têm a garantia de uma renda ao longo do ano inteiro, durante a colheita. As novas roseiras, por outro lado, precisam de três anos antes de poderem ser colhidas e, no caso das flores de laranjeira, são necessários cinco anos para que uma árvore recém-plantada forneça flores suficientes. Já a seiva da papoula pode ser colhida todos os anos.

De fato, as papoulas são mais fáceis de cultivar e, em termos puramente financeiros, representam um investimento comercial inteligente. A pesquisa da ONU descobriu que os agricultores afegãos ganharam um total de US$1,4 bilhão diretamente com o cultivo de papoulas. Isso representa 30% do valor do setor agrícola afegão legal. No entanto, o relatório acrescenta que a economia do opiáceo envolve os moradores locais, bem como os fazendeiros, e é um convite à violência e aos problemas.[12]

Segundo Stegemann, a falta de uma economia diversificada contribuiu para uma cultura de violência. "[Greene] foi atacado por um jovem pobre que foi pago para atacar um soldado. Algumas pessoas são tão pobres e famintas que aceitam fazer coisas terríveis por desespero."

Do lado de fora da destilaria de Arsala há uma placa que diz: "Além deste ponto, nenhuma arma é permitida." No entanto, seu pedido de paz não foi atendido. Os senhores da guerra queimaram sua casa, alguns de seus pomares e mataram membros da família dos fazendeiros que trabalham com ele. Mas, em vez de ficar arrasado e desistir, ele escreveu para Stegemann, dizendo que reconstruiria tudo. O que mais o incomodava eram as vidas perdidas.

Em 2009, Stegemann, uma mãe solteira com um orçamento limitado, decidiu comprar um litro de óleo de rosas de Arsala, que custou US$5 mil. Antes de ser enviado ao Canadá, o óleo precisou ser transportado pela perigosa viagem de Jalalabad a Cabul. "Essa é a parte mais difícil de trabalhar com uma cadeia de suprimentos arriscada. Não é fácil. É uma estrada cheia de dispositivos explosivos improvisados, minas", ela diz. "E pode haver bloqueios, mas você precisa ser paciente."

Por sorte, o óleo chegou intacto. Em seguida, Stegemann investiu nos frascos, nas fórmulas e nas embalagens para lançar seu negócio. Ela gastou US$20 mil — tudo comprado no cartão de crédito — mas, em oito semanas, já havia vendido US$30 mil em fragrâncias e estava diante de Brett Wilson no *Dragon's Den*.

"Eu sabia que tínhamos um negócio. Nunca acreditei em caridade. Cresci em uma das regiões menos desenvolvidas do Canadá, em uma família pobre que recebia assistência social. Não queria esmolas. Queria dignidade. Queria uma oportunidade e receber um pagamento justo por um dia de trabalho. Era isso que essa empresa estava proporcionando aos agricultores do Afeganistão."

Segundo ela, as cadeias de suprimentos não devem envolver relações unilaterais e ser vistas apenas como uma transação. "Elas precisam proporcionar dignidade", enfatiza.

Com a ajuda de Wilson, o negócio cresceu, e Stegemann começou a ouvir fornecedores de todo o mundo, tentando usar os negócios como um caminho para a paz. "Chamo isso de 'ativismo de varejo' e venho dizendo há anos que precisamos de uma cavalaria empresarial para entrar e criar mercados nos lugares em que nossos líderes governamentais falharam. Essa é a maneira segura de acabar com o conflito, não com a guerra."

Alguns anos mais tarde, ela viajou para Ruanda para se reunir com o grupo Ikirezi, uma empresa social de agricultores que cultivam plantas e ervas para a produção de óleos essenciais. Ruanda, uma sociedade pós-conflito que sofreu um genocídio de quase um milhão de pessoas, ofereceu um vislumbre de como o Afeganistão poderia ser daqui a vinte anos, se tivesse a oportunidade de se reconstruir.

Em Ruanda, as mulheres são a espinha dorsal da economia. Durante o genocídio de 1994, muitas delas foram estupradas, portanto hoje lutam contra infecções sexualmente transmissíveis e o HIV. Outras são órfãs, pois eram crianças durante o genocídio, e agora são adultas e estão buscando trabalho, educação e independência financeira. Essas mulheres trabalham como pequenas agricultoras em lotes de terra de menos de um hectare. Embora Ruanda seja conhecida por seu café, o grupo Ikirezi está oferecendo outra alternativa aos agricultores: patchouli. Nem toda Ruanda é adequada para o cultivo do café, que cresce melhor em lugares de altitude. Para as pessoas que residem em altitudes mais baixas, as plantas cujas flores e outras partes podem ser destiladas para a obtenção de óleos essenciais são uma opção melhor.

O patchouli, em particular, é uma aposta segura porque, por ter um aroma almiscarado e terroso, é amplamente utilizado no setor de fragrâncias, e o arbusto pode ser cultivado facilmente em clima quente. Um dos perfumes da The 7 Virtues, o Patchouli Citrus, destaca esse aroma. Ele proporciona um aroma mais forte e menos floral, que também pode ser vendido para homens.

Em 2014, a CPL Aromas, uma empresa de fragrâncias com sede no Reino Unido, ficou sabendo do trabalho de Stegemann. Eles entraram em contato com ela para saber mais sobre sua cadeia de suprimentos singular. Desde a primeira interação, a empresa de fragrâncias se tornou uma importante parceira em seus negócios. A CPL ajudou a The 7 Virtues a fazer a transição de sua marca para um público mais jovem.

Mas eles também foram essenciais para o trabalho de Stegemann, ao ajudá-la a obter ingredientes de mais projetos sociais em todo o mundo. Tem sido uma via de mão dupla: Stegemann compartilhou seus fornecedores exclusivos com a CPL, os quais a empresa britânica agora busca apoiar. Eles estão especialmente interessados no patchouli do grupo Ikirezi, ela conta. "Eles estão querendo comprar quase US$3 milhões de patchouli. Eles representam o início da cavalaria empresarial que eu estava procurando, porque as empresas maiores precisam obter seus ingredientes dessas fontes, não apenas comigo."

A própria The 7 Virtues está em constante expansão, trabalhando com produtores de óleos essenciais em Israel, Haiti, Irã e Índia. "Eu não planejava que isso se tornasse tão grande, mas, quando a história sobre o Afeganistão se espalhou, comecei a aprender sobre outras comunidades que enfrentavam circunstâncias semelhantes e a buscar novas oportunidades de negócios."

Em agosto de 2018, os produtos The 7 Virtues foram lançados nas lojas Sephora dos Estados Unidos. "A Sephora do Canadá se tornou uma grande incentivadora do negócio e me aconselhou sobre tudo o que eu não sabia como fazer: marketing para marcas mais jovens, varejo, distribuição", explica a fundadora da empresa.

Para Stegemann, o apoio da Sephora — que veio por meio de uma competição de aceleração para marcas de beleza promissoras — colocou a empresa em um caminho de crescimento. "Agora finalmente posso pagar meu investidor; além disso, a ideia está finalmente sendo aceita de maneira mais ampla", ela diz.

Para seu primeiro fornecedor, Arsala, o negócio com Stegemann levou a novos empreendimentos. Sua destilaria dobrou de tamanho. Ele tinha a própria linha de perfumes, chamada Orzala perfumes, e abriu uma loja de varejo em Cabul, onde vendia azeite de oliva e outros produtos agrícolas. "Ele é uma inspiração para todos nós", diz Stegemann.

No entanto, desde o retorno do Talibã em 2021, isso mudou. Para que Arsala pudesse fazer o que ama — cultivar essas flores inebriantes para obter seus aromas —, ele teve que fugir do país. Stegemann continua a trabalhar com ele e tem esperança de que ele possa começar uma nova vida em um país vizinho, replicando grande parte de seu sucesso. Quando lhe perguntam se ela enxerga isso como uma derrota pelo próprio conflito que tinha esperança de reverter, sua resposta é um enfático não. "Não fomos malsucedidos. Por mais de uma década, demos aos agricultores um mercado em que eles puderam vender seus óleos, e isso teve um efeito cascata em suas famílias, seus filhos e vizinhos. Definitivamente geramos uma mudança na vida dessas pessoas e continuaremos a fazer isso — mesmo que tenhamos que atravessar uma fronteira diferente. Não podemos parar, e não vamos parar."

UM CHOCOLATE MAIS JUSTO

Fazer com que os negócios alcancem os cantos mais remotos do mundo e as populações indígenas que foram afastadas dos mercados globais também é a paixão de Scott Fry. Ele vê uma oportunidade de dar trabalho às pessoas que têm raízes tão profundas na natureza e lutam contra as indústrias extrativistas, como a exploração madeireira. Em vez de pétalas de rosa, Fry dá preferência ao cacau peruano para sua empresa: o cacau Criollo ("nativo"), que, a longo prazo, é mais resistente a doenças e cresce melhor à sombra de um dossel exuberante e diversificado do que o cacau mais comum.

A venda desse cacau permite a sobrevivência da comunidade indígena Asháninka, ao mesmo tempo em que protege a floresta que habita. O modelo de negócios tem literalmente o conceito de regeneração embutido nele. A abordagem de Fry para trabalhar diretamente com as comunidades indígenas ilustra o desejo de transformar as cadeias de suprimentos, assim como os exemplos anteriores. Para ele, não se trata só de uma barra de chocolate, mas de uma compreensão de que adquirimos esse ingrediente de ecossistemas delicados. Como ele, um empresário, pode elaborar uma cadeia de suprimentos de cacau que respeite as pessoas?

O cacau vem de um local tão remoto no Peru, incrustado nas selvas ao longo do rio Ene, que até ele tem dificuldade para chegar até lá em suas visitas de rotina à região. "Da última vez que fui até lá, estava muito úmido e chovia muito", ele conta. "Tive que me contentar com as margens do rio Ene, onde ele é coletado pela cooperativa Asháninka, a Kemito Ene."

Quando não está visitando comunidades indígenas em busca de ingredientes, ele pode ser encontrado em Melbourne, na Austrália, cidade onde reside e onde iniciou sua empresa de doces à base de plantas, a Loving Earth, em 2007. Em 2000, aos 31 anos de idade, Fry conheceu a também australiana e futura parceira de negócios, Martha Butler, enquanto morava na Índia, nos arredores de Mumbai. Ele acordava todos os dias às 3 horas da manhã para praticar meditação e estudar ioga; e também começou a aprender sobre o trabalho dos produtores de arroz Adivasi. O termo "Adivasi" refere-se à população indígena da Índia ou, de maneira mais ampla, da Ásia Meridional, que representa cerca de 8% (aproximadamente 104 milhões de pessoas) da população total do subcontinente indiano.[13]

Em Maharashtra, onde Fry trabalhou durante oito anos, ele viu a atração da modernidade sobre as comunidades indígenas; elas estavam cultivando arroz com fertilizantes, mas o preço do arroz no mercado local mal cobria o custo dos insumos. Para conseguirem sobreviver, precisavam ganhar mais dinheiro. Fry explica que, devido à situação vulnerável desses agricultores, quando construtores de Mumbai lhes ofereceram uma quantia relativamente significativa de dinheiro pelo solo superficial, eles venderam o solo superficial para fazer tijolos. Isso lhes rendeu um ganho de curto prazo, mas ficaram sem um meio de subsistência de longo prazo. Quando toda a camada superficial do solo fosse vendida para a fabricação de tijolos, eles seriam forçados a vender suas terras.

Essa foi a primeira incursão de Fry na tênue realidade entre as dificuldades financeiras, os direitos à terra e a preservação de um modo de vida tradicional.

Depois da Índia, Fry e Butler passaram três anos no México, onde ele trabalhou com diversas cooperativas indígenas de grande porte. Todas essas experiências se acumularam, dando-lhe a base — e a confiança — para fundar a Loving Earth.

Obter produtos de comunidades indígenas não é uma tarefa fácil. Recentemente, a Kemito Ene sofreu um prejuízo de US$25 mil em um único pedido, quando alguns bandidos assaltaram a equipe na selva peruana enquanto eles transportavam o dinheiro do banco para pagar por uma carga de cacau Criollo. “Essas coisas acontecem, fazer o quê?”, diz Fry. “A lei e a ordem podem ser um pouco complicadas nesses ambientes. Mas passamos anos cultivando um relacionamento com esses agricultores. Não é um único incidente que fará com que eles desistam de tudo.”

Os agricultores aos quais Fry se refere são membros da comunidade Asháninka no Peru. Ele passou cinco anos procurando conhecer esse grupo indígena antes de fazer negócios com eles. “Se eles fossem apenas um fornecedor para mim, eu não teria dedicado tanto tempo a isso. Mas eu precisava saber que havia uma liderança local que desejava melhorar a economia de sua comunidade e se envolver nisso a longo prazo”, explica ele.

De volta a Melbourne, quando Fry e Butler iniciaram a Loving Earth, em 2007, eles tinham um foco: obter o máximo possível de ingredientes de comunidades indígenas e criar uma marca de alimentos saudáveis na Austrália que tivesse o chocolate como principal ingrediente.

“Percebi que, se essas comunidades quisessem sobreviver ao ataque do mundo moderno, elas precisariam comercializar seus produtos, principalmente produtos agrícolas, mas precisavam fazer isso de uma maneira que também respeitasse seu estilo de vida”, ele diz.

Os Asháninka representam um estudo de caso interessante, devido à localização vulnerável de sua comunidade. Eles residem no Vale do Rio Ene, uma área que tem a maior produção mundial de coca — a matéria-prima da cocaína — e onde a exploração madeireira, a moagem e os agricultores migrantes andinos estão invadindo suas terras e seu estilo de vida.

Os Asháninka “foram traumatizados”, ele me conta. “Nas últimas duas décadas, eles se viram entre os narcotraficantes e os paramilitares do governo. É possível ver pistas de pouso em meio ao verde. Algumas delas pertencem aos narcotraficantes, outras, aos paramilitares. Quando subimos o rio, somos parados diversas vezes nas canoas. Os paramilitares inspecionam tudo. Alguns dos Asháninka foram escravizados em campos pelo grupo Sendero Luminoso (uma organização de inspiração maoísta), que os transformou em narcotraficantes.”

Não é fácil obter ingredientes desse ambiente, mas é por isso que Fry está determinado a fazê-lo. Além de os Asháninka produzirem cacau puro, que, segundo ele, é melhor do que a versão hibridizada que se tornou mais popular na América Latina, os Asháninka têm muito a se beneficiar com a participação nesse comércio global. "Essa comunidade tem baixos índices de alfabetização, pouca educação, nenhum direito à terra até quinze anos atrás e assistência médica limitada", ele diz. "Eles estavam passando por dificuldades e precisam de dinheiro para algumas coisas básicas, mesmo que estejam optando por viver de suas terras ancestrais."

Até a chegada de clientes como Fry e da Rainforest Foundation UK, que trabalha com os Asháninka desde a década de 1990, essas comunidades indígenas se contentavam com o que os comerciantes locais ofereciam por seu cacau. "É como as negociações ocorriam há trezentos anos, quando os espanhóis chegaram lá. Se eles são os guardiões das florestas e das selvas e estão na zona neutra entre as forças de pilhagem e a preservação, precisamos capacitá-los a fazer negócios mais inteligentes", ele diz.

Fry se ofereceu para pagar um prêmio à cooperativa Asháninka, a Kemito Ene, por seu cacau Criollo: cerca de US$2,60 por quilo. Atualmente, a Loving Earth compra de 90 a 100 toneladas de cacau por ano. Eles também oferecem um contrato anual com a cooperativa, garantindo que os fazendeiros terão um cliente quando as vagens estiverem prontas para a colheita. "Nós lhes pagamos. Não lhes dizemos o que fazer com o dinheiro; eles o administram. Eles não estão nos vendendo uma mercadoria, mas uma história de marca que, depois, nós compartilhamos com os consumidores por meio da embalagem e de um trabalho de marketing", diz Fry.

De acordo com Fry, o objetivo dessa história de marca é ajudar a cooperativa a obter acesso a mais clientes — e esse é o objetivo final. "Fixamos os preços em um patamar superior, portanto qualquer outra pessoa deve pagar esses preços também. Assim, sabemos que eles receberão um preço justo. Caso contrário, eles podem vender para nós."

A Loving Earth obtém diversos outros ingredientes de comunidades indígenas: por exemplo, as ameixas *gubinge* (Kakadu Plum) da comunidade Nyul Nyul, na região de Kimberley, na Austrália Ocidental, e o agave de Ixmiquilpan, no México.

Fry descobriu a Kakadu Plum, por acaso, na própria Austrália; é uma ameixa verde azeda e ácida também conhecida como ameixa de Kakadu, que tem alta concentração de vitamina C e cresce na paisagem árida da Austrália Ocidental. Segundo Fry, nessa região, a cultura, as tradições e o estilo de vida dos aborígines sobreviveram, embora eles enfrentem desafios diários como a pobreza, o abuso de substâncias e a mineração. Bruno Dann é um ancião que faz parte da Geração

Roubada (crianças que foram removidas à força pelo governo de seus pais aborígenes). Usando Broome como base — uma cidade na costa oeste da Austrália —, Dann facilita a coleta de ameixa de Kakadu de dezembro a março, época em que a planta dá frutos. Mais de cem famílias da comunidade Nyul Nyul fazem a colheita da ameixa de Kakadu.

Quando a Loving Earth começou a trabalhar com a comunidade em 2011, eles pagaram cerca de US$30 mil pela colheita de ameixa de Kakadu. Em 2015, a empresa gastou pouco menos de US$250 mil em Kimberley por essa matéria-prima. No Peru, a Loving Earth vem aumentando gradativamente suas compras da comunidade Asháninka: em 2015, foram 10 toneladas de cacau por US$50 mil; em 2016, 40 toneladas; em 2017, 60 toneladas; e em 2018, 90 toneladas, totalizando US$500 mil.

Fry está interessado nesses mercados em que a comunicação, a infraestrutura e o acesso têm sido historicamente limitados. "É um modelo muito simples, mas requer tempo. Não é o tipo de negócio que acontece da noite para o dia e é possível que ocorram mudanças repentinas. Só conseguiremos entrar nos mercados em que há liderança local e disposição para melhorar e se envolver."

Para uma empresa que começou no apartamento de Fry — onde ele embalava à mão cada barra de chocolate vendida e usava uma padaria nos horários de folga —, a Loving Earth teve um crescimento significativo na última década. Com sua oferta de chocolates saudáveis, a empresa se expandiu para novos mercados, como o Reino Unido, enquanto produz mais de 2,5 milhões de barras de chocolate por ano.

"Aspiramos a ser um modelo. Apenas demonstramos como isso é feito: por meio do uso de embalagens compostáveis, de energia renovável na fabricação, do trabalho com populações indígenas, da promoção da agricultura regenerativa. No entanto, reconhecemos que não é viável estarmos em todos os lugares ou nos tornarmos uma grande multinacional. Gostaríamos que as empresas se inspirassem em nosso modelo e o imitassem", diz Fry.

Entretanto, segundo ele, ainda falta um elemento: capital e financiamento para investimentos agrícolas. Dessa forma, Fry, em parceria com a Rainforest Foundation UK, está desenvolvendo um título agrícola "inteligente em relação ao clima" de US$3 milhões, cujo foco é alinhar as três áreas que ele mais conhece: comunidades indígenas, agricultura regenerativa e desafios ambientais. "Esses três problemas são comuns nas zonas tropicais da África, da Ásia e da América do Sul. E, na bacia do rio Ene, onde trabalhamos, o principal fator de desmatamento é a agricultura. As comunidades indígenas são nossas aliadas para ajudar a deter essa tendência", explica ele.

A Kemito Ene está no centro desse vínculo: uma associação formada por trezentos produtores de cacau e café Asháninka da região, que, há mais de uma década, trabalha com a Rainforest Foundation UK e com a Loving Earth a fim de melhorar sua produção e a qualidade do cacau e do café.

"Como as Nações Unidas têm falado sobre finanças inclusivas e as finanças aparecem nos ODSs [Objetivos de Desenvolvimento Sustentável da ONU], essa não é uma questão pequena e isolada", diz Fry. "Queremos mostrar que isso pode funcionar em uma região e, em seguida, disponibilizar um modelo para que seja replicado."

Funciona assim: o Fundo Comum de Commodities das Nações Unidas atua como um investidor, fornecendo o capital inicial aos implementadores, como a Kemito Ene e a Rainforest Foundation UK. As atividades são verificadas e auditadas e, se os resultados atenderem às expectativas definidas, a Good Energies, uma fundação de soluções climáticas com sede na Suíça, paga os investidores. Modelos semelhantes com metas de impacto social já estão em vigor nos Estados Unidos há quase uma década.

"Não é muito arriscado. Como empresa, a Loving Earth já demonstrou que o modelo funciona, mas, para ampliá-lo, precisamos de mais financiadores", afirma Fry.

Eles já investiram US$100 mil em uma fase piloto, e cada quantia de capital será liberada com base no cumprimento dos padrões de referência. "Não é como se os US$3 milhões fossem entregues de uma só vez", diz Fry. "Precisamos mostrar resultados."

É um modelo focado na melhoria da cadeia de suprimentos e do ecossistema do qual essa cadeia depende. Isso significa não só uma fonte de cacau mais resiliente para a Loving Earth, à medida que a empresa se expande além da Austrália, como também uma oportunidade para os Asháninka diversificarem seus negócios além da Loving Earth. Atualmente, a empresa compra a maior parte do que os Asháninka produzem, de 90 a 100 toneladas de cacau por ano. O objetivo é aumentar essa produção para 250 toneladas e abri-la para mais compradores globais com os prêmios já estabelecidos pela Loving Earth.

O título tem outro recurso adicional: a compra de cacau dos implementadores do fundo do título apoia diretamente um projeto ambicioso para salvar 100 milhões de árvores do desmatamento.

Sobre os Asháninka, Fry diz: "Na verdade, eles não são apenas fornecedores. Eles são a resposta para manter o equilíbrio entre as pessoas e a terra."

Capítulo 4

FORÇA DE TRABALHO

Construindo uma Empresa que Prioriza as Pessoas

Colocar as pessoas em primeiro lugar em uma empresa também diz respeito aos nossos locais de trabalho nos Estados Unidos. Após ver as manchetes sobre executivos de empresas que ganham exponencialmente mais do que os funcionários, sobre trabalhadores que passam dificuldades devido ao aumento do custo de vida e uma noção geral de indiferença em relação à rotina diária e ao crescente esgotamento dos trabalhadores, é óbvio que as empresas precisam prestar mais atenção ao que está acontecendo dentro do próprio escritório. Neste capítulo, analiso as diferentes maneiras pelas quais as empresas aumentaram sua compreensão sobre o envolvimento dos funcionários na empresa: dando-lhes uma parte dos lucros, alcançando comunidades carentes de funcionários ou quebrando sua hierarquia (e suas desigualdades) entre patrão e empregado. Isso sugere uma evolução no local de trabalho e em nossa compreensão de como o capitalismo pode operar, indo além da elite para atender a uma comunidade mais ampla. Eu diria que isso é o começo. Mas, após uma pandemia em que o esgotamento físico e mental se tornou algo muito comum, houve uma renovação no foco das empresas em como tornar o trabalho mais humano para todos. Em 2018, a senadora norte-americana Elizabeth Warren, de Massachusetts, propôs um novo projeto de lei, denominado Ato do Capitalismo Responsável. Ele se fundamenta nas bases estabelecidas pela corporação de benefício, um tipo de entidade corporativa sem fins lucrativos que exige que as empresas relatem seu impacto social e ambiental, bem como suas vendas e seu crescimento.

Da mesma forma, o Ato do Capitalismo Responsável exigiria que qualquer empresa com mais de US$1 bilhão em receita tirasse uma licença concedida pelo governo federal e desenvolvesse um modelo semelhante ao da corporação de benefício. Em agosto de 2018, a corporação de benefício já estava disponível em 34 estados dos Estados Unidos.

O apelo de Warren por mudanças veio na esteira dos dados que indicam que a maioria dos norte-americanos ganha uma pequena fração do salário da alta gerência, criando uma divisão que promove desigualdade e frustração. Em 2018, pela primeira vez, todas as empresas de capital aberto foram obrigadas a informar os salários da gerência à Comissão de Valores Mobiliários, inclusive do CEO. Os resultados foram arrebatadores: O CEO do McDonald's ganhou US$21,8 milhões — 3.101 vezes o salário médio dos funcionários da empresa. A VF Corporation, um conglomerado de vestuário com sede na Carolina do Norte, conhecido por marcas como JanSport, Kipling, Timberland, Dickies, Lee Jeans e Reef, pagou ao seu CEO US$13.736.655 — 1.351 vezes o salário médio dos funcionários da empresa.[1]

Não são comparações perfeitas — elas incluem trabalhadores de meio período e funcionários internacionais —, mas a essência do problema é óbvia: a alta gerência está ganhando exponencialmente mais do que as pessoas pertencentes à sua força de trabalho. Porém, tanto o chefe quanto o funcionário são os responsáveis pelo sucesso de uma empresa.

Os investidores norte-americanos têm se concentrado no crescimento, pressionando as empresas a aumentar de tamanho e a gerar dividendos. Como resultado, de acordo com essa medida, a economia dos Estados Unidos, com um PIB de aproximadamente US$23 trilhões em 2021, é a maior do mundo.[2] Mas, segundo o Índice de Desenvolvimento Inclusivo do Fórum Econômico Mundial, os Estados Unidos têm o nível mais alto de desigualdade econômica entre as economias avançadas da Europa, da Austrália, do Japão e do Canadá, ocupando a 23ª posição entre os 29 países no índice de desenvolvimento inclusivo e apresentam a maior taxa de pobreza, 16,3%, entre todos os países desenvolvidos. O fato de ser a maior economia não se traduz em inclusão ou equidade.

Essa divisão continua a ser exacerbada por classe e geografia. Um estudo do Projeto Hamilton, da Brookings Institution, analisou como a desigualdade de renda se manifesta nos Estados Unidos, prestando atenção a regiões específicas e a seu desempenho econômico de 1960 a 2016. Embora as áreas mais ricas e mais pobres estivessem desenvolvendo paridade entre si, em 1980, isso começou a mudar — o desempenho econômico se tornou mais díspar e pronunciado. Outro estudo, realizado pelo Economic Innovation Group, introduziu o índice Distressed Communities [Comunidades em Dificuldades, em tradução livre]. Esse estudo constatou que menos de 40% dos norte-americanos vivem em bairros de classe média. Surpreendentemente, 106 milhões de pessoas (32% dos norte-

-americanos) vivem em comunidades em dificuldades ou em risco e 86 milhões (26%) residem em bairros prósperos. A diferença entre os bairros ricos e pobres só aumentou de 2007 a 2017.

Para alcançar mais inclusão econômica, os Estados Unidos precisam encontrar um modelo econômico que funcione para sua população diversificada, espalhada por uma grande extensão territorial, com culturas e modos de vida variados. Em vez de esperar que as políticas públicas adotem medidas como a que a senadora Warren está sugerindo, há mais de duas décadas que a comunidade empresarial vem experimentando modelos alternativos.

A Chroma Technology Corp., com sede em Vermont, uma empresa de propriedade de funcionários, fabrica filtros ópticos para a comunidade científica. Fundada em 1991 — muito antes de se falar sobre a disparidade salarial entre chefes e funcionários regulares e o engajamento da força de trabalho se tornarem comuns — a empresa estabeleceu limites para os salários desde o início e elaborou um sistema de salários em níveis para simplificar a ambiguidade da remuneração. "Agrupamos os cargos em níveis. Cada nível tem um salário anual com valor mínimo e máximo. Cada pessoa dentro de determinado nível começa ganhando pelo menos o mínimo, e cada uma tem oportunidade de aumentar de nível, passando a ganhar o mesmo valor máximo", diz Paul Millman, presidente da Chroma.

Originalmente, todos ganhavam US$30 mil, mas esse valor aumentou para US$40 mil, a fim de acompanhar o atual custo de vida. Atualmente, a pessoa mais bem paga é o CEO, que ganha US$225 mil. "Com o objetivo de recrutar talentos executivos, aumentamos o valor do salário máximo de US$150 mil", explica Millman.

Para garantir que todos se beneficiem do bem-estar e do crescimento dentro da organização, todos os lucros são compartilhados igualmente e anualmente; as ações também são distribuídas igualmente. Millman observa: "Ainda não alcancei o nível executivo mais alto."

Em 2007, a Technicians for Sustainability, uma empresa de instalação de energia solar com sede em Tucson, Arizona, começou a fazer experiências na estrutura de sua empresa para dar aos funcionários a chance de serem proprietários. Kevin Koch dirige a empresa com sua esposa e, para eles, isso fazia sentido, especialmente para pessoas do setor de construção. "Tradicionalmente, esse tipo de emprego gera riqueza", diz Koch. "Por isso eu queria não só construir uma empresa que refletisse o mundo em que eu queria viver, mas também contribuir para a criação de patrimônio para a equipe."

Koch ficou quase uma década em busca de uma estrutura ideal para a empresa. Mesmo na busca aparentemente nobre de criar uma estrutura equitativa que capacitasse a todos, Koch recebeu muitas opiniões divergentes. Talvez seja por isso que as empresas estejam explorando diferentes caminhos para o que cada uma considera "equitativo".

Para algumas empresas, os Planos de Participação Acionária para Funcionários (ESOP, da sigla em inglês) existentes são o melhor caminho, principalmente para as de grande porte. A Bob's Red Mill, uma marca de alimentos com sede em Oregon, nos Estados Unidos, que cresceu a partir de raízes humildes na área de Portland, atualmente oferece a todos os funcionários, após um ano como funcionário em tempo integral, a chance de se tornarem proprietários por meio da compra de ações da empresa. Em 2017, os funcionários possuíam pouco menos de 60% das ações; em 2020, a empresa passou a ser 100% de propriedade dos funcionários.

Em 2010, quando o proprietário e fundador, Bob Moore, completou 81 anos de idade, ele decidiu entregar a empresa, avaliada em US$93 milhões na época, a seus funcionários e adotou o modelo ESOP. Moore viu o modelo ESOP como um plano de aposentadoria que lhe permitiria compartilhar os lucros da empresa com aqueles que tornaram possível sua existência. O ESOP geraria mais riqueza para os funcionários do que um plano de aposentadoria convencional, como os planos de aposentadoria patrocinados pelo empregador. Na verdade, Moore queria reduzir o período de aquisição de seis para três anos, o que tornou cem funcionários imediatamente elegíveis para a aquisição. A decisão mudou a vida de muitos funcionários de longa data da empresa da noite para o dia.

Basicamente, ele estava interessado em resolver o problema da propriedade: como dar aos funcionários uma parte da empresa sem sobrecarregá-los com as implicações fiscais da propriedade. "Bob tem pensado em participação nos lucros desde os anos 1980", diz Trey Winthrop, diretor financeiro da Bob's Red Mill. "No início, ele tentou com uma simples participação nos lucros."

Segundo estimativas variadas, existem de 8 a 12 mil ESOPs em todo os Estados Unidos.[3] De acordo com Winthrop, o objetivo desse modelo é muito claro: ajudar os funcionários a juntar suas economias para a aposentadoria e usá-las para montar um portfólio de investimento de longo prazo para o futuro.

Mas, para muitos funcionários, o modelo é novo. Stacey Smith, que dirige a área de recursos humanos da Bob's Red Mill, diz que não estava tão familiarizada com as nuances do ESOP quando ela entrou na empresa. Isso a levou a criar um comitê de ESOP com 28 representantes que se reúnem mensalmente para dar um treinamento aos funcionários sobre a parte técnica dos ESOPs e o que significa ser proprietário.

"Agora você tem uma responsabilidade, e precisamos explicar isso às pessoas", ela diz.

Winthrop também buscou conhecimento ao participar de conferências da ESOP. Ele reconhece que a empresa não se envolveu tão profundamente na educação de seus funcionários até 2015, logo após a entrada de Smith. Smith e a equipe financeira criaram um manual simples de dez páginas que explica os ESOPs, sua terminologia e como esses planos afetam os benefícios de aposentadoria, entre outros tópicos.

Smith explica: "Além disso, a cada trimestre, monto uma apresentação para os funcionários, compartilhando os dados financeiros da empresa. Compartilhamos esses detalhes e ensinamos à equipe tópicos como demonstrações de lucros e perdas e balanços patrimoniais, porque não queremos que as pessoas sejam surpreendidas no dia da compra das ações. Além disso, agora todos são proprietários da empresa. Portanto, isso é ainda mais relevante."

Parece uma excelente maneira de envolver os funcionários e aumentar as taxas de retenção. Mas será que isso se traduz em maior satisfação no local de trabalho? E será que o plano funciona de verdade? De acordo com um estudo realizado em 2017 pela Rutgers University, a resposta é sim. O estudo conclui que o sentimento de propriedade dos funcionários aumenta a produtividade da empresa em 4% e os lucros em 14%.

O escritório de Moore é uma ode a todas as pessoas que contribuíram para o sucesso da empresa, inclusive sua esposa. Há fotos cobrindo cada centímetro da parede: em cada uma delas, ele é visto com seu colete vermelho característico com o logotipo da empresa e um boné de jornaleiro — um visual que se tornou o logotipo da empresa. E em todas as fotos, ele é visto abraçando as pessoas com alegria. Aos 93 anos de idade, ele ainda está ativo, compartilhando a história da empresa com estudantes, outros empreendedores e qualquer pessoa que tenha interesse em construir uma empresa que, assim como a Bob's Red Mill, coloca as pessoas acima do lucro.

Em uma entrevista de 2022 para a revista *Fortune*, Moore declarou: "As empresas *poderiam* fazer isso, mas como o dinheiro é o único fator, e os proprietários e gerentes geralmente estão preocupados apenas com o próprio benefício e com o que a empresa pode fazer por eles, não sei se todos se importam em fazer isso. Entrar na empresa, enriquecer o máximo possível e sair dela — esse é o principal objetivo deles."[4]

Uma empresa também pode se tornar mais equitativa ao se tornar mais inclusiva — ao dar maior atenção a quem ela contrata. A padaria Greyston, em Yonkers, Nova York, sabia disso desde o início, quando já contratava qualquer pessoa para trabalhar na padaria sem um currículo, um histórico de emprego ou mesmo uma verificação de antecedentes. Basicamente, a Greyston aceitava como funcionários pessoas que geralmente eram consideradas "não empregáveis". No início da década de 1980, quando abriram as portas, eles não sabiam que o que estavam fazendo é chamado, atualmente, de construir uma empresa social. Hoje, a empresa tem mais de US$20 milhões de receita anual e tem sido amplamente elogiada como um exemplo de empresa com práticas de contratação não tradicionais bem-sucedidas.

Se você já provou o sorvete Chocolate Fudge Brownie da Ben & Jerry's, também já provou um dos produtos de panificação da Greyston. Desde o início, a padaria desenvolveu um relacionamento com a Ben & Jerry's, tornando-se fornecedor de alguns dos ingredientes para seus sorvetes. Isso os ajudou a criar um canal de clientes que tratam a Greyston como um negócio, não como um projeto social, embora eles empreguem ex-presidiários, pessoas que antes não tinham moradia e imigrantes que buscavam trabalho em uma nova cidade. Até o momento, a empresa criou oportunidades de trabalho para mais de 3.500 pessoas, o que, segundo Mike Brady, CEO da Greyston, impactou cerca de 19 mil famílias. Cerca de 65% de sua força de trabalho havia sido encarcerada.

"A realidade é que muitos consideram bastante arriscada a contratação de pessoas que enfrentam dificuldades em arrumar emprego. Ainda estamos usando estratégias de capital antiquadas que reiteram e incitam preconceitos conscientes e inconscientes — estamos filtrando grupos de talentos que querem trabalhar", diz Brady.

Brady quer adotar as práticas da padaria e aplicá-las a mais empresas, ajudando-as a adotar uma abordagem que a Greyston apelidou de contratação aberta — a Greyston registrou o termo como marca registrada. Para isso, a empresa criou o Greyston Employment Opportunity Center (Centro de Contratação Aberta da Greyston).

"Não esperamos que as empresas tomem medidas radicais desde o início", observa Brady. "Isso não pareceria algo realista e seria um grande empreendimento que provavelmente parecerá impossível para muitas equipes de liderança. Entendemos que mudar as estratégias de capital humano leva tempo, por isso incentivamos as empresas progressistas a conversar e a trabalhar conosco para evoluir e adaptar o modelo, a fim de que ele se torne uma realidade a ser aplicada."

A Greyston inspirou outras pessoas a pensar além dos parâmetros tradicionais de contratação de funcionários e criou um movimento em direção a uma força de trabalho mais inclusiva. A The Last Mile, uma organização sem fins lucrativos localizada na área da baía de São Francisco, oferece aulas de programação de computadores a presidiários, para que eles possam adquirir habilidades específicas antes de saírem da prisão. Em seguida, ela os coloca em contato com empresas do Vale do Silício para conseguir um emprego quando saírem. Com taxas de reincidência em torno de 50% para infratores federais, o emprego é essencial para manter as pessoas fora da prisão. Uma organização sem fins lucrativos com sede em Los Angeles, a Homeboy Industries, fundou algumas empresas nos últimos 25 anos para financiar seus programas para ex-membros de gangues e infratores: há uma padaria, um café, um programa de reciclagem de eletrônicos, uma fábrica de impressão de camisetas e, inclusive, um programa de treinamento em instalação de energia solar — tudo em um esforço para oferecer treinamento profissional e um novo caminho para o futuro dessas pessoas.

Além das pessoas encarceradas, as Pessoas com Deficiência também têm sido deixadas de fora da economia e caracterizadas como "não empregáveis". De acordo com o Departamento do Trabalho dos EUA, em 2017, cerca de 80% dos adultos com deficiência estavam desempregados.[5] Certamente, algumas dessas pessoas enfrentam desafios que os impedem de trabalhar, mas outras têm vontade de trabalhar e não conseguem encontrar um empregador disposto a contratá-las e treiná-las.

Jim Kales, CEO da Aspire, uma organização sem fins lucrativos que apoia pessoas com Transtorno Global de Desenvolvimento (TGD), diz que muitas Pessoas com Deficiência querem trabalhar, mas não sabem como ou por onde começar. Isso motivou Kales a organizar um novo movimento para incentivar mais empresas a reconsiderar pessoas com TGD como possíveis funcionários. Em 2018, a organização com sede em Chicago lançou a Career Academy [Academia de Carreiras, em tradução livre], um centro com 1.000m^2 localizado a 30 km do centro da cidade, onde a Aspire consegue treinar pessoas com TGD para empregos em uma série de setores: hospitalidade, depósito e distribuição, culinária, informática, varejo de grande porte e administração de academias de ginástica.

Em 2007, quando Kales entrou para a Aspire como CEO, a organização estava passando por sérios problemas. A Aspire estava operando desde a década de 1960 como uma organização sem fins lucrativos, mas dependia muito de subsídios para apoiar seus programas. "A maior parte de nosso financiamento vinha do estado de Illinois... Mas esse estado não tinha muitos recursos, e eles estavam acabando. O moral da equipe estava baixo. A organização tinha acumulado dívidas. Tive que começar a pensar em como poderíamos sustentar essa programação sem termos um doador de peso", lembra Kales.

Em uma reunião de equipe, Kales teve uma epifania: café. "É um produto de primeira qualidade, o que poderia reposicionar a marca de Pessoas com Deficiência. Essas pessoas geralmente estão envolvidas em negócios de revenda de itens usados ou coisas doadas e que as pessoas não querem mais", diz Kales. "Em vez disso, eis um produto que todos gostam de beber; e não é qualquer café, mas um café de excelente sabor."

Para encontrar esse café de excelente sabor, Kales recorreu a uma torrefadora de Chicago, a Metropolis Coffee Company. "Não entendíamos nada sobre o fornecimento e a torrefação de café, então tivemos que encontrar um parceiro. A Metropolis foi a segunda empresa com que entrei em contato", diz Kales.

A Metropolis ficou interessada na visão de Kales para a Aspire. De fato, o CEO da Metropolis, Tony Dreyfuss, diz que estava procurando um parceiro sem fins lucrativos há muito tempo. "O momento foi inesperado", ele conta.

Em 2009, a Metropolis e a Aspire se uniram para criar uma filial da Aspire: a Aspire CoffeeWorks, uma empresa social geradora de receita e de comércio justo que vende café orgânico. A embalagem conta a história da Aspire e de quem ela beneficia; no verso do pacote, há um adesivo com o nome e a história da pessoa que embalou o café.

Uma dessas pessoas é Ben Rankin-Parker, que, junto com outros cinco funcionários da Aspire, embala o café diariamente nas instalações da Metropolis. Diagnosticado com a síndrome do X frágil, uma condição genética que resulta em deficiência de desenvolvimento e comprometimento cognitivo, ele tem dificuldades de convivência em ambientes sociais, como um escritório. Para ele, o ambiente da torrefação de café é um local mais confortável, onde ele pode se destacar em tarefas repetitivas, como colher e ensacar café e etiquetar os sacos.

Para Dreyfuss, não se trata apenas de um esforço para se sentir bem. Ele conta que os trabalhadores da Aspire são funcionários estáveis, que ficam em pé oito horas por dia e realizam todas as tarefas que lhes são solicitadas. Mas, segundo ele, o efeito extra é que isso "nos lembra de que somos todos parte de algo maior". Isso funciona nos dois sentidos: "A relação é simbiótica: a Aspire tem o parceiro de torrefação de que precisa para ser bem-sucedida e, por sua vez, a Metropolis tem a oportunidade de montar uma força de trabalho mais inclusiva e aproveitar um pool de mão de obra qualificada e subutilizada."

Existe um defeito na colaboração do trabalho com o café: ela pode empregar apenas algumas pessoas. Por isso, Kales adotou a importante missão de encontrar outras empresas que também pudessem incorporar pessoas como Rankin-Parker em seus locais de trabalho. "Eu não queria alocar as pessoas como as únicas no setor: [...] quando você contrata apenas aquela única pessoa para mostrar aos outros, talvez."

Mas o negócio de café foi um bom ponto de partida. A Aspire basicamente precisou se tornar uma intermediária entre as Pessoas com Deficiência e as funções que elas conseguem realizar. Encontrar um emprego para uma Pessoa com Deficiência significa descobrir quais configurações funcionam para cada tipo de deficiência. Para isso, Kales precisou reconfigurar todo o processo de RH: "Percebi que, quando muitas pessoas se aplicam a uma vaga de emprego, parte da entrevista é só conversa fiada, a fim de nos conhecermos melhor", ele diz. "Porém, para uma pessoa com autismo, seria melhor se você pedisse a ela para realizar uma tarefa na função que ela realizaria no dia a dia na empresa. A conversa fiada é muito mais difícil para certas pessoas. Além disso, [colocá-las em uma situação realista de trabalho é] uma avaliação melhor para saber se elas podem ou não realizar o trabalho."

Segundo ele, a resposta para pessoas com Transtorno Global de Desenvolvimento é a existência de um centro de treinamento recém-construído a oeste de Chicago. As pessoas com TGD que querem trabalhar podem ir até esse centro e receber treinamento para vagas de emprego em uma série de setores. Isso gera um benefício de ambos os lados: as pessoas aprendem um conjunto de habilidades práticas e a Aspire obtém um canal de pessoas treinadas e prontas para entrar na força de trabalho. Assim, eles podem fazer a conexão entre um grupo de pessoas aptas para determinada função e uma empresa que esteja procurando candidatos, e não apenas uma pessoa.

"Eu queria ter certeza de que não era um tipo de trabalho voluntário, mas um trabalho de verdade, que qualquer outra pessoa faria", explica Kales.

Empresas como a Hyatt Hotels conheceram o modelo e concordaram em trabalhar junto com a Aspire na abertura de vagas de emprego. Desde 2015, a Aspire ajudou mais de 70 Pessoas com Deficiência focadas em ter uma carreira a conseguir um emprego. E 90% delas foram colocadas em vagas de emprego dentro de suas comunidades; além disso, 90% delas mantiveram seus empregos por pelo menos 12 meses. "Nosso objetivo é nos posicionarmos de modo a ajudar mais de cem pessoas por ano a se conectarem com oportunidades de carreira nos próximos dois anos", afirma Herb Washington Jr., diretor de inovação da Aspire.

"As pessoas têm a impressão de que será difícil contratar alguém com um transtorno de desenvolvimento", diz Kales. "Eu diria o contrário. [Pessoas com Deficiência] tendem a ter menos rotatividade e, se isso for feito da maneira correta, você pode acabar com um funcionário excelente e leal, que fica entusiasmado em trabalhar todos os dias."

A Aspire não está sozinha nesses esforços. A Toad&Co, uma empresa de roupas com sede em Santa Bárbara, Califórnia, empregou um modelo semelhante, trabalhando com uma organização sem fins lucrativos com sede em Chicago, a Search Inc., no treinamento e na oferta de oportunidades de trabalho para adultos com transtornos de desenvolvimento. Em 1997, as duas organizações se uniram para fundar a Planet Access Company, que gerencia não só a listagem da Toad&Co, mas também a de diversas outras marcas. Desde 2004, mais de 300 pessoas participaram de programas de treinamento e emprego no depósito. Em 2001, a Toad&Co adicionou outro elemento ao seu programa: uma chance para esses trabalhadores experimentarem um passeio ao ar livre. Criada como uma organização sem fins lucrativos, a Search for Adventure leva adultos com deficiência em viagens para desfrutar de belezas naturais, como a Trilha dos Apalaches ou as praias das Bahamas.

Essas empresas perceberam que o trabalho pode ser mais do que apenas trabalho. Pode ser uma experiência de aprendizado tanto para os funcionários quanto para os empregadores. O conceito é global: o Groupe SOS, um conglomerado francês de empresas sociais, vem usando esse modelo inclusivo há décadas, desde os anos 1980, quando começou a empregar membros marginalizados da sociedade. A Veja, a marca de calçados com sede em Paris mencionada no Capítulo 1, seleciona pessoas que, a princípio, podem parecer não empregáveis e que vêm de bairros carentes da cidade para trabalhar na área de depósito e distribuição de seus calçados.

Segundo Kales, uma pessoa empregável não é apenas aquela que tem um bom currículo, mas aquela que ajuda a empresa por meio de seu serviço. "Isso tem como base o desempenho. E deveríamos estar mais abertos a essa ideia."

Ao criar um negócio regenerativo, essas empresas estão mostrando que os parâmetros estabelecidos pela sociedade são maleáveis; na verdade, eles devem ser alterados, para abrir caminho para um emprego que realmente acolha a todos.

CONVIDANDO MAIS MENTES JOVENS PARA A TERRA

Na Holanda, um fazendeiro criou um programa para jovens que não têm para onde ir; eles têm deficiências de desenvolvimento ou são deixados à margem da sociedade. Piet van Ijzendoorn, um fazendeiro de 70 anos de idade, criou o programa em sua fazenda orgânica no ano 2000, argumentando que o trabalho agrícola é capaz de curar a alma e é rigoroso o suficiente para exigir disciplina. Esses jovens não só ganharam um emprego na fazenda dele, como também moradia.

Van Ijzendoorn cresceu em uma família de agricultores e testemunhou o surgimento da agricultura em larga escala e a introdução de fertilizantes químicos. Ele começou a trabalhar na fazenda ainda criança, aos 9 anos de idade. Segundo ele, isso lhe incutiu uma ética de trabalho que ele carregou por toda a vida, além da curiosidade em aprender mais sobre agricultura. Em 1975, ele se formou em ciências ambientais, com ênfase em agricultura biodinâmica. Seis anos depois, estabeleceu sua fazenda, a Zonnehoeve, na época um pedaço de terra árido ao norte de Amsterdã.

Hoje, a paisagem é exuberante, emoldurada por turbinas eólicas e campos de flores das fazendas vizinhas. Na fazenda, diversas atividades acontecem de maneira simultânea: uma padaria operada por pessoas com transtornos de desenvolvimento, estábulos que os residentes locais podem usar para abrigar e treinar seus cavalos, uma fazenda de gado leiteiro com sessenta vacas e uma horta.

Van Ijzendoorn caminha pela padaria, agora fechada durante o dia, conversando com alguns dos jovens que estão limpando o chão coberto de farinha e separando os últimos pães do dia. Ele diz que há vinte pessoas morando na fazenda, que, na Holanda, é chamada de "programa de assistência" para jovens com transtornos de desenvolvimento que precisam de ajuda e de um lugar para morar. Eles ajudam no trabalho da fazenda: alimentam os cavalos, limpam os estábulos, preparam os canteiros, plantam, arrancam ervas daninhas, colhem, ordenham as vacas e consertam coisas na propriedade. Não existe nenhuma tarefa que eles não estejam qualificados para fazer. E é assim que ele prefere: aprenda tudo e, se houver uma tarefa em particular que alguém prefira fazer, ele ficará feliz em ajudar essa pessoa a se concentrar nela.

A padaria, administrada pelos membros do programa de assistência, vende seus produtos para mais de quarenta lojas de alimentos saudáveis em Amsterdã, Utrecht, Haia e na região de Gooi. Van Ijzendoorn enxerga os negócios com base em alimentos como uma forma terapêutica de enfrentar os desafios da vida. "Assar um pão pode servir como uma atividade de meditação, mas também é trabalho, e é algo que você precisa fazer todos os dias", diz ele.

Mario, de 21 anos, que tem autismo, sofre com acessos de agressividade e ataques de pânico, trabalha na padaria há 7 anos. Ele diz que o ritmo diário e a estrutura do trabalho de uma padaria têm sido úteis para sua saúde mental, e o resultado disso vem na forma de um pão, entregue ao final de um dia de trabalho.

Van Ijzendoorn diz: "Ele realmente mudou de um jovem assustado, agressivo e inseguro para um adulto confiante que funciona muito bem em um ambiente de trabalho estruturado. É agradável trabalhar com ele e ele gosta de trabalhar. Na verdade, o aumento de sua confiança permitiu que ele passasse no teste para tirar a carteira de motorista."

Em 2006, aos 58 anos de idade, Van Ijzendoorn concluiu um mestrado em ciências da educação. Ele quer usar a Zonnehoeve não apenas como uma fazenda, mas também como um espaço em que pessoas de diferentes origens podem se reunir e se desenvolver individualmente. É por isso que a fazenda também conta com um edifício multiúso: uma estrutura de celeiro que se converte em um salão de música, um local de encontro para refeições e um centro de artesanato. Nesse local, os membros da comunidade de Zonnehoeve se reúnem para eventos e convidam o público a se juntar a eles.

"A vida na fazenda proporciona uma vida boa, sendo um local onde as pessoas podem aprender com os animais, com a natureza e umas com as outras", diz ele.

Van Ijzendoorn quer inspirar a nova geração a cultivar de maneira regenerativa. O nome da sua fazenda, Zonnehoeve, significa "Sun Farm" (Fazenda do Sol), uma alusão aos elementos essenciais da agricultura: sol em abundância, solo rico e mãos trabalhadoras. Ele anseia por mais vozes na agricultura que se preocupem verdadeiramente com a saúde do solo, o impacto ambiental e a vitalidade da fazenda a longo prazo.

"Infelizmente, a verdade é que, cada vez mais, os pequenos agricultores que cuidam de seu solo estão perdendo a concorrência. Na Holanda, todos os dias, aproximadamente seis agricultores abandonam a agricultura", diz ele. "Isso é uma grande perda, porque não só as terras são retiradas da produção, como também a experiência dos agricultores é perdida. Atualmente, cerca de 1% da população tem a agricultura como ocupação, em comparação com 25% após a Segunda Guerra Mundial."

A Holanda é uma anomalia interessante na agricultura; apesar de ser um país pequeno, é um dos maiores exportadores de alimentos do mundo.[6] Grande parte desses alimentos vem de estufas nas quais as plantações são cultivadas em um ambiente de alta tecnologia. Algumas estufas não usam solo — apenas água reciclada ou da chuva. Cerca de 93 km^2, uma área do tamanho de Manhattan, são cobertas por estufas, algumas iluminadas por luzes de LED, para maximizar o crescimento. Drones monitoram de perto a quantidade de água que é fornecida às plantas e também acompanham suas condições de crescimento. O setor agrícola da Holanda espera ajudar as nações atingidas pela fome com sua abundância de produtos. Embora esse progresso esteja sendo comemorado pela mídia global e pelo setor de tecnologia, Van Ijzendoorn é cético.

"Os agricultores que estão em contato direto com suas terras descobrem coisas novas de acordo com sua percepção e experiência. Onde quer que a agricultura seja verificada e controlada por computadores, não há coisas realmente novas sendo descobertas. Mas estamos em uma era de agricultura industrial", segundo ele, dirigindo pelos campos de flores nas proximidades — os quais foram todos cultivados com uma dose pesada de fertilizantes químicos, ele ressalta.

De acordo com ele, "a agricultura orgânica ainda é pequena na Holanda. Muito pequena".

Para atrair mais jovens agricultores, especialmente aqueles que acreditam em seu estilo regenerativo de agricultura, Van Ijzendoorn abriu a Zonnehoeve para um modelo de propriedade comunitária. O capital da fazenda permanece na fazenda e é usado para outras melhorias.

"Todos os proprietários são responsáveis pelo sistema inteiro da fazenda, não apenas por uma parte dele. Quero que todas as partes da fazenda permaneçam juntas", ele diz. "Escrevemos [isso] em nossa visão e missão. Quando trabalhamos em conjunto, é possível crescer. Nós, como sociedade, vivemos em uma cultura de receber, mas precisamos fazer a transição para uma cultura de doação e de comunidade."

REESTRUTURANDO UM NEGÓCIO

Conseguir um emprego geralmente é o primeiro passo para organizar a vida. Depois vem a tarefa de acumular dinheiro — para ter uma rede de segurança, comprar uma casa, cuidar da família. No entanto, à medida que mais norte-americanos se sentem pressionados pelo aumento do custo de vida, como eles poderiam fazer isso se trabalham recebendo por hora ou se têm salários estagnados?

Kevin Koch, CEO da Technicians for Sustainability, em Tucson, reconheceu logo no início que determinados setores da empresa que exigem trabalho manual, como agricultura e construção, são profissões difíceis que não permitem muito que os funcionários sejam promovidos ou acumulem riqueza.

Por isso, quando assumiu o comando da empresa, que faz a instalação de sistemas de energia solar em edifícios residenciais e comerciais, ele tentou buscar uma maneira de democratizar o sistema. No fim das contas, foi mais difícil do que ele imaginava. "Passei quase uma década fazendo experiências com diversos modelos antes de chegar ao modelo atual. Mesmo quando eu achava que estava sendo democrático, o feedback que recebia era de que eu não estava", ele conta.

Koch é uma espécie de empreendedor por acidente. Ele terminou a pós-graduação em 1997 e, após trabalhar como voluntário em organizações sem fins lucrativos locais na região de Tucson, ainda não tinha certeza do que queria fazer. Um dia, ele assistiu a uma palestra de um funcionário da Sacramento Municipal Utility District, uma concessionária de energia elétrica que estava instalando sistemas fotovoltaicos residenciais. "Era uma maneira proativa e positiva de as pessoas lidarem com o uso de energia em suas casas e nos centros urbanos. Isso fez sentido para mim", lembra ele. "Ouvi essa conversa e entrei em ação. Eu sabia que era nisso que queria trabalhar."

Ele se inscreveu para uma vaga de trabalho em todas as empresas de energia solar da cidade, mas todas tinham o foco em sistemas cuja base são as baterias. Koch não achava que essa era a solução. "Eu queria trabalhar com soluções dentro da rede, não fora dela."

Em 2001, ele começou a oferecer aulas e workshops de maneira independente para aqueles que queriam aprender sobre instalações de sistemas solares. Ele ensinava às pessoas por meio de aulas, e elas lhe forneciam mão de obra para a instalação. Em seguida, ele conheceu um francês, Jean-François Camson, que havia fundado a Technicians for Sustainability, uma empresa de eletricidade; Koch entrou como parceiro, fornecendo conhecimento especializado em energia solar. Em 2006, Camson deixou a empresa, o que marcou o início da jornada de Koch para encontrar o modelo certo de propriedade dos funcionários.

Inicialmente, ele tentou usar modelos de negócios que consideravam o tempo de permanência na empresa e o capital suado com o qual alguém teria contribuído. "Eu não tinha muita noção do que poderia chamar de 'direito ao capital'. Acredito que o valor que é entregue à startup vem, em grande parte, do trabalho realizado", ele diz, acrescentando que não tinha a experiência de um MBA. Sua abordagem em relação aos negócios foi construída por meio do aprendizado no trabalho.

"Sei que muitas empresas levantam capital, contratam pessoas oferecendo um salário que representa a média do mercado e, depois, tentam se virar. De fato, eu via a mão de obra como o meio de levantar a empresa. Eu acreditava que os funcionários deveriam receber uma parte de tudo o que saísse da empresa."

Koch começou pela participação nos lucros, oferecendo de 20% a 40% dos lucros aos funcionários por suas contribuições. O valor que eles ganhavam, além do salário, era medido de acordo com três fatores: as horas trabalhadas, o tempo de serviço (quantos anos eles tinham de empresa) e, o mais importante, o valor que eles traziam para a empresa. Às vezes, este último fator prevalecia ao tempo de serviço.

"Em determinado ano, tivemos um funcionário que estava na empresa há apenas um ano. Mas ele recebeu uma quantia maior por meio da participação nos lucros porque havia renovado a eficiência de nosso processo de embalagem quando estávamos nos preparando para os trabalhos, o que foi muito útil para nós."

Em seguida, quando Koch começou a desenvolver um modelo de propriedade dos funcionários, ele procurou algumas das empresas mais importantes do setor. A Namasté Solar e a PV Squared são empresas de energia solar cujos funcionários têm senso de propriedade, e elas o apresentaram à South Mountain Company, uma empresa de arquitetura e energia de propriedade dos funcionários em Martha's Vineyard, Massachusetts.

Koch tentou criar uma diretriz sobre como convidar os funcionários a se tornarem membros. Como um bootstrapper que acreditava em longas e árduas jornadas de trabalho e na presunção de riscos, ele queria dar participação acionária àqueles que estavam na empresa há mais tempo. No início, ele ofereceu aos funcionários ações ordinárias no valor de US$15 mil como participação. Havia apenas um tipo de ação. Mas ele fez um "desconto de capital suado" para os funcionários que estavam na empresa há mais tempo.

"Eu achava que estava sendo justo e generoso com aqueles que haviam se comprometido com a empresa. Mas, em vez disso, as pessoas queriam algo que fosse igual para todos. Isso se transformou em uma angústia coletiva: todos estavam infelizes, inclusive eu."

Em janeiro de 2017, ele tentou novamente. Dessa vez, ele reduziu o ponto de entrada para uma ação ordinária de US$10 mil. Mas, como administrava uma empresa de capital intensivo, ele queria garantir que a empresa sempre teria capital suficiente para os custos iniciais de um trabalho, então ele ajustou o modelo padrão de propriedade dos funcionários para atender às suas necessidades.

"Elaborei um programa no qual era possível dobrar a participação nos lucros: se você deixasse cerca de 75% de seu capital na empresa, isso seria reinvestido nela como um empréstimo de longo prazo de 5 anos", ele explica. "Se você tivesse US$10 mil em participação nos lucros, investiria US$7.500 na empresa."

A participação nos lucros ajudou os funcionários a adquirir a propriedade da empresa. Com exceção de um dos proprietários, todos usaram muitos anos de fundos de participação nos lucros para comprar ações ordinárias ao preço de US$10 mil.

"Senti que era importante ter um método de capital suado [para a compra de ações]. Não oferecemos um empréstimo. Em vez disso, se não tiver dinheiro, é possível dedicar algum tempo à empresa, acumular a participação nos lucros e, depois, comprar ações. Ou obter um empréstimo em outro lugar. Mas, para ter capital suficiente para ser bem-sucedido, eu precisava manter alguns desses lucros gerados pelos funcionários na empresa."

Após a conversão em uma empresa de propriedade dos funcionários, o programa de participação nos lucros mudou de um empréstimo de longo prazo para a empresa para uma compra de ações preferenciais com um cronograma de aquisição de cinco anos. Essas ações preferenciais rendem dividendos, mas não ultrapassam uma taxa-alvo.

Além disso, ele introduziu uma estrutura de capital interno (ICA) para os coproprietários. Depois que uma parte do lucro é distribuída para toda a empresa em forma de participações nos lucros e dividendos para os acionistas, uma parte dos lucros restantes é alocada para a ICA de cada coproprietário. Isso é chamado de "dividendo de patrocínio" nas cooperativas e permite que os coproprietários acumulem ativos e que a empresa retenha esse capital para uso futuro.

Por exemplo, se a empresa obteve um lucro de US$10 mil, 20% precisariam ser pagos de acordo com os regulamentos. Mas os 80% restantes, ou US$8 mil, podem permanecer na empresa e ser alocados para cada proprietário. Se um proprietário sair, ele poderá sacar o valor de sua participação, de acordo com o cronograma de aquisição de direitos.

"Dessa forma, a empresa não sofre um baque com grandes saídas de capital quando as pessoas decidem sair", diz Koch.

Mas por que ele fez isso? Koch diz que foi resultado de uma visão idealista: "Eu queria criar uma empresa que representasse a sociedade em que eu gostaria de viver, onde o trabalhador tivesse acesso aos lucros, assim como ao capital e ao empreendedorismo. Estou analisando como uma empresa [deveria] ser na minha versão utópica."

Mas isso também se traduz em cenários da vida real: a maioria dos clientes, quando conhece um funcionário que sai para trabalhar, também está conhecendo um dos proprietários da empresa. E o proprietário de uma empresa está mais interessado na solução de problemas. "Isso produz uma cultura de trabalho bastante positiva", diz Koch. "As pessoas estão comprometidas. Elas não querem deixar as coisas degringolarem."

Agora a empresa tem 15 proprietários, com uma faixa etária que varia de 20 e poucos anos a 60 anos de idade. Qualquer pessoa que trabalhe na Technicians for Sustainability em tempo integral durante um ano pode se tornar um funcionário proprietário. Todos os possíveis proprietários são votados pelos proprietários existentes. "Tentamos tornar o processo o mais democrático possível e acredito que finalmente conseguimos", observa Koch.

CAPÍTULO 5

MULHERES

Trazendo as Mulheres para a Linha de Frente

No estado de Uttarakhand, ao norte da Índia, as mulheres estão cultivando hortelã, urtiga e alecrim em campos com terraços. Elas realizam as colheitas em seus lotes de 4 mil m². No estado de Bengala Ocidental, no leste do país, as mulheres nepalesas estão tomando conta das propriedades de chá inclinadas, onde colhem folhas de chá. No Quênia, elas estão colhendo as folhas nas fazendas de chá em Kericho. Em Uganda, são as bananas. E, na Nicarágua, é o café.

De acordo com Noushin Ketabi, uma das cofundadoras da Vega Coffee, uma empresa que instrui mulheres cafeicultoras para se tornarem torrefadoras e especialistas em café na Nicarágua, "as mulheres não são apenas a força vital de suas famílias e comunidades, mas também a espinha dorsal da cadeia de suprimentos do café. No entanto, historicamente, elas não têm o mesmo acesso a recursos que seus colegas homens. A única maneira de alcançar a equidade de gênero dentro e fora da cadeia de suprimentos do café é reconhecer esse trabalho das mulheres e ajudar a derrubar todas as barreiras que se interpõem entre elas e as oportunidades que tanto merecem — para que possam aprender e progredir, dar um futuro brilhante para si mesmas, para [suas] famílias e estruturar o mundo que elas criaram".

O problema da restrição dos direitos das mulheres não se limita ao setor cafeeiro. Muitas das mulheres que moram em áreas rurais trabalham em fazendas onde nem sequer têm direito à terra. De acordo com as Nações Unidas, menos de 13% das trabalhadoras agrícolas do mundo têm direito à terra.[1] No entanto, em muitas regiões, como na Ásia Meridional e, especialmente, na África Subsaariana, 60% das mulheres trabalham na agricultura.[2] No mundo em desenvolvimento, as mulheres são uma grande potência na agricultura, mas precisam de apoio para terem voz.

Um dos Objetivos de Desenvolvimento Sustentável das Nações Unidas é a igualdade de gênero. Ela sustenta muitos dos outros objetivos: educação, proteção ao meio ambiente, combate à fome e inclusão financeira.

Assim como no mundo desenvolvido, as mulheres dos países em desenvolvimento administram seus lares, alimentam seus filhos e cuidam da saúde da família. O que muda é o contexto: o mundo em desenvolvimento é aquele no qual o impacto das mudanças climáticas, da fome e da desigualdade é mais pronunciado.

Se as empresas investissem na capacitação das mulheres, elas poderiam atingir metade dos Objetivos de Desenvolvimento Sustentável de uma só vez. As mulheres são a chave para a saúde e a prosperidade financeira de suas famílias e a vitalidade da terra em que trabalham.

É um efeito cascata. Se elas puderem cultivar suas terras organicamente — e cuidar delas de uma estação para outra por meio de práticas regenerativas, como cobertura morta, consorciação de culturas e uso de culturas de cobertura —, terão terras mais saudáveis no longo prazo. Isso significa menos erosão causada por chuvas fortes, melhores chances de lidar com a seca, porque um solo mais saudável retém mais água, produz alimentos mais saudáveis e um ambiente mais seguro para trabalhar. Além disso, elas não precisam gastar tanto com fertilizantes e aditivos, o que resulta em menos gastos. Basicamente, as mulheres podem aproveitar o que existe na natureza para enriquecer o solo e colher sementes em todas as estações para plantar em estações futuras — um ciclo que é financeiramente benéfico para elas e para suas famílias. Com mais dinheiro no bolso — e produtos orgânicos comercializados a preços mais altos — as mulheres podem investir esses recursos nos filhos e no próprio futuro.

Isso pode ser a salvação para mitigar a mudança climática. Se você fizer um passeio de carro pelas colinas de Uttarakhand, na Índia, verá mulheres trabalhando em pequenos lotes de terra, curvadas, vestidas com saris e enroladas em xales para se protegerem do frio do vento que vem dos Himalaias. Elas cuidam de campos de amaranto, centeio e cevada. Mas muitas delas estão sozinhas: os homens estão nas cidades em busca de trabalho remunerado — ou estão ociosos no centro da aldeia, bebendo. Essa é uma tendência que os especialistas em desenvolvimento chamam de "feminização da agricultura".

Por necessidade, as mulheres estão gerenciando as finanças da família — e estão fazendo isso muito bem. Um estudo bastante abrangente envolvendo 350 instituições de microfinanças (IMFs) em 70 países levou à conclusão de que as mulheres são melhores pagadoras de empréstimos do que os homens, portanto representam um risco menor para o credor. De acordo com o estudo, "um número maior de clientes mulheres está associado a um risco menor da carteira, menos baixas e menos provisões para perdas de crédito [...] Essas descobertas confirmam a crença comum de que as mulheres em geral representam um risco de crédito melhor para as IMFs".[3] Essa foi a conclusão a que o Dr. Muhammad Yunus, do Grameen Bank, e a comunidade de microfinanças chegaram há quase duas décadas. No entanto, ainda estamos lutando para adotar essas ideias de maneira mais ampla.

As mulheres têm experiência com dinheiro não porque são regradas ou excessivamente cautelosas, mas porque são as responsáveis pelas despesas da família — mensalidades escolares, gastos com saúde, compras de mercado e de combustível — e tendem a pensar no longo prazo.

Kalyan Paul e sua esposa, Anita, são habitantes de Deli. Há quase duas décadas, os dois viram aumentar a tendência de as fazendas serem administradas por mulheres. Somente no estado de Uttarakhand, cerca de 600 mil mulheres tinham dificuldade em trabalhar em fazendas com solos cada vez mais degradados e dispondo de poucos recursos. Isso levou os Pauls a criar uma fundação dedicada à capacitação das mulheres da região e à preservação das encostas florestais que elas chamam de lar.

"Essa não é uma solução fácil. Temos jovens indo para as cidades. Temos meninas no sistema escolar que não estão sendo ensinadas sobre a ecologia local. E o agricultor típico é uma mulher de mais de 50 anos de idade", diz Kalyan Paul. "Então como vamos salvar a floresta?"

Os Pauls empregaram mulheres para construir viveiros e cultivar mudas de árvores nativas e as ensinaram a cuidar delas. Isso levou ao desenvolvimento de uma cooperativa para que elas pudessem ganhar dinheiro por meio de suas fazendas orgânicas e de seu artesanato. Mulheres de mais de 200 vilarejos das bacias dos rios Gagas e Kosi se uniram para formar a Mahila Umang Producers Company, uma cooperativa de 3 mil mulheres formada por pequenos grupos de autoajuda com 10 a 20 mulheres cada.

Nesses grupos menores, as mulheres discutem assuntos familiares, maneiras de ganhar mais dinheiro, a falta de água na região e a própria saúde. Elas conseguiram aumentar sua renda e promover a agricultura orgânica. Além disso, plantaram mais de um milhão de mudas de árvores e arbustos nativos nas bacias hidrográficas, com o intuito de revitalizar as florestas. A cada ano, os membros desses grupos plantam outras 5 mil mudas de árvores frutíferas, cujos frutos podem ser colhidos e consumidos ou vendidos para obter uma renda extra.

Em sua sede, situada em uma colina a cerca de dez horas de carro de Deli, elas vendem os frutos de suas fazendas: ervas secas, grãos, sementes de romã, compotas, geleias e picles. Recentemente, elas desenvolveram um site que lhes permitiu alcançar toda a Índia.

"Precisamos encontrar um equilíbrio entre economia e ecologia", diz Kalyan Paul.

As mulheres devem fazer parte da proposta. Nos países em desenvolvimento, elas assumem a maior parte do trabalho: trabalhando nos campos, coletando água, colhendo alimentos e combustível para cozinhar, cuidando do bem-estar da família. Elas estão vendo de perto e vivenciando a mudança climática — provavelmente mais do que os homens da comunidade. Quando as mulheres trabalham na agricultura, elas podem ver os efeitos de chuvas irregulares, secas, altas temperaturas, tempestades e escassez de água. Isso afeta seu cultivo todos os dias. Ouvir essas mulheres e dar a elas os recursos de que precisam pode ajudar a suavizar muitos desses desafios.

No entanto, isso vai além do papel das mulheres na conservação do meio ambiente, reconhecendo-as por suas habilidades e seu potencial. Empresas como a Divine Chocolate, a Nisolo, a Vega e a Soko destacaram o que as mulheres podem fazer se receberem aquele empurrãozinho como ajuda, um treinamento e a confiança de que "nós estamos protegendo você". No futuro, as empresas regenerativas celebrarão a força, a sabedoria e a resiliência das mulheres, em vez de se esquivarem delas.

DANDO VOZ ÀS MULHERES

Sophi Tranchell, nascida em Londres, viu isso de perto em suas viagens a Gana, quando fundou a Divine Chocolate, uma empresa de chocolate parcialmente gerida por agricultores. Por ter sido criada por pais e avós que faziam campanha sobre questões sociais, já na adolescência Tranchell desenvolveu uma paixão pela justiça social, o que a levou a protestar contra o apartheid e a fazer campanha sobre a escolha dos produtos e serviços que as pessoas compram. Em 1999, ela foi contratada para trabalhar como diretora administrativa de uma nova empresa de chocolate. A Divine Chocolate foi fundada quando a Twin Trading, uma organização sem fins lucrativos com sede no Reino Unido que já havia ajudado a fundar a Cafédirect, e uma cooperativa de produtores de cacau de Gana, a Kuapa Kokoo, colaboraram para estabelecer uma marca de chocolate que tivesse raízes no comércio justo e oferecesse aos consumidores uma nova maneira de expressar seus valores por meio de suas compras.

"Naquela época, a conscientização sobre o comércio justo era de menos de 10%", diz Tranchell. "Agora está em 90% na Grã-Bretanha. Os jovens querem saber mais sobre a origem de seus produtos, como eles estão promovendo mudanças nas comunidades e que mudanças são essas."

Essa nova consciência tem funcionado a favor da Divine Chocolate: 44% da empresa pertence a produtoras de cacau de Gana e, desde o início, as mulheres têm assumido posições de liderança na cooperativa e no conselho de administração da empresa.

A principal parceira da Divine Chocolate é a Kuapa Kokoo, uma cooperativa com cerca de 100 mil agricultores, dos quais um terço são mulheres. Desde sua fundação em 1993, a cooperativa incentiva as mulheres a participar de discussões comerciais desde o início do processo. Se houvesse cinco membros em um comitê local da cooperativa, dois precisariam ser mulheres. Ao longo dos anos, houve um incentivo cada vez maior para dar voz e liderança às mulheres. Centenas delas assumiram cargos de liderança nos próprios distritos, chegando a fazer parte do Comitê Executivo Nacional e, inclusive, a se tornarem presidentes e vice-presidentes da organização.

"De todos os membros [da Kuapa Kokoo], 35% são mulheres; é provável que apenas 30% dos produtores de cacau do país sejam de mulheres. Para ser membro, é preciso ser proprietário de uma fazenda, por isso é impressionante ver tantas mulheres na cooperativa. É assim que se muda uma cultura", explica Tranchell.

Em 2007, Tranchell convidou uma fazendeira de cacau de longa data, Comfort Kumeah, para se juntar a ela em Washington, DC, para anunciar o lançamento da empresa nos Estados Unidos. Kumeah, que nunca tinha ido muito além de sua aldeia em Gana, teve a oportunidade de contar e compartilhar sua história.

Kumeah, que tem 60 anos de idade e é mãe de cinco filhos, juntou-se à Kuapa Kokoo há mais de uma década, quando, assim como muitos outros agricultores, percebeu que as balanças que a cooperativa usava para pesar o cacau mostravam o peso correto — elas não eram programadas para enganar o agricultor quanto a sua parte do pagamento ao repassar uma pesagem mais baixa, o que era comum. "Se alguém tivesse me dito que, doze anos depois, eu seria a secretária nacional da Kuapa e a presidente do Sindicato dos Agricultores, eu teria rido", ela diz. Kumeah também tem um papel de educadora; ela conversa com as mulheres da cooperativa sobre como podem se tornar mais ativas e diversificar seus fluxos de renda na baixa temporada, porque o cacau é uma cultura sazonal.

Em 2014, a cooperativa elegeu mulheres para 40% dos cargos de liderança da aldeia: 12% eram presidentes, 80% eram vice-presidentes, 90% eram tesoureiras e 13% eram secretárias. Em 2010, essa porcentagem era de apenas 14% para mulheres em cargos de liderança. O treinamento educacional e o apoio estavam funcionando.

Apesar de todo esse incentivo às mulheres para se envolverem, a cooperativa de cacau percebeu que algumas delas ainda não estavam se candidatando a cargos de liderança. E o motivo era o fato de elas não saberem ler e escrever com facilidade.

"As mulheres também fazem escolhas mais sensatas quando são alfabetizadas", acrescenta Tranchell. Assim, elas podem tomar decisões informadas sobre saúde, educação e o futuro financeiro de suas famílias, além de participar de organizações fora da esfera familiar.

A Divine Chocolate, a Kuapa Kokoo e a Twin Trading encomendaram um estudo para determinar os resultados dos programas de treinamento. Eles descobriram que o treinamento igualitário para mulheres em práticas de cultivo de cacau as ajuda a melhorar a produtividade da fazenda e a qualidade do cacau.

Além disso, o fato de elas atuarem como registradoras — responsáveis por comprar o cacau dos agricultores, pesá-lo e pagá-los pela colheita — as ajuda a obter uma renda extra. Essas mulheres direcionam a renda extra para seus filhos, permitindo que as filhas e os filhos frequentem a escola por mais tempo do que as famílias que não têm uma renda extra.

Segundo Tranchell, embora as mulheres não estejam tradicionalmente envolvidas na produção de cacau, agora elas se tornaram parte integrante dessa cultura e ajudam a impulsionar o crescimento e o sucesso da Divine Chocolate.

Os fazendeiros recebem um prêmio de comércio justo sobre todo o cacau que vendem para a Divine Chocolate e podem decidir em que investir — com foco em educação, saúde e melhorias na comunidade. Em 2006, após sete anos de atividade, a empresa se tornou lucrativa e começou a compartilhar esses lucros com os agricultores, uma renda que eles investiram nos próprios negócios. Em 2018, a Divine Chocolate tinha um faturamento anual de cerca de US$18 milhões (o equivalente a £14 milhões). Todos os anos, a empresa investe 2% de seu faturamento em projetos liderados por fazendeiros que apoiam as mulheres, como programas de alfabetização, nos quais as mulheres participam ativamente. Tranchell conta que, uma vez alfabetizadas, elas se sentem mais à vontade para se manifestar.

"Eu me esforcei muito para pedir a essas mulheres que compartilhassem suas histórias no Reino Unido e nos Estados Unidos", ela diz. "Porque não é só uma história boa para contar — conectar mulheres compradoras com mulheres produtoras —, mas também porque, de volta a Gana, essas mulheres se tornaram líderes nas próprias comunidades agrícolas. Elas reconheceram o potencial da organização — do que uma barra de chocolate é capaz de fazer."

COLOCAR-SE NO LUGAR DESSAS MULHERES

Quando Patrick Woodyard fundou a Nisolo, uma empresa com sede em Nashville, ele estava insatisfeito com seu desenvolvimento. Como estudante da University of Mississippi, ele se concentrou em duas áreas: negócios e desenvolvimento econômico. Entre os semestres, ele passou um tempo criando uma organização sem fins lucrativos em Uganda e trabalhando como voluntário na Argentina. "Isso foi antes de o empreendedorismo social, ou de todos descobrirem sobre ele. Eu só queria saber como as potências do mercado poderiam ajudar em algumas dessas situações", ele diz.

Em 2010, após se formar na faculdade e aprender espanhol, ele se candidatou a uma vaga de emprego em uma pequena empresa de microfinanças em Trujillo, a terceira maior cidade do Peru, ensinando às mulheres habilidades de negócios e alfabetização financeira. "Naquela época, as microfinanças eram uma panaceia, ou pelo menos algumas pessoas as enxergavam dessa forma. Mas eu queria ter uma experiência prática", ele conta.

Ao bater de porta em porta, ele ofereceu assistência às mulheres por meio de seus serviços de contabilidade, além de ajudá-las a encontrar maneiras de economizar e gastar melhor. Em uma visita domiciliar a Doris Ortiz Quispe, ela convidou Woodyard para conhecer seu marido, um sapateiro. "Acontece que o marido dela, sentado no chão de terra batida na casa deles, estava fazendo sapatos de couro lindos. E eu pensei: *eis um indivíduo com talento e habilidades que não tem um mercado real para o que ele sabe fazer.*"

Willan Ulloa Sanchez, marido de Quispe, natural de um povoado no sopé dos Andes, aprendeu a arte de fazer sapatos com seu pai. E seu pai havia aprendido com o pai dele. Agora Sanchez trabalhava sozinho ou junto com alguns outros sapateiros da cidade. Ao transferir a produção para a Ásia, o outrora famoso setor de calçados de Trujillo estava passando por dificuldades.

"Conheci muitos artesãos, como Willan, que fabricavam sapatos de couro nos arredores da cidade, mas poucos tinham capital de giro suficiente, conhecimento em design ou vínculos com mercados para vendê-los em outros cantos do mundo", conta Woodyard.

Uma conversa com Sanchez desencadeou a ideia de fazer uma marca de calçados que tem como base o artesanato, embora Woodyard nunca tenha se esquecido de Doris e das mulheres como ela, que vendiam peças e acessórios, mas não tinham uma conexão direta com o setor de calçados.

Após concluir seu trabalho com a organização de microfinanças, Woodyard voltou aos Estados Unidos e se informou sobre o setor de calçados. "Eu não tinha experiência em design e não sabia nada sobre a fabricação de calçados femininos", ele brinca. "Então precisei encontrar um parceiro."

Por sorte, ele conheceu Zoe Cleary, uma compradora de moda com experiência em design que estava trabalhando na cidade de Nova York. Os dois se conheceram por meio de amigos em comum e, quando Woodyard compartilhou sua ideia de criar uma marca que trabalhasse com artesãos como Sanchez, Cleary se juntou a ele. "Eu não podia oferecer um salário em tempo integral, mas Zoe estava pronta para entrar nessa porque viu como as empresas de bilhões de dólares não se preocupavam com seus produtores", explica ele.

Woodyard abandonou a ideia de fazer uma pós-graduação e, em vez disso, dedicou-se à criação de uma marca de calçados. Os dois lançaram a Nisolo — expressão espanhola que significa "não sozinho" — em 2011. Cleary projetou calçados clássicos modernos usando couro disponível para artesãos no Peru. Nem tudo correu tranquilamente.

A maioria dos sapateiros de Trujillo eram homens — o corte de couro era tradicionalmente considerado trabalho masculino —, mas Woodyard não se esqueceu de seu compromisso original de trabalhar com mulheres e de ajudá-las a alavancar seus pequenos negócios. Após alcançar certo sucesso com a Nisolo,

Woodyard e Cleary começaram a procurar maneiras de incorporar as mulheres em um setor dominado por homens. Eles decidiram adotar uma abordagem proativa, trazendo mulheres para dentro da fábrica. Em dezembro de 2017, cerca de um quarto da equipe era de mulheres. No verão de 2018, a equipe já era 41% feminina. Segundo Matt Stockamp, líder de impacto da Nisolo, o objetivo é elevar esse número para 50%. "Estou muito animado com isso, pois nosso objetivo é sempre contratar mais mulheres."

A empresa oferece treinamento e workshops; Stockamp conta que eles estão empenhados em tornar sua equipe o mais qualificada possível. Em uma sociedade cujo corte de couro é uma atividade dominada por homens, não sendo de fato apropriada para as mulheres, a Nisolo tem desafiado esse preconceito ao treinar mulheres em habilidades mais "difíceis". Carmen Maximiliano Tumbajulca, uma mãe solteira, juntou-se à Nisolo e começou na mesa de costura. Eles a ensinaram a cortar couro. "Sem esse emprego, eu não teria um trabalho estável e não conseguiria manter minha casa ou sustentar minha filha", ela disse a Stockamp.

Esse tem sido um dos desafios da Nisolo desde o primeiro dia. Quando eles iniciaram seus trabalhos, fizeram parcerias com artesãos individuais que trabalhavam em suas casas ou oficinas. Ficou difícil para eles não só gerenciar tantas partes móveis, como também garantir que cada pessoa estivesse se beneficiando do crescimento da empresa. Eles começaram com quinze sapateiros, e esse modelo funcionou até 2014. Mas, à medida que o número de artesãos aumentou para mais de cinquenta, Woodyard e sua equipe quiseram formalizar essa estrutura.

Então, eles investiram em uma fábrica em Trujillo, na qual trabalham mulheres como Tumbajulca. Lá, elas recebem mais do que apenas um salário digno; também recebem assistência médica paga pela empresa, aulas semanais gratuitas de alfabetização financeira para ajudar a montar uma poupança, aulas gratuitas de inglês para a equipe e suas famílias e workshops sobre saúde psicológica e habilidades interpessoais para ajudá-las a desenvolver um conjunto holístico de habilidades. Cada funcionária também tem direito a 15 dias de férias remuneradas por ano.

As mulheres viram sua renda aumentar drasticamente, em até 123%. No Peru, o salário médio de uma pessoa é de 942 soles peruanos por mês, cerca de US$280. Os homens e as mulheres que fabricam os calçados nas instalações da Nisolo em Trujillo ganham, em média, 1.370 soles, cerca de US$415, por mês.

O dinheiro extra e a garantia de que haverá uma renda todos os meses têm sido fundamentais para os trabalhadores da Nisolo. Ana Rosa Aguirre Vazquez é uma especialista em costura. Mãe de três filhos, a mulher de 36 anos aprecia a estabilidade. Antes de trabalhar na Nisolo, "eu estava grávida de meu filho, tive uma complicação na gravidez e precisei fazer quatro cirurgias em oito meses. Eu não podia trabalhar nem fazer nada, porque estava acamada. Tudo isso me fez pensar que, quando temos a possibilidade e a capacidade de fazer o que amamos, devemos fazer", diz Vazquez.

Quando ela se recuperou do problema de saúde, decidiu procurar trabalho. Ela descobriu a Nisolo por meio de um amigo, candidatou-se a uma vaga de emprego e foi contratada como ajudante, para realizar pequenas tarefas nas atividades diárias da fábrica. "Desde o momento em que comecei a trabalhar, senti o alívio de ter um emprego estável", ela diz. "Você não precisa se preocupar em não ter trabalho por causa da falta de demanda ou de matéria-prima, portanto não precisa se preocupar em não ser paga. A estabilidade que temos aqui muda muito nossa situação."

Sua filha mais velha é estudante universitária, e Vazquez quer ajudá-la enquanto ela conclui seus estudos. Há sete anos, quando Vazquez ficou acamada devido a complicações no parto, sua filha, com 10 anos de idade na época, teve que enfrentar o desafio de ajudar em casa. "Ela precisou amadurecer rápido e assumir muitas funções em nossa casa [enquanto] meu marido tinha que trabalhar", explica Vazquez.

Segundo Vazquez, agora seu trabalho na Nisolo permite que ela pague os custos da educação da filha. "Sempre digo a ela que não importa o que ela faça depois da faculdade, desde que tenha concluído os estudos. A partir daí, espero que ela me ajude a incentivar seus irmãos mais novos para que eles também consigam ter uma carreira boa."

O efeito dominó de investir em uma mulher, mesmo que ela não tivesse um conjunto de habilidades específicas quando se candidatou a uma vaga na Nisolo, já está se concretizando. Com a renda de Vazquez, sua filha, que está estudando serviço social, conseguirá concluir seus estudos. A partir daí, a filha dela poderá continuar a trabalhar no setor social e incentivar outras mulheres a buscar emprego e instrução. A inclusão feminina não é uma história que acontece da noite para o dia; é um incentivo lento para a igualdade.

Vazquez quer ver mais mulheres trabalhando na fábrica da Nisolo. "É claro, porque é de grande ajuda para nós, mulheres, poder nos desenvolver."

Vazquez não é a única entusiasmada com o fato de haver mais mulheres nas instalações. Yamila Robles Llamos, uma jovem de 21 anos que trabalha e estuda ao mesmo tempo, trabalha na Nisolo fazendo costura em couro. Llamos também não sabia muito sobre o ofício quando entrou na empresa, há três anos, mas passou por um treinamento. Como ela não recebe ajuda financeira da família, o trabalho é a única maneira de Llamos conseguir pagar por seus estudos. Na verdade, ela tem se saído tão bem que ainda consegue ajudar o pai e a madrasta em casa com parte de seus ganhos. "Tive a oportunidade de sustentar a mim mesma e a minha família financeiramente. Isso me ajuda muito porque eu não tinha um emprego estável antes", ela diz.

Após participar das oficinas na fábrica, Llamos quer ver mais mulheres envolvidas nesse setor. De acordo com ela, "há algumas mulheres que precisam ser pai e mãe ao mesmo tempo. Há famílias com mães solteiras, e elas poderiam realmente se beneficiar [daquilo que é oferecido aqui]".

Stockamp diz que a empresa já prioriza a contratação de mulheres que são mães solteiras, têm filhos em idade escolar, não têm acesso a assistência médica e nunca trabalharam na economia formal, recebendo benefícios. "Definitivamente, queremos ter o maior número possível de mulheres a bordo", ele diz.

Nos Estados Unidos, a equipe da Nisolo, que fica, em grande parte, em sua sede em Nashville, passou a ser composta por dois terços de mulheres nos últimos anos. Mas não se trata apenas de aumentar as estatísticas. Woodyard quer desafiar as práticas do setor de moda, que emprega milhares de mulheres em fábricas em todo o mundo, mas em condições questionáveis. Até mesmo Stockamp, que entrou para a Nisolo em 2015, disse que o fez em parte por causa do que tinha visto em outros lugares. "Eu me apaixonei pelo setor da moda em 2014, quando passei um verão na Índia, ouvindo as histórias de operárias que haviam sido abusadas no local de trabalho", ele conta. "Temos orgulho de desafiar as normas de gênero no setor de calçados e de fazer isso de maneira ética. Pense em quão pouco [do lucro] é repassado ao produtor, apenas cerca de 1% a 3%. Imagine se os consumidores tivessem a opção de gastar apenas um pouco mais, talvez apenas mais 1% em uma camisa ou em um par de sapatos [para beneficiar mais o produtor]."

Embora isso possa parecer um pequeno aumento, se for ampliado em todas as fábricas e em todo o setor, poderá ter um impacto profundo. Woodyard não está interessado em apenas pregar para o público sobre a necessidade de ter um sistema de produção ético. "Queremos desenvolver um produto que seja comparável às maiores marcas do setor de calçados e, também, competir em termos de preço, para que seja acessível o suficiente para ser comprado", ele diz.

Com um número cada vez maior de mulheres se candidatando a empregos em sua fábrica em Trujillo, a Nisolo espera que a demanda dos consumidores permita que eles tenham o tipo de impacto social que imaginam. "Eu queria começar uma marca que valorizasse o produtor tanto quanto o consumidor", diz Woodyard. A gerência da Nisolo leva o nome da empresa — "não sozinho" — a sério. "Nossas vidas estão interconectadas; uma decisão aqui tem um impacto direto ali. Você e eu temos o poder de mudar o setor da moda."

ABERTURA DE MICROEMPRESAS

Nos setores de cacau e de calçados, as mulheres não são relegadas somente a cargos de nível inferior. Elas também não estão tão envolvidas no setor de joias, principalmente quando se trata de designs que envolvem metais, pedras e ossos. Embora estejam envolvidas na criação desse tipo de joia, fazer com que participem do processo de fabricação é um desafio, porque elas não têm as habilidades necessárias. No entanto, duas norte-americanas e uma queniana estão incentivando as mulheres a pensar além das miçangas e a se entusiasmar com a soldagem.

Nas vielas de Kibera, uma favela extensa no coração de Nairóbi, Veronicah Adhiambo Rachiedo administra uma pequena empresa de fabricação de joias. As criações dela são vendidas pelas lojas de varejo Nordstrom, Anthropologie, Reformation e Amour Vert e em mais de 600 varejistas, graças a Gwendolyn Floyd, Ella Peinovich e Catherine Mahugu, fundadoras da Soko, uma empresa de joias artesanais do Quênia.

A Soko está fazendo algo mais do que apenas comercializar produtos feitos por artesãos para os consumidores norte-americanos; eles estão criando a tecnologia que vai agilizar todo esse processo, reduzir o estoque morto, eliminar a necessidade de ter grandes depósitos de estoque e incentivar empreendedoras como Rachiedo que querem abrir as próprias oficinas. Além disso, seus designs estão na moda, são modernos e minimalistas, respeitando suas origens.

"Não queríamos que as pessoas comprassem por caridade. [Queríamos que elas comprassem porque é uma joia bela, feita para durar e com um preço razoável. A história da peça provavelmente é o terceiro fator em seu processo de decisão, depois da estética e do preço", diz Floyd.

A sede da Soko no Quênia está localizada em um bairro residencial onde há um tráfego intenso todos os dias. O que parece uma residência lentamente se revela um negócio à medida que se percorre os corredores e as pequenas estruturas espalhadas pela propriedade: um laboratório de testes para novos produtos, uma pequena sala de estoque, uma equipe de design, uma equipe de tecnologia, uma equipe de controle de qualidade, um pequeno showroom, uma oficina com operadores de máquinas.

Josephine Olwamba, gerente da cadeia de suprimentos, supervisiona grande parte do processo. Uma queniana de fala mansa, Olwamba entrou para a Soko após trabalhar como assistente social. Ela não ficou impressionada com o modelo de ajuda. "Na maioria das vezes, na África, as pessoas querem dar presentes e ir embora. Esse não é um modelo sustentável. Se você der a alguém uma máquina para fabricar joias, essa pessoa não se importará se a máquina quebrar. Mas, se você der a ela a oportunidade de comprar uma e usá-la para ganhar dinheiro, ela cuidará da máquina para não quebrar."

Olwamba descobriu a Soko por meio de Kotsanai Matereke, o COO da empresa, um zimbabuano que é um dos poucos homens no escritório. Embora a empresa conte com uma equipe de quinze pessoas trabalhando nos Estados Unidos em marketing e vendas, é uma operação essencialmente queniana, com mais de sessenta funcionários em sua sede em Nairóbi, sendo que mais da metade são mulheres.

À medida que o movimento do empreendedorismo social crescia na região, a África Oriental recebia muitos norte-americanos e europeus que queriam resolver problemas sociais por meio de seus negócios voltados para soluções. Essa abordagem de gestão top-down gerou debates e provocou críticas, pois muitas dessas empresas não conseguiram causar o impacto social que haviam prometido. Floyd, que havia trabalhado como designer industrial antes de fundar a Soko, tinha plena consciência disso.

Nascida no Texas, Floyd começou seus estudos na Brown University, mas desistiu para abrir sua primeira empresa aos 20 e poucos anos. Isso a levou até Amsterdã. De lá, ela viajou o mundo inteiro durante seus 20 e 30 anos, morando em países como Alemanha, China e Cuba, elaborando sistemas para projetos de desenvolvimento e prestando consultoria a governos e empresas. Floyd é muito viajada e conhece as nuances — e a hipocrisia — de fazer negócios em um país que não é o seu. "Eu não entro com as respostas. Entro com a intenção de saber que aqui estão os recursos disponíveis — como podemos ajustá-los para atender melhor às pessoas, aproveitando o que existe aqui", ela diz.

Quando Floyd chegou à África Oriental em 2010, era o auge da revolução do dinheiro móvel. Na época, a penetração da telefonia móvel atingia 50% da população no Quênia. Em 2018, havia disparado para mais de 90% da população adulta que assinava um serviço de telefonia celular.[4] Com o surgimento das operadoras de telecomunicações como a Safaricom, o dinheiro móvel veio logo em seguida. Os quenianos já trocavam dinheiro digital anos antes do lançamento do Apple Wallet.

Encantada com a capacidade e os recursos aparentemente ilimitados do telefone celular, Floyd fez uma parceria com Mahugu, uma engenheira de software, e Peinovich, uma arquiteta que também tinha experiência em design de sistemas. Era uma empresa liderada por mulheres desde o primeiro dia, conta Floyd, que buscou aproveitar sua experiência em tecnologia, engenharia e design em um negócio que pudesse causar impacto social.

Fundada em 2014, a Soko fez o que nenhuma empresa artesanal havia feito até então. Enquanto muitas marcas artesanais estavam simplesmente vendendo produtos artesanais em um mercado ou por meio de um catálogo online, os cofundadores da Soko, trabalhando com desenvolvedores locais do Quênia, criaram um aplicativo que se tornaria a base de seus negócios.

É essa tecnologia que ajuda Olwamba a coordenar o fluxo de pedidos de 45 mil peças de joalheria todos os meses. A Soko não tem estoque de peças; em vez disso, os artesãos recebem pedidos em seus celulares, criam as peças e também são pagos por meio de um aplicativo no celular. Segundo Floyd, "essa é uma verdadeira inovação, porque existem outras empresas que trabalham com artesãos, porém poucas, ou nenhuma delas, utilizam esse modelo".

O processo é simples, mas aborda diversos problemas importantes da moda ética. "Por muito tempo, a moda ética foi considerada étnica, terrena e de baixa qualidade. Nosso modelo muda essa imagem. E é rápido o suficiente para competir com a fast fashion", explica Floyd.

Enquanto a maioria das empresas de moda desenvolve projetos com 12 a 18 meses de antecedência, tentando prever as tendências, Floyd desenvolve produtos apenas algumas semanas antes de serem oferecidos no mercado. Então, à medida que os pedidos são feitos, os artesãos são designados para suas tarefas. A Soko construiu uma rede de mais de 2.500 artesãos em Nairóbi e seus arredores. Cada artesão trabalha como um microempresário. Quando a Soko recebe pedidos de seus clientes de varejo, ela aloca o pedido para um ou vários artesãos e dá 25% da receita ao artesão antecipadamente, a fim de cobrir os custos com material e mão de obra. Às vezes, esse valor pode aumentar para 35%. "Compare isso com outras empresas de moda ou de joias. O produtor recebe, no máximo, de 2% a 3%", diz Floyd.

O artesanato constitui o segundo maior setor do mundo em desenvolvimento, mas a produção de itens artesanais é fragmentada e desconectada de mercados lucrativos.[5] Floyd queria resolver esse problema, gerar mais lucro para os artesãos e otimizar o setor. "Nunca planejei entrar no ramo de joias", conta Floyd, "mas a joalheria é uma ótima maneira de aproveitar as habilidades que vi e fazer com que sejam lucrativas para os quenianos". Após três anos de empreendimento, ela continua a criar todas as joias por conta própria.

Embora a joalheria seja uma empresa dirigida por mulheres e com um produto voltado para elas, as mulheres estão sub-representadas na força de trabalho de fabricação de joias. Por exemplo, das 280 oficinas para as quais a Soko envia trabalho em Nairóbi, apenas cerca de 20 delas são lideradas por mulheres — menos de 10%. Isso ocorre porque a fabricação de joias requer habilidades em tarefas como soldagem, corte e revestimento de metais. Portanto, à medida que a Soko crescia e o lado administrativo da empresa continuava contratando mulheres, Floyd e seus cofundadores fizeram um esforço concentrado para atrair mais mulheres para o setor de fabricação.

Ao oferecer aulas de treinamento gratuitas para elas, eles chamaram a atenção de pessoas como Beatrice Akinyi, de 33 anos de idade e mãe de três filhos. Ela aprendeu as habilidades necessárias com seu irmão, frequentou as aulas e teve algumas experiências até se sentir confortável para manusear o equipamento de metalurgia. Operando em uma pequena oficina no coração de Kibera, que aluga por US$20 ao mês, ela consegue atender a pedidos e receber um total de US$1.000 por mês.

Seu negócio cresceu a ponto de Akinyi conseguir contratar uma assistente, que se senta ao lado dela para polir latão reciclado. Ela obtém os materiais localmente, a maioria dos quais são metais reaproveitados. O chifre e o osso de vaca vêm do setor de carnes — um material residual que, de outra forma, seria descartado.

Maureen Naftal, chefe da equipe de campo da Soko, diz: "Adoro ver mulheres como Beatrice serem fortalecidas, porque ela está produzindo algumas coisas que são ainda melhores do que aquelas que o irmão produz e, agora, está empregando mais pessoas."

Apenas algumas oficinas abaixo dela está Rachiedo, que se tornou uma espécie de empreendedora de estrelas. Rachiedo fabrica joias há mais de uma década. Com curso superior e fluente em inglês, Rachiedo conseguiu expandir seus negócios, contratando mais funcionários e, inclusive, viajando para a cidade de Nova York para conhecer outros artesãos e aprender novas habilidades. "Estou tentando atrair mais mulheres", ela explica, "mas muitas não se mantêm no negócio devido à natureza do trabalho. Às vezes pode ser bagunçado, sujo e barulhento".

"No início, tivemos que financiar esse processo", conta Floyd, referindo-se aos treinamentos e workshops gratuitos para mulheres artesãs. "Caso contrário, ele não teria acontecido. Algumas empresas podem proibir esse tipo de custo. Mas enxergamos isso como um investimento de longo prazo. As mulheres são melhores proprietárias de negócios. Não se trata de filantropia, mas de uma noção comercial inteligente."

Embora o Quênia seja muito mais desenvolvido do que algumas das outras nações da África Oriental, o acesso limitado à terra e ao capital tem mantido as mulheres fora da força de trabalho; elas representam cerca de um terço dos empregos assalariados formais.[6] No que diz respeito ao financiamento, a Soko lançou programas de financiamento de ativos que ajudam os artesãos a comprar equipamentos para suas oficinas. Floyd espera que, à medida que a empresa continue a crescer, ela possa oferecer uma estrutura de apoio ainda maior às artesãs.

TORRANDO NO CAMPO

As mulheres que trabalham no campo enfrentam desafios diferentes dos desafios das mulheres que trabalham na cidade. Diferentemente dos ofícios especializados que a Soko e a Nisolo exigem, em que elas precisam aprender técnicas específicas para realizar determinadas funções, as mulheres trabalham no campo desde o surgimento da agricultura humana. Elas fazem o trabalho, mas, geralmente, não são remuneradas por ele. Apesar de serem essenciais para o sucesso de uma fazenda, muitas vezes, não têm direito à terra e raramente são incluídas nos acordos comerciais da fazenda; maridos, irmãos e filhos negociam os preços com intermediários.

O setor cafeeiro tem muito disso, tanto que o Coffee Quality Institute, uma organização sem fins lucrativos que trabalha para melhorar a qualidade do café em todo o mundo, desenvolveu um programa específico para aumentar a igualdade de gênero na produção de café. Em 2015, o instituto produziu um relatório, *The Way Forward: Accelerating Gender Equity in Coffee Value Chains* [O Caminho a Seguir: Acelerando a Igualdade de Gênero nas Cadeias de Valor do Café, em tradução livre], que se tornou referência no setor.[7]

De acordo com o relatório, há mais de 100 milhões de pessoas em todo o mundo envolvidas na produção de café. A maior parte do café — 80% — vem de 25 milhões de pequenos agricultores; e metade dessa força de trabalho é composta por mulheres. De acordo com o Coffee Quality Institute, as mulheres precisam estar mais profundamente envolvidas na administração dessas fazendas do que estão atualmente, não somente por uma questão de justiça social, mas para o bem do próprio negócio do café. Quando elas passam a maior parte do tempo cuidando do plantio, da colheita e do processamento dos grãos de café, o resultado final é um produto agrícola de melhor qualidade, que, por sua vez, pode conseguir um preço mais alto.

Robert Terenzi percebeu esse efeito do envolvimento das mulheres em suas visitas à Nicarágua. Após concluir seus estudos de ensino superior no Boston College em 2005, ele se inscreveu para trabalhar durante dois anos no país em uma cooperativa de café composta por mulheres. Embora ele não soubesse naquela época, essa experiência lhe proporcionaria aprendizados que foram fundamentais para seu negócio, a Vega Coffee, uma empresa de café voltada para as mulheres.

"Nunca me esquecerei da primeira vez em que vi [uma mulher] mexendo café verde em uma panela aberta sobre um fogão. Ver a mágica, a 'transformação', como os agricultores se referem ao processo de torrefação, foi incrível. De repente, todo o processo veio à tona e eu vi quanto as mulheres contribuem para o processo de transformar uma muda do nada em uma incrível xícara de café", lembra Terenzi.

Ele era jovem e ainda queria aprender mais, portanto, após passar dois anos na Nicarágua e entender as nuances do setor cafeeiro, ele voltou aos Estados Unidos para se formar em direito e desenvolvimento internacional na Fordham University. Na Fordham, ele conheceu sua futura esposa e parceira de negócios, Noushin Ketabi, que estava estudando as mesmas questões: como o sistema jurídico poderia aliviar a pobreza, incluir mais mulheres, criar soluções ecológicas e incentivar o desenvolvimento benéfico como um todo.

Em 2011, Ketabi ganhou uma bolsa de estudos da Fulbright para ir para a Nicarágua, onde estudou a política de energia renovável do país, analisando o papel e o escopo da energia solar. Isso deu à dupla mais tempo no país; enquanto isso, Terenzi começou a levar pequenos grupos de amantes de café experientes à Nicarágua, a fim de observar o processo que tira o café da fazenda e o leva até a xícara. No entanto, mais uma vez, eles não ficaram no país para sempre. Ketabi retornou aos Estados Unidos para trabalhar em políticas de energia para o estado da Califórnia. E Terenzi começou a trabalhar em um escritório de advocacia na área da Baía de São Francisco que prestava consultoria a grandes empresas do setor de tecnologia. Era muito diferente da Nicarágua e dos produtores de café.

Embora essas experiências de trabalho tivessem pouco a ver com café, os futuros fundadores da Vega estavam aprendendo sobre a cultura de startups, os sistemas jurídicos e a tendência da terceira onda do café — que tinha como ênfase a alta qualidade do produto e o conhecimento —, que havia chegado a São Francisco naquela época. Acima de tudo, Ketabi brinca: "Estávamos tomando café hipster e vendo que os clientes estavam dispostos a pagar de US$3 a US$4 por xícara. No entanto, sabíamos que muito pouco dessa [quantia] — talvez centavos por xícara — voltaria para o agricultor."

Essa frustração acabou fazendo com que eles abandonassem seus empregos bem-remunerados para seguirem uma carreira mais aventureira no setor de café. Eles trouxeram um amigo de longa data, Will Deluca, que tinha experiência em tecnologia. O trio arrecadou US$40 mil no Kickstarter, um site de financiamento coletivo, para financiar um modelo de negócios exclusivo no setor cafeeiro.

Diferentemente da maioria das marcas de café de boutique que compram grãos verdes de exportadores e, depois, após a importação torram esses grãos em suas instalações, a Vega Coffee torra o café no país de origem antes de enviá-lo diretamente para a casa ou o local de trabalho do cliente. E 91% de seus torrefadores são mulheres.

"Na Nicarágua, as mulheres realizam cerca de 70% do trabalho, mas elas têm pouca propriedade sobre os negócios, a terra e pouco conhecimento sobre como transformar esse produto agrícola em algo que possa funcionar para elas", conta Ketabi.

A Vega usou o capital inicial arrecadado por meio do Kickstarter para estabelecer uma torrefação em Estelí, a terceira maior cidade da Nicarágua e o centro de todos os tipos de café no país. Ketabi ajudou a equipe a construir uma torrefadora ecológica, que é operada quase inteiramente por mulheres.

Como Ketabi e Terenzi passaram mais tempo na Nicarágua, eles também perceberam um apetite local por café de boa qualidade. Com a chegada dos turistas para aproveitar as praias, o clima quente e a cultura descontraída, eles perceberam uma oportunidade. "A maioria das cafeterias e hotéis estava servindo café instantâneo", diz Ketabi. "Eu sei, isso é loucura — em um país que produz um excelente café. Mas o fato é que a maior parte desse excelente café é exportada como produto bruto. Quase não há torrefadores no país."

Sua torrefação em Estelí fica perto da rodovia pan-americana, o que facilita o acesso de agricultores e visitantes. Também é fácil levar o café até o aeroporto da capital, Manágua. Dessa forma, ele consegue estar na casa do cliente na Flórida, na Califórnia ou em Nova York em até cinco dias após a torrefação.

Parte cafeteria, parte torrefação, essa instalação se tornou o centro da empresa. A Vega trabalhou com cooperativas, representando mais de 4 mil agricultores, muitos dos quais são mulheres. Em 2015, quando inauguraram a torrefação, eles deram treinamento a cinco mulheres para liderar a equipe de torrefação. Em um ano, esse número aumentou para vinte, e a equipe vem aumentando consistentemente desde então.

Segundo Ketabi, a missão da Vega era agregar valor ao produto para os fazendeiros do país de origem; assim, em vez de receber US$1 por libra na venda do produto puro, os fazendeiros poderiam receber US$4 por libra, aumentando sua renda em 400%. O café é conhecido por ser "torrado pelo agricultor".

Terenzi conta que, "à medida que a Vega foi se desenvolvendo, nunca nos propusemos a nos tornar uma organização exclusiva para mulheres, mas sempre foram as agricultoras mulheres que compareceram às aulas oferecidas pela comunidade, que queriam aprender sobre processamento, que tinham talento para fazer a degustação do café e que, todos os dias, chovesse ou fizesse sol, com uma produção grande ou pequena, persistiam e apareciam para trabalhar. Somos uma empresa dirigida por mulheres porque as mulheres nos impulsionam".

Uma dessas fazendeiras é Heydi Indira Gamez. A família dela cultiva café orgânico na reserva natural de Miraflor, localizada ao norte de Estelí. Gamez começou jovem, trabalhando como cortadora na fazenda, colhendo os frutos do café durante a colheita. "Eu gostava de trabalhar perto das plantas, mas o tempo todo tinha que suportar comentários negativos e sexistas que refletiam a expectativa da sociedade — que trabalhar na terra é coisa de homem, e a responsabilidade da mulher é ficar em casa cuidando dos filhos."

Gamez não se importou com esses comentários e, agora, está trabalhando na Vega e cursando uma faculdade. Ela conta que a renda de seu trabalho na Vega como fazendeira-roçadora lhe trouxe um pouco de paz de espírito. "Minha família e eu temos mais liberdade financeira."

Gamez quer usar seu conhecimento, adquirido tanto por meio da Vega quanto da universidade, para investir em práticas agrícolas mais inovadoras, e ela também está interessada em ser produtora de café. A torrefação a ajuda a entender melhor o grão. Gamez diz: "Minha parte favorita é diferenciar os níveis de torra. Antes, não sabíamos como fazer a torra de modo a destacar a qualidade do grão e realçar seu sabor natural."

Quando Ketabi e Terenzi decidiram montar uma torrefação na Nicarágua, diversos críticos de café disseram que isso não poderia ser feito lá. "Nós definitivamente tivemos nossa cota de cínicos dizendo que a torrefação não é tão simples e que precisa ser feita com cuidado para não destruir o grão. Eles questionaram o talento dos agricultores. Mas acredito que provamos que eles estavam errados", diz Ketabi.

Na verdade, o casal era ainda mais ambicioso, embora um pouco ingênuo, em sua visão original. Quando retornaram à Nicarágua para abrir a empresa, eles queriam transformar a torrefação no coração das fazendas de café. Em 2006, Terenzi havia trabalhado com uma cooperativa de mulheres chamada Nuevo Amanecer. Ele discutiu com Mayra Velásquez, a diretora de ensino da cooperativa, sobre a ideia de montar uma torrefação de café e tentou instalar uma na fazenda dela, situada na região de Sontule-Miraflor. Por fim, a localização era remota e as estradas que levam à fazenda eram acidentadas, o que tornou o acesso ao local impraticável do ponto de vista comercial. Mas Ketabi e Terenzi venderam o café da Nuevo Amanecer como sua primeira oferta por meio da Vega.

O cultivo de café na região de Sontule-Miraflor é realizado há décadas. A Nuevo Amanecer, uma cooperativa composta por 32 membros, surgiu em 1994 porque muitas das mulheres, assim como Velásquez, não sabiam o que acontecia com o café depois que ele saía da fazenda. Como o grupo era formado apenas por mulheres, os bancos não estavam dispostos a lhes conceder um empréstimo, portanto elas não tinham dinheiro suficiente para comprar a terra. Por fim, elas conheceram um alemão que lhes emprestou US$5 mil. Elas o reembolsariam em café na colheita das três safras seguintes.

A outra cooperativa que a Vega gosta de apoiar, a SOPPEXCCA, é administrada por uma mulher, Fátima Ismael, uma agrônoma que já trabalhou para o departamento de agricultura da Nicarágua. Tendo sido tema de documentários e realizado palestras em eventos de comércio justo no Reino Unido, Fátima Ismael colocou sua cooperativa de 650 pessoas no mapa. Ela está convencida de que a cultura do machismo na Nicarágua contribuiu para o aumento do número de famílias sem pai e atrasou o progresso das mulheres que buscam ter os próprios lotes de terra. Cerca de um terço dos membros da SOPPEXCCA são mulheres. Fundada em 1999, a cooperativa faz o cultivo de café sombreado e tem certificação de comércio justo.

Ismael se preocupa com o fato de que o café, especialmente o café sombreado, está ameaçado à medida que a Nicarágua e os países vizinhos experimentam temperaturas mais altas e outros efeitos do clima.

A liderança de Ismael ajudou a criar uma série de programas específicos para as mulheres cafeicultoras, que vão desde o acesso ao crédito, passando por exames gratuitos de câncer de colo de útero, até a escolarização de seus filhos. Este último é um investimento de longo prazo: as crianças se alfabetizam e, ao mesmo tempo, promovem a tradição da cafeicultura na região, e as crianças aprendem desde cedo que as meninas são iguais aos meninos. Ela argumenta que isso pode reverter a cultura local de machismo se esse ensinamento for incutido nelas ao longo dos anos.

Ismael também capacitou as agricultoras a se tornarem administradoras da terra: a cooperativa não usa fertilizantes químicos e está investindo na saúde do solo para garantir que, durante a temporada de furacões, o solo mais fértil não seja levado pelas fortes chuvas.

Ao dar às mulheres acesso a esse conhecimento e linhas de crédito para comprar terras, Ismael está revertendo as estatísticas desanimadoras de longa data da Nicarágua sobre igualdade de gênero. Em 2017, o país ficou em 124º lugar entre 189 países no Índice de Desenvolvimento Humano, elaborado pelo Programa de Desenvolvimento das Nações Unidas, que avalia os países por meio de uma combinação de indicadores como expectativa de vida, nível educacional e renda per capita.

"Histórias como essas são abundantes no mundo do café", diz Ketabi. "É por isso que não queremos limitar esse modelo apenas à Nicarágua. Queremos levá-lo para o maior número possível de países produtores de café e continuar a nos abastecer diretamente de cooperativas e de pequenas propriedades rurais."

Em 2018, Ketabi viajou para a Colômbia para replicar esse mesmo modelo no país: incorporar os agricultores no processo de torrefação e, assim, aumentar seus rendimentos. Dessa vez, em vez do Kickstarter, a Vega contou com o apoio do Mercy Corps Social Venture Fund. Com esse capital adicional, eles montaram uma torrefação, que trabalha com uma cooperativa de 1.800 agricultores. Timothy Rann, parceiro do Social Venture Fund, referiu-se ao modelo da Vega como uma potencial "quarta onda do café: um mercado de café mais justo e capacitador para pequenos agricultores".

Na Colômbia, a Vega está começando a replicar seu modelo na região de Cauca, no sul do país, trabalhando com as Mujeres Rurales del Cauca, as mulheres rurais de Cauca — cerca de 2 mil membros que fazem parte da Caficauca, uma cooperativa de café maior, com mais de 20 mil produtores.

Além de adicionar mais países à sua lista de fornecedores, a Vega fez uma parceria com a Goizueta Business School, da Emory University, em Atlanta, que administra um programa denominado "Mulheres no café". Seu conselho consultivo composto por quatro mulheres inclui Ketabi e deseja capacitar as mulheres no movimento do café. Com duração de três anos, o programa visa ajudar as mulheres do setor cafeeiro a obter uma fatia maior do mercado, conectando-as a compradores internacionais e orientando-as sobre como aprimorar suas operações.

O programa é liderado pelo professor Peter Roberts, alguém que, segundo Ketabi, é "amplamente respeitado no setor cafeeiro devido ao seu profundo compromisso com o cultivo da transparência na cadeia de suprimento de café". Foi por isso que Ketabi se juntou a nós. "O custo real do café está oculto", diz ela. "Fico feliz que alguém tenha assumido o compromisso de forçar as pessoas a pensar no custo real."

À medida que a empresa se expande, Terenzi, Ketabi e Deluca querem garantir que seu modelo de fazendeiro-torrefador funcione de maneira eficaz em cada um desses países. Os clientes dos Estados Unidos esperam que os grãos cheguem à sua casa em até cinco dias após a torrefação. "Embora tenhamos uma missão social, precisamos oferecer sabor e competir com outras assinaturas de café em termos de velocidade e frescor. Tenho plena consciência de que as pessoas não apoiarão a empresa apenas por causa de nossa missão", reconhece Ketabi. É por isso que a Vega está adquirindo cafés sombreados, cultivados sem o uso de agrotóxicos, e que têm uma classificação alta na escala de classificação do café (acima de 83).

Embora eles respeitem os esforços de organizações como a Fair Trade Certified para sugerir estruturas para a precificação do café, Ketabi observa que a Vega, na verdade, paga mais do que o valor estabelecido por essas certificações. "Se você observar o preço que os consumidores estão pagando por uma xícara de café e quanto os agricultores estão recebendo, verá que esses valores estão indo em direções opostas. O preço do café está subindo, porém os agricultores estão ganhando cada vez menos", ela diz. "Isso precisa mudar, e nós vamos mudar esse cenário."

Em 2018, eles levantaram um investimento adicional de US$100 mil da Village Capital, um fundo de risco que tem grande interesse no desenvolvimento agrícola. Em 2019, a Vega tinha arrecadado um total de US$2 milhões — uma quantia pequena em comparação com outras startups. Mas Ketabi não está preocupada. O objetivo não é só arrecadar dinheiro, mas gerar mudanças no setor. "É hora de alguém assumir esse sistema quebrado e criar um que funcione melhor para os produtores e consumidores de café, que seja baseado em equidade, inclusão de gênero, salários justos e dignos, transparência, conexão, café requintado e, é claro, amor", diz Ketabi.

Capítulo 6

VIAGENS

Turismo Consciente

Quando estou em meio a 120 mil hectares de área protegida em uma região a leste do Parque Nacional Serengeti, na Tanzânia, é difícil não me sentir insignificante. Há girafas passeando tranquilamente, elefantes lentamente abrindo caminho pelas pastagens e uma grande manada de búfalos cruzando a única estrada de terra, abrindo caminho entre a grama alta. Nesse lugar, a vida acontece em um ritmo surpreendentemente lento.

Talvez esse seja um dos poucos lugares do planeta onde é improvável avistar outro ser humano durante horas. Essas paisagens — sua beleza, seu romantismo e sua vastidão — atraem visitantes de todo o mundo.

No entanto, os seres humanos estão levando os espaços naturais ao limite devido às constantes visitas. A pista de pouso de Seronera, que fica ao lado do Parque Nacional Serengeti, tem registrado um aumento significativo na atividade de viajantes: em 2017, 3.742 aeronaves aterrissaram na pista árida. Aproximadamente 350 mil pessoas visitam o parque todos os anos.[1] Apesar do valor do ingresso individual cobrado pelo parque ser alto e de a passagem aérea para a África Oriental não ser tão barata, os visitantes estão vindo em massa para observar a vida selvagem de perto.

O desafio para o setor de turismo, seja na África Oriental ou em outras áreas repletas de beleza natural, é encontrar um equilíbrio entre os seres humanos e a natureza. O excesso de pessoas invadindo ecossistemas frágeis pode ser desastroso — destruindo a própria paisagem que as atraiu em primeiro lugar.

Nas Filipinas, por exemplo, uma praia turística popular, Boracay, foi fechada em 2018 porque as praias de areia branca e águas claras, que antes eram lindas, haviam sido poluídas pela quantidade de turistas e pelo desenvolvimento relacionado ao turismo. A praia permaneceu fechada durante seis meses, o tempo necessário para restaurar uma aparência mais equilibrada.[2]

Na primavera de 2018, a Tailândia também precisou fechar uma praia que havia ficado bastante conhecida após aparecer em um filme de Leonardo DiCaprio, fatalmente intitulado *A Praia*.[3] Maya Bay, na ilha de Phi Phi Leh, localizada no Mar de Andaman, agora permanecerá fechada durante quatro meses por ano. Os recifes de coral e a vida marinha da ilha foram prejudicados pelo ataque de turistas — eram 4 mil turistas por dia, todos ansiosos para ver a paisagem apresentada em um filme de Hollywood. Quando a praia for reaberta, as autoridades limitarão o número diário de turistas a 2 mil e não permitirão mais que os barcos ancorem na costa.

O turismo não está desafiando apenas o ecossistema; a pegada de carbono geral desse setor também está prejudicando a atmosfera terrestre. Embora seja maravilhoso viajar, explorar outros países e conhecer culturas diferentes, as empresas precisarão encontrar meios de oferecer uma experiência mais ecológica. Não é necessário impedir as pessoas de sair de casa, mas, sim, promover as compensações de carbono (que funcionam de fato), os hotéis ecológicos autênticos e as viagens mais conscientes.

De acordo com pesquisadores da Universidade de Sydney, os Estados Unidos apresentam a maior pegada de carbono resultante do turismo, seguidos pela China, Alemanha e Índia.[4] Segundo esse parâmetro, a escala importa; as grandes economias com populações enormes são responsáveis pela maior parte das emissões de carbono. Os Estados Unidos produziram 1.060 toneladas métricas de emissões por pessoa norte-americana em viagens e 909 toneladas métricas de emissões por pessoa (tanto norte-americana quanto estrangeira) em viagens para destinos turísticos dentro dos EUA. Os viajantes chineses produziram cerca da metade desse valor, 528 e 561 toneladas métricas, respectivamente.

Para realizar esse estudo, a equipe de pesquisa passou mais de um ano analisando mais de 1 bilhão de cadeias de suprimentos para determinar seu impacto e suas emissões. O resultado é que o setor de turismo é responsável por 8% das emissões climáticas globais. Um setor que contribuiu com US$7,6 trilhões para a economia global em 2016 só continuará a crescer à medida que o patrimônio das pessoas aumenta, os valores das passagens se tornarem competitivos e os sites de mídia social popularizarem determinados destinos. É possível que, na década seguinte, essa estatística chegue a 10%, tornando esse setor um dos mais destrutivos, se não for gerenciado adequadamente.

De acordo com a Organização Mundial de Turismo da ONU, 1 em cada 10 empregos no mundo inteiro vem do setor de turismo — são cerca de 290 milhões de vagas de trabalho.[5] Além de sua pegada ambiental, o turismo é importante porque afeta os empregos e a segurança, além de influenciar a preservação da história e da biodiversidade. Ele atinge diferentes componentes relacionados à nossa vida, portanto tem o potencial de causar um impacto social e ambiental positivo nas comunidades.

Há, no entanto, um grande obstáculo na frente ambiental: os voos, principalmente os de longa distância, são um dos maiores contribuintes para as emissões de gases de efeito estufa, especialmente de CO_2. Embora os hotéis estejam adotando práticas ecologicamente corretas e alguns estejam inclusive construindo marcas em torno desse tema, o setor de aviação tem adotado combustíveis de queima mais limpa de maneira muito lenta. Estima-se que esse setor, sozinho, contribua com 2% a 3% das emissões globais de CO_2.[6] Embora diversas companhias aéreas estejam experimentando usar biocombustíveis, esse é um setor que faz uso de combustíveis fósseis, em sua maioria. À medida que os preços do combustível para aviões continuarem a aumentar, isso provavelmente mudará. Na verdade, as companhias aéreas indianas já começaram a considerar o uso de biocombustíveis exatamente por esse motivo; em 2018, os preços do combustível para aviões atingiram novas máximas, aumentando quase 50%, e novamente em 2022, disparando e ofuscando o retorno das pessoas aos aeroportos após dois anos de pandemia. A SpiceJet, uma das companhias aéreas de baixo custo da Índia, realizou um teste de voo de Deli para Dehradun, uma cidade localizada na base do Himalaia, usando 25% de biocombustível.[7]

Outras companhias aéreas em todo o mundo, como a Virgin Atlantic, a Virgin Australia, a Alaska Airlines e a United Airlines, vêm fazendo experiências com biocombustíveis há muitos anos.[8] Em dezembro de 2021, a United realizou seu primeiro voo com cem passageiros a bordo, de Chicago a Washington, DC, usando 100% de SAF, combustível de aviação sustentável, produzido a partir de resíduos e materiais de base biológica. A United também investiu US$30 milhões na Fulcrum Bioenergy, uma empresa da Califórnia que construiu uma fábrica perto de Reno, Nevada, onde converte o lixo doméstico no que a Fulcrum chama de “combustíveis de transporte de baixa emissão de carbono”.[9] A empresa estima ser capaz de transformar 175 mil toneladas de lixo doméstico em 10,5 milhões de galões de combustível anualmente. Em 2018, a United Airlines anunciou, ainda, que reduzirá suas emissões de gases de efeito estufa em 50% até 2050.[10] A frota da Alaska Airlines obteve a melhor eficiência de combustível entre as companhias aéreas norte-americanas em 2015 e 2016 e tem experimentado biocombustíveis produzidos a partir de resíduos do setor madeireiro no noroeste do Pacífico.[11]

O transporte ferroviário, há muito anunciado como uma maneira eficaz e ecológica de transportar um grande número de pessoas, está sendo renovado e adotando novas tecnologias. Em 2018, a Alemanha estreou o primeiro trem do mundo movido a hidrogênio, construído pela fabricante francesa de trens Alstom, também conhecida por produzir os trens TGV de alta velocidade (*train à grande vitesse*) que conectam as principais cidades da França.[12] Embora até o momento apenas dois trens movidos a hidrogênio tenham sido colocados em operação na Alemanha, há planos de aumentar a produção e colocar mais de quarenta trens em serviço a partir de 2022. Esses trens funcionam com células de combustível que usam hidrogênio e oxigênio para gerar eletricidade; apenas água e vapor de água são emitidos no ar. Eles podem percorrer 600 km usando apenas um tanque de hidrogênio — comparável à autonomia de um trem a diesel.

Está claro que o transporte é um elemento importante das viagens. Outro é a hospitalidade. Veteranos do setor, como as redes Accor, Hilton e Hyatt, adotaram um certo nível de práticas de sustentabilidade — reduzindo o uso de roupas de cama, lavando-as com menos frequência e optando por utilizar tipos de iluminação mais ecológicos. No entanto, são os estabelecimentos menores, como o Green House Hotel, em Bournemouth, na costa sul da Inglaterra, que analisaram meticulosamente todos os aspectos da pegada ambiental que um hotel pode ter e tomaram medidas significativas para reduzi-la.

PEGADAS MENORES

Chego em uma noite fria de dezembro, com o carro híbrido que aluguei em Heathrow, após ter sobrevivido ao granizo e à neve a caminho de Bournemouth, Dorset. A mais de duas horas a sudoeste do aeroporto, o Green House Hotel fica a apenas uma quadra do mar e ocupa um edifício da era vitoriana na cor creme. O hotel tem apenas 32 quartos, uma sala de jantar, um lounge e uma sala de uso comum — não tem spa, salão de beleza ou academia de ginástica. Segundo Olivia O'Sullivan, a gerente-geral, isso faz com que sua avaliação caia de cinco para quatro estrelas. "A diferença não está no luxo ou na qualidade, mas nas instalações", ela explica.

Nessa época do ano, apenas alguns dias antes do Natal, a diária do hotel por um quarto padrão é de cerca de £80, o que equivale a US$120. Essa tarifa sobe para aproximadamente US$200 por noite durante a primavera e o verão, quando os dias são mais longos e o clima é mais favorável para visitar alguns dos locais próximos, como o parque nacional New Forest, um belo bosque com rododendros florescendo nos dias mais quentes.

O saguão do Green House Hotel é decorado com uma árvore de Natal feita de papel e materiais reciclados. Os enfeites da árvore remetem a uma época passada: frutas secas e recortes de papel. Certamente, o lema de estilo de vida "menos é mais" é adequado para descrever o Green House, uma mistura de simplicidade e elegância. Ele tem tudo o que um viajante precisa, porém sem extravagâncias e desperdícios extras.

Entro em meu quarto, o English Oak. É um quarto duplo standard com banheiro privativo. As paredes são revestidas com papel de parede certificado pelo Forest Stewardship Council, desenhado por estudantes de arte da escola Central Saint Martins, em Londres, e impresso com tintas vegetais. O carpete é 100% lã, os móveis são feitos de madeira de árvore caída, a roupa de cama é de algodão orgânico, a temperatura é controlada pelo hotel (para evitar que californianos como eu aumentem a temperatura) e praticamente não há elementos em plástico. As garrafas de água, com a escrita "House Water", são reabastecidas todos os dias. Para acompanhar o chá e o café, eles deixam alguns biscoitos caseiros em um pote de biscoitos. Os chuveiros e as torneiras economizam água por meio de aeração, e os produtos de higiene pessoal são feitos localmente com ingredientes naturais e não tóxicos. A roupa de cama e as toalhas não são substituídas diariamente.

O'Sullivan diz que ela e sua equipe passaram muito tempo pensando em cada aspecto do hotel. "Lavamos as roupas de cama no local, por exemplo. Primeiro porque usamos sabonetes com ingredientes que não são tóxicos, sem substâncias químicas prejudiciais para o organismo, e segundo porque [a roupa de cama] não precisa ser transportada. Então, novamente, o impacto é menor."

Não se trata apenas dos materiais que eles utilizam. Segundo ela, trata-se de saber de onde eles vêm. "Experimentamos inúmeros produtos de beleza antes de decidirmos por determinada [linha] porque ela é feita localmente. É uma combinação entre os ingredientes e a origem deles."

Para O'Sullivan, que passou anos trabalhando no setor de hospitalidade, foram essas nuances que realmente chamaram sua atenção quando ela conversou pela primeira vez com Christopher Airey, um dos proprietários do Green House Hotel. "Trabalhei para as grandes redes de hotéis, aquelas que falam de sustentabilidade. Elas não se preocupam com nada além de dinheiro. Eu estava muito cansada desse setor e do modo como as grandes redes atuam antes de vir trabalhar aqui", ela conta.

A ideia por trás do Green House Hotel é ser um excelente lugar para clientes corporativos que se preocupam com questões ambientais. Mas, segundo O'Sullivan, descobriu-se que esses clientes geralmente dependem de programas de prêmios e têm um controle de qualidade limitado. "É muito fácil para um hotel preencher um formulário e enviá-lo a um cliente em potencial, citando uma lista de práticas ecologicamente corretas", diz ela. "No entanto, ninguém verifica se o hotel está, de fato, implementando isso."

Contudo, de acordo com O'Sullivan, em vez de se tornar uma meca para os departamentos de viagens corporativas preocupados com a sustentabilidade, o Green House Hotel caiu no gosto de turistas e viajantes corporativos experientes. "Definitivamente, recebemos pessoas que apreciam o que estamos fazendo e que querem apoiar e aproveitar a estrutura do hotel. Eu diria que somente cerca de 10% dos hóspedes não conhecem nossas práticas ecológicas ou não têm interesse nelas."

Fomos até a sala de jantar e a cozinha, cujos assoalhos são de tábuas de madeira sem verniz (os vernizes geralmente contêm substâncias químicas). Nesses dias curtos e frios de inverno, os painéis solares e uma unidade de CHP (um sistema combinado de geração de calor e energia) geram quase metade da energia do hotel. Como último recurso, eles têm uma caldeira e também trabalham com a Ecotricity, uma empresa com sede no Reino Unido que oferece aos proprietários de residências e empresas a opção de obter eletricidade gerada a partir de energia eólica e solar; a empresa investe essas receitas para apoiar o desenvolvimento de novas fontes de energia renováveis.

Pela manhã, é servido um café da manhã continental simples: sucos, saladas de frutas, croissants e torradas. O tradicional café da manhã inglês quente, servido à mesa para os hóspedes que o solicitam, inclui opções como o café da manhã vegano britânico: salsichas no lugar da carne, feijões, tomates, torradas e batatas. Eles também oferecem pratos tradicionais, que, sempre que possível, são obtidos de produtores locais e de fazendas orgânicas e biodinâmicas.

"Trabalhamos com alguns pequenos produtores que às vezes não têm certificações. Mas suas práticas agrícolas são tão alinhadas quanto as de um produtor certificado", explica O'Sullivan. "Também ficamos felizes em usar frutas e legumes com 'defeitos', deformadas, que muitas vezes são descartadas pelos agricultores por não estarem em conformidade com as normas dos supermercados."

O hotel inclusive ajudou a financiar um empreendedor social local para fazer hortas comunitárias na cidade. Sarah Watson dirige a Bournemouth & Poole Sustainable Food Cities. Há quatro anos, O'Sullivan recebeu uma mensagem dela perguntando se o Green House Hotel estaria disposto a ajudá-la a estabelecer a cidade de Bournemouth e sua cidade vizinha, Poole, como locais de produção de alimentos sustentáveis. Ela colocou Watson em contato com uma organização local, a Green Goals, que estava trabalhando com o conselho local e as empresas da cidade para promover práticas ecologicamente corretas. O Green House acabou ajudando Watson financeiramente e, em pouco tempo, a horta comunitária produziu o suficiente para que pudessem inclusive vender parte dos produtos para empresas locais, como o próprio hotel.

As verduras locais são preparadas na cozinha do hotel, onde todos os aparelhos são o mais eficientes possível em termos de energia, ou seja, usam refrigeração por hidrocarbonetos, queimadores de indução, uma máquina de lavar louça com enchimento quente, torneiras e grelhas com sensores. Todos os alimentos servidos no café da manhã, no almoço e no jantar são preparados no local, inclusive os pães que acompanham cada refeição.

Andy Hilton, o chefe de cozinha, começou a trabalhar no Green House quando o hotel foi inaugurado, em 2010. Na época, ele era sous chef e foi rapidamente promovido. Ele gosta de servir comida "descomplicada", de bom gosto e de origem local — satisfatória e o que Hilton chama de "relacionável". As sobras de alimentos da cozinha são coletadas e enviadas a uma usina nas proximidades de Piddlehinton, onde são bombeadas para uma unidade de digestão anaeróbica, produzindo biogás, que pode ser convertido em eletricidade e calor.

Quando Airey teve a ideia de criar um hotel ecológico com seus parceiros de negócios, Harish Sodha e Sarah Burrows, a intenção era construir algo que equilibrasse a preocupação com o meio ambiente e a praticidade e acessibilidade. "Eu sabia que já existiam hotéis ecológicos, mas eles não eram tão populares. Eu queria que o nosso se tornasse o padrão, um hotel que atraísse membros do mercado corporativo e, também, pessoas que estivessem apenas procurando um lugar agradável para se hospedar. Não uma cabana no meio da Floresta Amazônia. Esse tipo de resort ecológico já existe. Mas e quanto às necessidades diárias?"

Em 2006, os três sócios começaram a procurar propriedades na região de Londres. "Tudo o que encontramos tinha uma fila de espera, pessoas [que estavam] dispostas a pagar o dobro do valor", ele brinca.

Para encontrar algo que coubesse em seu orçamento, eles ampliaram a busca para cidades próximas que serviam como centros corporativos e que também eram destinos turísticos — Bournemouth atendia a ambos os requisitos. Quando eles se depararam com a propriedade classificada como patrimônio histórico de Grau de Proteção Dois (GP2) — o que significa que não pode ser demolida —, não foi amor à primeira vista. "Adoramos o prédio. Mas era um hotel três estrelas deteriorado", Airey conta.

No entanto, eles compraram o antigo hotel e o fecharam por quase um ano para reformas e instalações de sistemas mais eficientes em termos de energia. Eles contrataram um consultor mecânico e outro elétrico para orientá-los sobre as tecnologias mais recentes que poderiam ser usadas na estrutura histórica. "Mas eu não queria transformá-lo em uma vitrine das mais recentes ecotecnologias", continua Airey. "Queria que fosse bonito, confortável e atual."

Eles também passaram um bom tempo analisando a geração de energia incorporada. Brincaram com a ideia de ter uma caldeira de biogás, que usaria biopellets. Apesar de ser ecologicamente correta, ela exigia que o suprimento fosse entregue diariamente, porque não havia lugar para armazenamento. "Ter um caminhão vindo diariamente, ou mesmo a cada poucos dias, fazer uma entrega parecia um desperdício", diz Airey.

A visão era — e continua sendo — construir uma empresa hoteleira que possa ser replicada em outros lugares do Reino Unido. "Tinha que ser um modelo de negócios viável. É por isso que optamos por não usar todas as tecnologias ambientais disponíveis no mercado na época."

Um subsídio do Carbon Trust compensou alguns dos custos iniciais com materiais e tecnologias mais caros. "Sem dúvida, no início se gasta mais. Porém, com o resultado que obtivemos, conseguimos comprar coisas que duraram mais e são de melhor qualidade", diz Airey. Muitos hotéis são reformados a cada seis ou oito anos; o Green House Hotel, no entanto, já tem uma década, e eles não têm planos para grandes reformas; a manutenção diária parece estar funcionando, junto com a escolha de materiais de qualidade superior, a fim evitar reformas dispendiosas.

Para Sarah Burrows, designer de interiores e sócia da empresa, o projeto permitiu que ela obtivesse materiais de fornecedores de todo o Reino Unido que geralmente são esquecidos na corrida pela opção mais barata. "A realidade é que, quando você procura os fornecedores tradicionais do setor de hospitalidade, grande parte [dos produtos] vem da Ásia e não são materiais naturais, mas tratados com produtos químicos", diz Airey.

Em vez disso, Burrows procurou na ilha escocesa de Bute, lar de cerca de 7 mil pessoas e dezenas de ovelhas, tecidos de lã para fabricar os tapetes do hotel. Mais de uma década depois, eles ainda estão em bom estado. Para pintar os corredores, ela usou tintas da Farrow & Ball, uma empresa que fica a 24 km do hotel e que produz tintas ecológicas com óleo de linhaça e argila. O papel de parede é da empresa ucraniana Graham & Brown e vem embrulhado em amido natural, não em embalagens de papel celofane. São detalhes como esses que distinguem o Green House Hotel de seus concorrentes maiores.

Os clientes corporativos tendem a se hospedar em hotéis cujos nomes já são bastante conhecidos, mas Airey tem uma alternativa em mente. Segundo ele, "os hotéis são esbanjadores por natureza. Dito isso, o setor hoteleiro começou a adotar melhores práticas e tecnologias. Mas essa ainda não é a principal tendência. E se os hotéis ecológicos tivessem o próprio sistema de premiações e pudessem se unir para promovê-lo? Porque muitos deles são administrados de maneira independente".

Impulsionar o esforço coletivo de empreendedores como Airey parece ser uma ideia inteligente. "Fico impressionado com o fato de não haver mais residências ecológicas no Reino Unido atualmente; se não fizermos com que isso se torne a regra, tenho certeza de que alguém o fará. É só uma questão de tempo", ele diz.

O que tem impedido Airey e seus parceiros de construir mais hotéis como o Green House é o fato de que os hotéis não são empreendimentos baratos. Uma construção como essa exige grandes somas de dinheiro logo de início. "Quando se investe mais no início da obra, é necessário esperar de três a quatro anos a mais para ver o retorno", ele diz. Agora o hotel é um empreendimento lucrativo, e o investimento está dando retorno. Talvez isso seja um sinal de que Airey, Burrows e Sodha ainda estejam interessados em expandir seu modelo de negócios e que eles voltarão ao mercado imobiliário em busca do próximo projeto no Reino Unido.

VIAGEM MAIS LENTA

Tone Rønning Vike e seu marido, Bjørn Vike, compartilham o mesmo sentimento em relação à administração de uma empresa de viagens sustentáveis. "Toda a experiência e a operação precisam funcionar, não apenas um elemento", diz Tone.

Situada no coração de um patrimônio mundial da Unesco, perto de Aurlandsfjord, no Vale do Aurland, na Noruega, a hospedagem com 10 quartos dos Vikes fica a 15 minutos de carro do vilarejo de Flåm, que fica na ponta do Aurlandsfjord. Apesar de estar a apenas 12 km de distância, parece um mundo diferente.

Flåm está na lista de desejos de muitas pessoas e é uma parada conveniente para navios de cruzeiro, por apresentar os belos fiordes noruegueses. Isso significa que, da noite para o dia, um vilarejo com 300 habitantes se transforma em uma cidade que abriga 5 mil habitantes sempre que um navio de cruzeiro atraca no porto. E essas enormes embarcações dominam a vista: os hóspedes que se hospedam em quartos de hotel voltados para os fiordes acordam com uma surpresa: um navio enorme, apitando e bloqueando a majestosa vista do fiorde.

"Nenhum tipo de turismo polui mais por passageiro do que o turismo de cruzeiros", diz Tone. "Imagine uma cidade flutuante — a quantidade de resíduos e a baixa contribuição deles para a economia local são de cair o queixo."

As pesquisas estão começando a corroborar essas afirmações. De acordo com o Norwegian Center for Transport Research, entre 2000 e 2015, o número de visitantes de cruzeiros aumentou de 200 mil para 700 mil.[13] Nos vilarejos de Geiranger e Flåm, lugares que a maioria dos turistas visita para ver os fiordes, os óxidos de nitrogênio no ar atingiram níveis considerados tóxicos para a saúde. O *Aftenposten*, o maior jornal da Noruega, solicitou ao Instituto Norueguês de Aeronáutica que analisasse a qualidade do ar em Geiranger. Os resultados foram surpreendentes. Nos dias em que diversos navios de cruzeiro atracavam na pequena cidade, a poluição do ar, principalmente por dióxido de nitrogênio, atingia níveis comparáveis aos de Londres, Barcelona, Glasgow ou Munique — ultrapassando 180 microgramas por dia. Como muitos dos navios de cruzeiro foram construídos antes do ano 2000, eles não estão operando com os sistemas mais modernos. Além disso, eles navegam por águas cercadas por montanhas íngremes, onde há pouco vento, de modo que o ar poluído fica parado no estreito fiorde, pairando sobre Geiranger. O governo está buscando maneiras de reduzir a poluição e minimizar o impacto do turismo em cidades como Flåm e Geiranger. Mas Tone acredita que isso não está acontecendo rápido o suficiente.

Em 2018, o hotel dos Vikes organizou um evento de caminhadas em que convidou hóspedes e visitantes para caminhar pelos vales e cachoeiras da Aurland. "Queremos oferecer aventuras em ritmo mais lento, que envolvam produtos orgânicos e locais, e mostrar que este lugar pode representar o coração da caminhada no mundo", ela diz, preparando um bule de chá na cozinha do hotel, de onde os hóspedes conseguem ver as cachoeiras a distância.

Tone e seu marido não entendem nada do setor de turismo. Eles são de Bergen, onde Tone trabalhou como jornalista e, inclusive, participou de um documentário sobre a poluição nos fiordes da Noruega. Mas a vida de classe média em Bergen estava começando a aborrecê-la. "Eu sentia que todas as conversas giravam em torno de 'roupas adequadas para as crianças' e 'como reformar sua cozinha (pela terceira vez)'", brinca. "Tendo trabalhado como jornalista durante a maior parte de minha vida adulta, senti que estava na hora de fazer algo. Eu queria agir, e agir de verdade!"

A oportunidade se apresentou na forma de uma fazenda que o marido de Tone havia adquirido da família. Ele tinha morado na fazenda quando criança e a mãe dele tinha crescido lá. Sua tia e seu tio trabalhavam nos campos, cultivando feno e cenouras. Como os tios de Bjørn não tinham filhos, em 1996 eles passaram a propriedade para ele. Em 2014, o casal decidiu transformá-la em um hotel boutique.

Na vizinha Flåm, há três ou quatro hotéis que têm acomodações com suíte. Nenhum deles é muito barato — a partir de US$250 por noite. Afinal de contas, estamos na Noruega, um dos países mais caros do mundo. Os Vikes oferecem dez quartos por preços semelhantes.

A diferença na experiência, no entanto, é inconfundível. Os hotéis de Flåm estão situados exatamente no fiorde, o que significa que eles têm vista para o fiorde e, também, milhares de visitantes de cruzeiros comprometendo essa vista, a ponto de a experiência, muitas vezes, ser ofuscada pelos navios que atracam bem em frente às varandas dos hotéis.

Os Vikes, por sua vez, optaram por uma abordagem mais lenta e suave nas visitas ao fiorde. Em seu hotel, chamado 29|2 Aurland — que é o endereço da propriedade —, uma variedade de pequenas estruturas abriga seus dez quartos. Eles são classificados como individuais, duplos e suítes para acomodar hóspedes que viajam em grupos de diversos tamanhos.

No entanto, o patrimônio que esse espaço abriga é o elemento mais impressionante. Os quartos contam a história da família de Bjørn e os diversos visitantes que eles receberam ao longo dos anos. A cabana do pescador, onde eles receberam seus primeiros hóspedes em 2014, é uma das construções mais antigas da própria Aurland, datando do início do século XVIII. A pesca é um tema comum em toda a propriedade. Imagens emolduradas de pescadores com mosca enfeitam as paredes, incluindo uma imagem do avô de Bjørn, que preferia pescar com mosca usando um terno, e não suas roupas de fazenda.

Os rios e as cachoeiras que correm por esse canto do mundo são importantes para os Vikes. Por ter investigado as questões ambientais que afetam a região em sua época de jornalista, Tone é bastante experiente e fala abertamente sobre o que está acontecendo ao seu redor.

"Consideramos que as cachoeiras são as veias desse país. Como 99% da eletricidade usada na Noruega vêm da energia hidrelétrica, vimos muitos rios serem represados — entre eles, o nosso, o rio Aurland. Isso influencia gravemente os ecossistemas do rio e dos fiordes e, combinado com as muitas fazendas de salmão localizadas nos fiordes noruegueses, causou uma enorme diminuição da população de peixes selvagens", ela conta.

Enquanto Tone leva os hóspedes para fazer caminhadas e ver as cachoeiras de perto, Bjørn também participa ativamente na preservação do máximo possível de espaço aberto e de rios sem represas. Ele é o líder da associação local de proprietários de rios. Todos os anos, ele reúne pescadores e pesquisadores em um encontro no Vale de Aurland. Não é preciso dizer que ele também fica feliz em ensinar a pesca com mosca aos hóspedes. No entanto, há algumas regras: só é permitido pescar um peixe por dia, e a pesca de salmão é somente no estilo pesque e solte. Todos os anos, no início da temporada de pesca, a dupla doa uma estadia de uma semana em seu hotel para o leilão anual, realizado pelo North Atlantic Salmon Fund, em apoio ao seu programa ambiental.

Normalmente, os visitantes que chegam em navios de cruzeiro fazem somente uma parada rápida em Flåm, dão um passeio e, depois, seguem para o próximo fiorde a bordo do navio. Os Vikes, por sua vez, convidam seus visitantes para ficar algumas noites e explorar a área à vontade — e, em grande parte, a pé. Pesca, caminhadas, visitas a cachoeiras e passeios em barcos a remo nos fiordes ajudam a desacelerar o ritmo. Para os hóspedes que desejam um pouco de imersão cultural, eles organizam um piquenique com um escritor ou um artista local.

Segundo Tone, "é sobre as coisas simples que subestimamos; em norueguês, a palavra *friluftsliv* se refere a atividades ao ar livre. Nós nos sentimos um pouco insatisfeitos se passamos um fim de semana sem fazer uma caminhada ou sem esquiar".

Para ela, um dia normal inclui levar os filhos para a escola, supervisionar o funcionamento do hotel, levar os hóspedes para uma caminhada até uma cachoeira, pegar as crianças na escola e fazer as tarefas domésticas, além de garantir que os hóspedes tenham tudo de que precisam. Ela admite que é muito trabalho, mas que é mais feliz hoje do que era em Bergen. "Hoje em dia, muitas crianças crescem sem nunca ter visto a Via Láctea, por causa da poluição luminosa. Somos muito abençoados por ter esse tesouro natural ao nosso redor."

Ao trabalhar com operadoras de viagens que adotam uma mentalidade semelhante a de slow travel, os Vikes conseguem manter seu hotel cheio. Na verdade, ele fica lotado de maio a setembro. Os hóspedes vêm para o 29|2 Aurland em busca de um ambiente imaculado de beleza natural, não de um passeio apressado pelos fiordes. "Recebi hóspedes de Hong Kong e Singapura que perguntaram se era verdade que eles podiam colher flores silvestres", ela conta. "Eles cresceram em cidades em que tudo vem de fábricas."

Para celebrar os elementos artesanais que sua comunidade produz, os Vikes reuniram artesãos e proprietários de empresas locais para fundar uma organização chamada Sakte — "lento" em norueguês. Eles tentam se ajudar adquirindo produtos ou solicitando os serviços uns dos outros sempre que possível. O 29|2 Aurland, por exemplo, compra todo o seu pão orgânico da padaria Krutt & Kanel, em Aurland. Eles levam os hóspedes em visitas guiadas a Aurlandskoen, uma fábrica de calçados feitos à mão, e oferecem aos hóspedes uma visita a Rein Glass, uma oficina de vidro soprado. Os Vikes também empregam estudantes da escola de agricultura orgânica local como jardineiros, para cuidar da horta do hotel.

"A Noruega vende natureza, e não filas [de navios de cruzeiro]" diz Tone.

MANTENDO OS ESPAÇOS ABERTOS SELVAGENS, E ABERTOS

Manter os espaços naturais abertos e a vida selvagem livre é essencial para o ecoturismo, seja na Escandinávia ou na África Oriental. Assim como os turistas se reúnem para ver a beleza natural da Noruega, centenas de milhares deles viajam para ver de perto a vida selvagem da África. Mas é uma armadilha: o turismo precisa de turistas, porém o excesso de turistas estraga a paisagem que eles querem ver, a ponto de o próprio destino da viagem começar a desaparecer.

Luke Bailes passou toda a sua vida trabalhando no setor de turismo da África, o que fez com que ele ficasse menos interessado em multidões de turistas e mais interessado em usar o turismo como uma ferramenta para financiar o trabalho de conservação. Como fundador da Singita, uma empresa de safári e conservação com sede na África do Sul que tem mais de 400 mil hectares sob sua administração, ele quer dar continuidade ao modelo de alto valor e baixo impacto que foi pioneiro há 26 anos na África do Sul.

"A África precisará regulamentar seu turismo. Caso contrário, acabaremos com um número excessivo de veículos de safári, deixando rastros, e turistas usurpando recursos preciosos, como a água. Isso não é bom para os animais, o meio ambiente e não é a melhor experiência para os visitantes", ele diz.

Na reserva Grumeti, na Tanzânia, a Singita arrendou 140 mil hectares do governo tanzaniano por um período de 33 anos. O objetivo é trazer de volta à região a vida selvagem que antes era caçada e explorada ilegalmente. Bailes entrou no negócio de safáris por acidente. Nascido e criado na África do Sul, ele costumava fazer safáris de baixo custo com a família na mata. Quando amigos perguntaram se poderiam se juntar a ele, a ideia de construir um local de hospedagem se tornou uma opção de negócio viável. Como a família Bailes tinha acesso a um terreno nos arredores do Parque Nacional Kruger, na África do Sul, ele começou a reformar uma antiga propriedade e a usá-la para uma experiência de safári.

O avô de Bailes, James Fawcett Bailes, comprou a terra localizada na atual reserva de caça Sabi Sand em 1925. Era uma área de cerca de 12 mil hectares onde a caça era permitida. Quando Luke Bailes fundou a empresa, em 1993, a primeira cabana da Singita, a Ebony, oferecia uma nova abordagem para os safáris — confortável e luxuosa.

Vinte e seis anos depois, a Singita se tornou um nome conhecido por realizar safáris de luxo. Eles recebem hóspedes abastados — principalmente norte-americanos — em suas 15 cabanas na África do Sul, Tanzânia, Zimbábue e Ruanda. O preço é alto, com diárias a partir de US$1.500 por pessoa, com tudo incluso: refeições, transporte do aeroporto e safáris.

A Singita desenvolveu uma abordagem de conservação que a torna única no concorrido mercado de safáris. Eles consideram seus alojamentos e seu negócio de hospitalidade como meios de conservar a vida selvagem de caçadores furtivos, proteger a biodiversidade no continente e melhorar a vida das pessoas que vivem perto das reservas por meio da educação e do desenvolvimento de pequenas empresas. Sim, custa caro, mas é uma experiência única na vida. Muitos dos hóspedes vão para lá para comemorar datas especiais — casamentos, aposentadoria ou um aniversário importante. São férias para as quais eles economizaram anos.

Isso funciona a favor da Singita: a faixa de preço ajuda a empresa a regular o número de visitantes que recebe e, consequentemente, a manter sua pegada ambiental em um nível mínimo. Bailes também adota a política de que a empresa não construirá uma nova propriedade a menos que ela ofereça algo melhor do que o que é oferecido atualmente e gere uma oportunidade de conservar a vida selvagem.

Os alojamentos Singita na reserva Grumeti, na Tanzânia — uma vasta faixa de mata africana pontilhada de acácias e com uma abundante vida selvagem, onde o rio Grumeti corre livremente — são talvez uma de suas maiores histórias de sucesso. Em 2002, um investidor filantropo, Paul Tudor Jones, criou o Grumeti Fund e adquiriu a terra; mais tarde, a Singita se juntou ao projeto para estabelecer suas cabanas. A equipe do Grumeti Fund tinha um desafio: converter uma área conhecida pela caça intensiva e pela caça ilegal em um espaço no qual a vida selvagem fosse protegida. Devido à existência massiva de caçadores ilegais na região, grande parte da vida selvagem ficava a oeste, dentro do parque nacional de Serengeti.

Até a chegada do Grumeti Fund, a caça ilegal era um problema galopante; os alvos específicos eram elefantes e rinocerontes, cujas presas e chifres têm valor no mercado global. O Grande Censo de Elefantes, um dos estudos mais abrangentes realizados especificamente sobre a caça ilegal de elefantes, constatou que a Tanzânia havia registrado um rápido declínio de 60% na população de elefantes nos cinco anos anteriores a 2016. Junto com Moçambique, a Tanzânia teve a maior queda na população de elefantes na África Oriental. Agora, as manadas de elefantes estão prosperando na reserva Grumeti, e muitas outras espécies retornaram à área rica em caça.

A caça ilegal não se limita aos elefantes: leões, leopardos, rinocerontes, búfalos, gnus, pangolins e abutres também são alvos. Os elefantes estão no centro de diversas campanhas sobre a vida selvagem porque tendem a entrar nos campos dos fazendeiros locais, resultando em conflitos entre humanos e animais selvagens. As mortes dos elefantes ocorrem por uma mistura de caça ilegal e habitantes locais que querem proteger suas terras e seus meios de subsistência.

"O conflito entre humanos e animais selvagens é um de nossos maiores desafios", diz Wesley Gold, que trabalhou para o exército britânico durante uma década antes de entrar para a Singita. Nascido na África do Sul, Gold coordena os esforços de aplicação da lei e de combate à caça ilegal para o Grumeti Fund. "Não é todo dia que uma empresa de turismo tem um esquadrão de combate à caça ilegal", ele brinca, enquanto dirige pela mata em um dos veículos abertos da Singita e espanta moscas tsé-tsé do rosto.

É a primeira semana de julho e todos estão esperando o início da migração dos gnus. Chuvas leves pela manhã impedem que os animais se reúnam em torno dos poços de água e as moscas tsé-tsé estão por toda parte. É o início da temporada de trabalho de Gold. Logo virão os meses mais secos, as gramíneas ficarão mais secas e mais curtas e os gnus abrirão caminho em meio à reserva.

"Embora grande parte do foco tenha sido a caça ilegal de animais maiores, como elefantes, a maior parte do que é caçado, principalmente nessa época do ano, são gnus", ele conta, dirigindo até a sede, localizada perto da maior acomodação da Singita na reserva, a Sasakwa, uma mansão em estilo edwardiano com vista panorâmica da savana.

Quando os gnus migram pela reserva, os caçadores furtivos instalam armadilhas no meio do mato. Presas em galhos de árvores e escondidas na vegetação, as armadilhas de arame se misturam e prendem os animais pelo pescoço ou pelas pernas. Gold calcula que centenas de milhares de gnus são caçados a cada ano — representando 20% dos 1,2 milhão de animais que migram pelo ecossistema Serengeti-Mara.

Ele costuma recolher essas armadilhas e colocá-las nos postes em frente a seu escritório. Como é o início da temporada, os postes estão vazios. "Mas em algumas semanas, infelizmente, esses três postes estarão cheios de centenas [de armadilhas]", diz ele.

Embora ainda seja uma empresa de turismo que oferece uma experiência de safári em uma cabana ou um chalé de luxo, a missão da empresa tem se ampliado constantemente, diz Bailes. "Recentemente, reformulamos [nosso planejamento de cem anos] para refletir para onde estamos indo, focando ainda mais o trabalho de conservação nas mensagens que transmitimos. Estamos replicando o modelo em Ruanda e animados com a construção de duas cabanas nos limites do Parque Nacional dos Vulcões."

Resumindo, a visão de cem anos, de acordo com o que ele nos contou, é que a Singita preserve e proteja grandes áreas de terra no continente africano. "A população mundial está aumentando; e a demanda para ver a natureza e a vida selvagem de perto também aumentará. No entanto, precisamos deixar a natureza agir por conta própria e garantir que o homem não interfira", diz Bailes.

Em 2006, Bailes conheceu o filantropo norte-americano Paul Tudor Jones, que havia adquirido as reservas de Grumeti do governo da Tanzânia. Eles fizeram uma parceria para criar a atual propriedade da Singita com cinco tipos de hospedagem: Singita Sasakwa Lodge, Sabora Tented Camp, Faru Faru Lodge, Serengeti House e as pequenas acomodações glamping conhecidas como Singita Explore. Cada uma dessas acomodações tem características completamente diferentes. A maior delas, a Sasakwa, é chamada de base. Lá, os visitantes desfrutam das impressionantes vistas panorâmicas da savana. A Sabora Tented Camp tem uma atmosfera da década de 1920, permitindo que os hóspedes acampem em tendas equipadas com camas de dossel colocadas sobre tapetes, cercadas por malas vintage, lanternas e móveis ingleses antigos. Ocasionalmente, há animais passeando pelo local. Enquanto isso, a Faru Faru Lodge tem apenas dez quartos em um estilo mais moderno e minimalista, com janelas do chão ao teto, emoldurando a vista do rio Grumeti; o espaço para refeições tem vista para um bebedouro onde leões, macacos, impalas e babuínos vêm beber água.

Sempre que possível, as acomodações são mobiliadas com materiais reciclados e transformados. As peças de destaque e os objetos de vidro do Faru Faru são provenientes da Shanga Shop, em Arusha, uma empresa social que emprega pessoas com deficiência para reaproveitar o vidro e transformá-lo em artigos domésticos e de decoração. Já existem diversas propriedades funcionando com energia solar ou sendo convertidas para energia solar. (Uma de suas acomodações na África do Sul havia acabado de introduzir baterias Tesla Powerpack, que alimentam 90% das cabanas). A Singita eliminou 90% dos plásticos de uso único das acomodações, e 80% dos alimentos são provenientes de vilarejos próximos, onde a empresa realiza projetos de desenvolvimento comunitário.

A equipe também é um grupo familiar, com irmãos e irmãs trabalhando em diferentes partes do negócio. Gendi Gohebo Gorobani, por exemplo, trabalha na Faru Faru, cuidando dos hóspedes. Um sujeito alto e aparentemente sempre feliz, ele cumprimenta os hóspedes quando eles chegam e fica ao lado deles durante toda a estadia — prestando, basicamente, um serviço de mordomo amigável. Tanzaniano, ele exalta as virtudes do chai no café da manhã, compartilha sua comida local favorita com os hóspedes durante o jantar e vai de quarto em quarto para atender a qualquer pedido individual, trabalhando longas horas na maioria dos dias. Vindo de um vilarejo próximo, Gorobani está feliz por estar trabalhando na Singita: "Tenho a chance de conhecer pessoas de todo o mundo. Essa é a melhor parte." Apesar de seus longos dias de trabalho com os hóspedes, ele recebe uma ajuda que seria difícil de encontrar em outro lugar: ele começou como estagiário na cantina da equipe e, agora, é o rosto da empresa para todos esses visitantes. E ele tem um membro da família por perto: seu irmão, Pascal Gohebo Gorobani, trabalha como batedor com Gold no esquadrão de combate à caça ilegal.

Os inúmeros programas de desenvolvimento comunitário — desde agricultura e uma escola de culinária comunitária até a preservação da vida selvagem e da biodiversidade — são todos gerenciados pelo Grumeti Fund, os parceiros de conservação sem fins lucrativos da empresa de safári. Stephen Cunliffe, um sul-africano que já havia trabalhado em outras iniciativas de conservação no continente, assumiu a direção do Grumeti Fund em 2015. "Além de supervisionar os diversos projetos dentro do fundo, também precisamos investir no relacionamento com o governo. Se quisermos melhorar as condições das estradas, alterar qualquer dinâmica aqui, operar máquinas, precisamos trabalhar com o governo da Tanzânia e outras partes interessadas", ele diz.

O fundo emprega 165 pessoas, sendo que seu maior componente é a aplicação da lei e os batedores que ajudam Gold em seu programa de combate à caça ilegal. Durante a estação seca, que vai de maio a outubro, eles contratam mais 60 pessoas para ajudar nas atividades sazonais, como o combate a incêndios. Cunliffe também passa seu tempo pensando em como gerenciar outros problemas menos conhecidos que a região enfrenta, como o possível represamento do rio Mara, algo que, segundo ele, poderia ter um "impacto catastrófico no ecossistema".

Uma das preocupações ambientais menos discutidas é a invasão de espécies não nativas. Plantas como o girassol mexicano e o figo-da-índia foram introduzidas em vilarejos ou outras acomodações no parque e se espalharam facilmente, pois suas sementes são transportadas por quilômetros de distância por animais, insetos e pelo clima. Agora elas representam uma ameaça à vegetação existente e podem ser venenosas para alguns animais, se consumidas.

O maior desafio, no entanto, é a caça ilegal e o conflito entre humanos e animais selvagens. De acordo com uma pesquisa realizada pelo Grumeti Fund em 2016, 86% das famílias e dezoito dos vinte líderes de vilarejos apontaram a invasão da vida selvagem, principalmente por elefantes, como sua principal preocupação. Cerca de 80% das famílias disseram que já haviam sido afetadas por conflitos entre humanos e animais selvagens, e 77% culparam os elefantes por invadirem suas plantações e causarem prejuízos às famílias.

"Esse será o desafio mais difícil, porque o [lago Vitória] fica bem aqui, os vilarejos estão nos limites da área protegida e, a cada ano, eles estão invadindo [mais] devido à necessidade [dos moradores] de espaço para o gado pastar. O fato de não haver uma cerca faz com que o conflito aumente exponencialmente", diz Cunliffe.

O Grumeti Fund está enfrentando esse problema com o esquadrão de combate à caça ilegal liderado por Gold e seu braço direito, Gotera Gamba, o chefe das operações de aplicação da lei do Grumeti Fund. Gamba conhece o problema intimamente. Ele costumava caçar os mesmos animais que agora espera salvar. Ele começou a caçar aos 18 anos, porém após anos se escondendo no mato para capturar animais, ele desistiu. "As condições eram muito ruins, perigosas e difíceis; eu simplesmente me cansei", lembra ele.

Embora seu trabalho exija longas horas de dedicação — acordar às 4 horas da manhã, fazer patrulha durante cinco horas, depois de uma longa viagem de volta ao acampamento base, treinamento e missões noturnas —, o homem de 40 anos de idade diz que vale a pena o trabalho duro e o risco. O risco é um fator inerente a esse tipo de trabalho. "Algumas flechas, que tinham veneno, não me acertaram", diz Gamba. "Também vi um homem de nossa equipe ser atingido por uma flecha."

Até agora, Gold e Gamba perderam apenas um de seus homens. É uma triste realidade com a qual eles convivem: "Nós nos candidatamos para esse trabalho. Sabemos o que isso implica", diz Gold.

Os membros da equipe de aplicação da lei e de combate à caça ilegal do Grumeti Fund vêm principalmente de comunidades próximas, pessoas que conhecem a geografia e os atores locais da caça ilegal. Os batedores operam de uma base de doze acampamentos, pontos de observação localizados em toda a reserva que lhes permitem manter um olhar atento. Eles também levam o conhecimento e o aprendizado do campo e o compartilham com amigos e familiares em suas comunidades. Gamba tem seis filhos e tem esperança de que a próxima geração tenha uma visão diferente sobre os animais. A maior resistência que ele enfrentou foi de um homem mais velho de seu vilarejo. “Eu cresci ao lado desse homem. Ele não consegue andar. Eu vou até ele e o ajudo a se locomover. Mas ele diz que os animais são um presente de Deus para serem caçados.”

“E ele até o ajuda financeiramente”, acrescenta Gold, balançando a cabeça. “O trabalho que ele faz na Singita permite que ele cuide [desse idoso]. Acho que ele ainda não o convenceu, mas é bom que eles consigam ter esse diálogo.”

Mudar o comportamento humano é a coisa mais difícil de se fazer. “É preciso lembrar que as pessoas vivem nessas áreas há gerações e usam a carne de animais selvagens como fonte de proteína local. É muito fácil para alguém como eu dizer que isso é errado. Mas essas pessoas foram caçadoras durante toda sua vida”, diz Gold.

Pergunto a Gamba se ele ainda é uma minoria em sua comunidade. Ele acena com a cabeça. “Sim, sou um entre poucos. E só consegui mudar a mentalidade de cerca de quinze pessoas. Não são muitas pessoas, se você considerar o tempo que levei.” Ele compartilha seu sonho de educar as crianças sobre os animais nas escolas dos vilarejos. “É assim que resolveremos o problema para o futuro”, ele diz.

A outra opção — cercar a reserva — é polêmica e bastante debatida entre os conservacionistas da região. “A palavra ‘cerca’ é uma ofensa no Serengeti”, conta Gold. “Às vezes, as pessoas que moram nos Estados Unidos ou na Europa, que estão distantes desse problema, não entendem suas sutilezas.”

Mas então como garantir que as 80 mil pessoas que vivem na periferia do Serengeti e da reserva não entrem em conflito com os animais? “Muitos desses fazendeiros não veem o elefante como um animal selvagem e bonito”, diz Gold. “Eles o veem como uma ameaça, porque o animal invadiu suas terras e comeu sua plantação, ou destruiu a fazenda e talvez até tenha pisoteado pequenos animais enquanto fugia.”

Ao lado do escritório de Gold, há uma sala repleta de monitores e dispositivos de rastreamento, grande parte deles doados pela Vulcan Inc., com sede em Seattle, liderada pelo falecido Paul Allen, que apoiava entusiasticamente o trabalho da Singita. Por enquanto, essa pode ser a melhor resposta: ficar de olho nos elefantes, marcá-los geograficamente e estudar seu comportamento. A partir daí, a equipe pode monitorar as atividades dos animais, especialmente dos elefantes, em toda a reserva. Eles podem coletar dados sobre onde as armadilhas foram colocadas, onde os animais abatidos foram encontrados, onde surgiram conflitos e usar essas descobertas para prever futuros movimentos de caçadores e caçadores ilegais.

A maioria dos hóspedes não vê esse lado da Singita, a menos que se inscrevam para participar de um safári de acampamento, uma das mais recentes ofertas da Singita. Em 2017, a Singita recebeu o primeiro grupo de convidados do safári de acampamento; em 2018, mais oito convidados ajudaram a colocar colares de satélite habilitados para GPS em elefantes e testemunharam de perto o trabalho de conservação. Eles pagam US$25 mil cada por esse privilégio, o que ajuda os projetos de conservação do Grumeti Fund.

Cunliffe explica que a ideia por trás de todas essas experiências — para que os hóspedes vejam a unidade de combate à caça ilegal, ajudem no projeto de captura de elefantes, vejam os cães policiais K9 especialmente treinados farejando contrabando escondido — é oferecer às pessoas uma visão dos bastidores. "Além disso, podemos envolver um grupo de pessoas com alto patrimônio líquido que, com sorte, se tornarão apoiadores de longa data de nosso fundo", ele diz. Um dos convidados fez exatamente isso; ele doou US$350 mil para uma unidade canina. Esse é um conceito que a Singita introduziu em 2012. Os cães assustam os caçadores ilegais, que, quando percebem que estão sendo rastreados e seguidos por esses cães, tendem a ficar menos interessados em entrar nessa parte da mata para caçar.

Esses tipos de "safáris imersivos" são projetados para viajantes que querem se envolver, que têm uma mentalidade mais conservacionista e têm dinheiro para aproveitar essas experiências. Alguns críticos podem descartar esses safáris como experiências disponíveis apenas para 1% das pessoas, mas Bailes tem uma visão diferente: ele está empenhado em canalizar mais dinheiro desses turistas para o tão necessário trabalho de conservação.

No turismo de safári, o equilíbrio entre os seres humanos, o desenvolvimento e a vida selvagem é difícil de ser alcançado. "Algumas pessoas gostariam que não houvesse nenhuma acomodação ou pessoas nesses ecossistemas", diz Bailes. "Mas então como seria possível atrair o financiamento necessário para apoiar o programa? A pressão sobre a natureza intocada é forte como nunca antes, e precisamos levar isso a sério."

A palavra "safári", afinal de contas, significa "uma jornada" em suaíli. E, segundo Bailes, "viajar para a África pode ser uma jornada muito poderosa. Muitos dizem que é uma jornada espiritual — estar em meio a uma paisagem na qual você não é o componente mais importante".

Capítulo 7

SAÚDE

Assistência Médica para as Pessoas em Vez do Lucro

O setor em que deveria ser mais fácil de combinar missão com negócios é o de saúde: o objetivo de qualquer empresa de saúde deve ser melhorar a saúde de seus clientes. Então por que as empresas de saúde falham tão miseravelmente nesse aspecto? Por causa da ganância. Se o sistema de saúde for privado, como acontece nos EUA, existe um risco inerente: o lucro sobre as pessoas. Além disso, os EUA apresentam um desafio extra: a saúde precária dos cidadãos. Em um mundo ideal, a assistência médica deveria ir além do fornecimento de medicamentos, ela deveria servir para ajudar as pessoas a levar uma vida mais integrada, considerando que seu estado de saúde geral é o resultado de seu estilo de vida, sua dieta, seu sono e de sua qualidade de vida de modo generalizado. As empresas estão começando a atender a essas necessidades, considerando os cuidados com a saúde por meio de uma perspectiva mais ampla. Pode ser necessário fazer mais do que tomar uma pílula ou fazer um tratamento rápido; pode ser necessário realizar uma mudança de estilo de vida de longo prazo. Afinal, essa é a abordagem regenerativa: a natureza se cura lenta e sazonalmente, e cada aspecto da natureza tem um papel a desempenhar em sua produtividade geral.

Portanto, é difícil dar uma visão geral sobre os desafios da saúde pública; cada país tem suas particularidades. Nos Estados Unidos, o problema é que a assistência médica é prestada por entidades com o foco em lucros, não em pacientes. Em muitos países em desenvolvimento, a falta de uma infraestrutura pública e privada robusta representa um problema diferente: o desafio é melhorar a qualidade de vida das pessoas e aumentar a expectativa de vida. Nas próximas páginas, analisaremos as inovações em ambos os casos para ilustrar como as empresas podem trabalhar em prol da assistência médica para todos.

Nos Estados Unidos, as instalações públicas de saúde estão disponíveis, porém a maioria das pessoas recorre ao serviço de saúde privado. Em 2016, 27 milhões de norte-americanos não tinham plano de saúde.[1] Esse é o primeiro obstáculo: conseguir que todos tenham um plano de saúde. Apesar da aprovação da Lei de Assistência Acessível, aproximadamente um décimo da população dos EUA continua fora do sistema de plano de saúde. O principal motivo? Dinheiro. Quase metade dos adultos sem plano de saúde disse que não tinha um porque é muito caro. Com a economia informal/freelancer crescendo em ritmo constante a cada ano — em 2017, 57 milhões de pessoas nos Estados Unidos trabalhavam como autônomos —, cada vez mais norte-americanos não terão um empregador para lhes fornecer um plano de saúde.[2]

No entanto, o fato de ter um plano de saúde privado não garante o atendimento médico. Mesmo com plano, espera-se que os pacientes paguem uma taxa — chamada de coparticipação — quando vão ao médico. Além disso, muitos serviços estão fora da cobertura do plano ou exigem uma taxa extra. O que fazer nesse caso? Para economizar dinheiro, as pessoas evitam ir ao médico a menos que seja absolutamente necessário. O setor de saúde passa uma mensagem desanimadora para os norte-americanos: você só receberá um bom atendimento se puder pagar por ele.

Alguns hospitais e clínicas públicas do condado têm políticas de portas abertas e prestam atendimento ao paciente que estiver precisando, sem encaminhá-lo ao atendimento com um médico clínico geral. Mas eles ainda enviam uma cobrança depois. Se o paciente não se enquadrar nos programas subsidiados pelo governo, é de sua responsabilidade pagar essa conta — é basicamente contrair uma dívida.

O tipo de atendimento prestado nas unidades de saúde é outro assunto — as opções de tratamento usuais remetem à indicação de antibióticos, esteroides e soluções de curto prazo para problemas de longo prazo. E o tratamento não é barato. De acordo com um estudo, em 2016, os Estados Unidos gastaram cerca de US$9.400 per capita em assistência médica, 17,8% do PIB. Isso é quase o dobro da média de outros países desenvolvidos comparáveis: Reino Unido, França, Alemanha, Canadá, Austrália, Japão, Suécia, Países Baixos, Suíça e Dinamarca gastaram, em média, cerca de 11% do PIB em assistência médica. A Austrália teve a menor porcentagem, 9,6%, e a Suíça, a maior, com 12% — ainda significativamente menor do que os Estados Unidos.[3]

O estudo constatou, ainda, que os norte-americanos gastaram mais per capita em produtos farmacêuticos e que os médicos dos EUA ganharam muito mais dinheiro do que seus colegas de outros países. Nos Estados Unidos, os clínicos gerais ganhavam, em média, US$218 mil por ano; nos outros países, o salário anual variava de US$87 mil a US$154 mil. Com todos esses gastos com saúde, seria de se imaginar que os norte-americanos tivessem uma ótima saúde, mas a expectativa de vida deles foi a mais baixa do grupo pesquisado (78,8 anos), e a mais alta taxa de mortalidade infantil também foi a dos Estados Unidos.

O que pode estar errado é o foco em ganhar dinheiro em uma profissão que não deveria ser voltada para o lucro. No setor de saúde, deveríamos poder pressupor que as empresas são orientadas por metas. No entanto, esse não é o caso de algumas das maiores empresas do setor no país. A Hospital Corporation of America (HCA), a mais conhecida, enfrentou uma investigação e pagou multas pesadas devido a sua má conduta. Em 2003, a empresa pagou mais de US$2 bilhões em multas por superfaturamento e propinas a profissionais médicos.[4] E ela não está sozinha: a Tenet Healthcare também pagou US$54 milhões para solucionar um caso envolvendo médicos que recomendaram tratamentos cardíacos a pacientes que não necessitavam de tratamento em um hospital ao norte da Califórnia.[5] Apesar dos processos judiciais e das multas pesadas, essas empresas parecem continuar com suas práticas. Em 2012, a HCA novamente enfrentou alegações de má conduta médica e procedimentos desnecessários solicitados por médicos dentro de seus hospitais.[6]

A complexa rede de dinheiro e planos de saúde fez com que mais participantes quisessem uma fatia do bolo. A rede de farmácias CVS está buscando adicionar clínicas que façam mais do que simplesmente aplicar vacinas contra a gripe. A Humana e a gigante do varejo Walmart estão unindo forças. E a UnitedHealthcare, um dos maiores provedores de planos de saúde do país, está comprando grupos médicos para oferecer mais médicos "na rede".

No entanto, poucos estão falando sobre os problemas estruturais que fazem com que os norte-americanos estejam entre as pessoas mais doentes entre os países desenvolvidos: uma alimentação deficiente, um setor agrícola que promove a agricultura em larga escala e cujos produtos fornecem poucos nutrientes, longas jornadas de trabalho, poucos feriados e nenhuma licença-maternidade ou licença-paternidade obrigatória oferecida pelo governo federal. Como resultado, o ônus está recaindo sobre as empresas privadas, que tentam encontrar soluções para a crise no sistema de saúde norte-americano e na saúde da população.

As clínicas digitais, a mais recente onda de startups do setor de saúde, oferecem diagnóstico online rápido e atendimento médico a um custo baixo ou gratuito. Mas a simples prescrição de medicamentos não é a resposta ao problema. E muitos médicos se preocupam com o fato de que, se os pacientes não estiverem consultando pelo menos um clínico geral pessoalmente com certa regularidade, o médico que os avalia por meio de uma tela pode não ter uma visão completa da saúde do paciente.

ALIMENTOS, NÃO MEDICAMENTOS

A Dra. Andrea Feinberg é médica internista e, após passar dez anos trabalhando em Los Angeles, mudou-se para a região central da Pensilvânia para atuar como diretora médica no Geisinger Medical Center, em Danville. "Não queremos que o paciente permaneça no hospital", ela diz. "Eu queria que as pessoas voltassem a fazer o básico por sua saúde e ficassem menos dependentes dos medicamentos e da tecnologia dos hospitais. Essa não é a maneira certa de cuidar da saúde em longo prazo."

Quando se mudou para a Pensilvânia, ela se voluntariou em um programa local de fornecimento de alimentos para famílias de baixa renda: as crianças recebiam uma caixa de alimentos todos os fins de semana, para garantir que estivessem bem alimentadas enquanto não estivessem na escola.

"Mas estávamos dando a essas crianças alimentos que eu não daria para os meus filhos. Eram alimentos muito calóricos, com alto teor de açúcar e alimentos processados", ela lembra. A Dra. Feinberg não se sentia à vontade em mandar as crianças para casa com alimentos que poderiam servir como um estímulo para o corpo desenvolver doenças crônicas.

Ela entrou em contato com o Central Pennsylvania Food Bank e citou uma abordagem alternativa. "No banco de alimentos, a ideia era que qualquer alimento é melhor do que nenhum alimento. Mas nós da área médica dizemos: 'acima de tudo, não faça mal'", ela conta. "Perguntei se poderíamos enviar mais frutas, legumes, grãos integrais e receitas de como preparar os alimentos para a residência dessas crianças."

A equipe do Food Bank estava aberta à ideia, desde que ela conseguisse provar que funcionaria. Em 2015, a Dra. Feinberg elaborou um estudo experimental com cinco pacientes que tinham diabetes. "Eles estavam muito doentes, sempre entrando e saindo do hospital", diz ela. Cada um dos pacientes recebeu uma caixa com alimentos ricos em nutrientes e vinte horas de orientação nutricional sobre o diabetes: tratamento, atuação dos medicamentos no corpo e mudanças no estilo de vida que podem ajudar a controlar a doença. Eles foram enviados para casa com uma caixa de alimentos e receitas para fazer durante a semana, para si mesmos e suas famílias. "É muito mais provável que eles façam isso se todos concordarem em participar da dieta experimental", diz a Dra. Feinberg.

Em uma semana, os níveis de açúcar dos pacientes caíram. Em três meses, os testes mostraram que a saúde geral desses pacientes tinha melhorado e que eles estavam mais saudáveis. O programa estava funcionando, então ela procurou organizações filantrópicas para ajudar a financiá-lo. Com o Geisinger Medical Center arcando com 50% dos custos e o financiamento de subsídios custeando o restante, em 2017 ela conseguiu ampliar o programa para 600 pessoas. Sua meta é fornecer 1,5 milhão de refeições.

Em seguida, ela elaborou um estudo de controle randomizado para obter mais evidências científicas do funcionamento do programa. Por fim, ela acredita que as operadoras de planos de saúde pagarão por isso. “Não podemos continuar a receber subsídios. Preciso encontrar uma solução sustentável para isso. A maioria dos norte-americanos que não sofre com a insegurança alimentar — sem acesso a alimentos frescos, saudáveis e a preços acessíveis — também tem essas doenças e pode se beneficiar desse tipo de conhecimento. Eles são induzidos a comprar alimentos que são saborosos, mas que não são bons para a saúde. E os custos da maioria podem compensar os custos da minoria, que sofre com insegurança alimentar.”

O programa despertou o interesse de grupos de hospitais e sistemas de saúde de todo o país. Todas as semanas, a Dra. Feinberg passa algumas horas conversando com interessados e analisando como o Geisinger Medical Center pode fomentar um novo movimento nesse sentido. Recentemente, o centro absorveu uma faculdade de medicina; os estudantes de medicina receberão capacitação em nutrição, que historicamente não faz parte da formação médica convencional.

“Alguns médicos não cuidam muito bem de si mesmos, e outros apenas desanimam quando veem que os pacientes não conseguem manter as mudanças no estilo de vida propostas. É mais fácil prescrever uma pílula como solução para o problema. Esse é o jeito norte-americano de resolver as coisas, não é? Basta tomar um comprimido”, diz a Dra. Feinberg.

Quando ela solicitou um financiamento de uma empresa farmacêutica, o pedido foi negado porque seu programa se baseava em mudanças no estilo de vida e não incluía medicamentos prescritos. “As empresas farmacêuticas querem que você continue comprando o medicamento. É assim que elas ganham dinheiro”, ela diz.

No entanto, o fato de os pacientes deixarem de tomar medicamentos e reduzirem o número de idas ao hospital reduziu os custos para a Geisinger. Os pacientes que participaram do estudo experimental eram “pacientes onerosos e doentes”, ressalta Feinberg. “Logo no início, observamos uma queda de dois terços nos registros de reclamações. Atualmente, estamos obtendo registros de reclamações financeiras sobre nossos inscritos e observando o que parece ser uma redução de 25% nas consultas médicas, [e] uma redução de 45% nas hospitalizações.”

De modo geral, os pacientes com diabetes tipo 2 relataram que seus níveis de hemoglobina glicada, uma medida usada para rastrear a gravidade da doença, passaram de 9,6% para 7,5%. Embora o hospital esteja oferecendo serviços adicionais, como orientação nutricional, aulas de bem-estar e oficinas de nutrição, seus custos ainda são menores. Segundo ela, o problema está no sistema: “A Medicare não paga por [serviços para controlar] diabetes, doenças cardíacas e para promover uma melhoria da saúde geral. Estamos em um sistema de tratamento de doenças."

Essa solução não "farmacológica" exige menos dinheiro e mais reflexão, e os médicos terão que passar mais tempo interagindo com os pacientes. Eles precisarão orientá-los durante o processo, incentivando-os caso não vejam os resultados imediatamente. "Isso exige mais tempo de nossa parte como profissionais. Não é tão simples quanto tomar um medicamento. Mas é disso que precisamos. Precisamos de uma mudança de paradigma na medicina."

AMPLIANDO O ALCANCE DOS ALIMENTOS NUTRITIVOS

A Thrive Market, uma loja online de alimentos saudáveis, está tentando levar mais alimentos ricos em nutrientes até os consumidores além da costa. Embora a sede da empresa seja em Los Angeles, 50% de seus clientes moram no Centro-Oeste e no Sul dos EUA, onde a quantidade de lojas de alimentos saudáveis é menor, além de serem mais difíceis de encontrar, e os preços podem ser mais altos.

Quando o cofundador da empresa, Gunnar Lovelace, teve a ideia de fazer uma plataforma de comércio eletrônico que disponibilizasse alimentos saudáveis com uma taxa de associação no estilo Costco, ninguém quis investir na ideia. "Todos os investidores que procurei estavam em São Francisco ou na cidade de Nova York. E todos estavam a uma curta distância de um Whole Foods ou de uma oferta semelhante", ele conta de sua casa em Ojai, na Califórnia. "Eles não tinham ideia de como era o cenário [de alimentos] além dessa área."

Isso foi em 2013, muito antes de a Amazon se tornar onipresente e assumir o controle da Whole Foods, e existiam poucas empresas semelhantes, além de serem distantes entre si. Mas estudos confirmaram a existência de desertos alimentares nos Estados Unidos — bairros nos quais o acesso a frutas e legumes frescos é escasso —, e a falta de conhecimento sobre nutrição agravava o problema.

Nick Green, empreendedor social e investidor da Launchpad LA, uma aceleradora de startups de Los Angeles, tinha visto 750 apresentações com diversas ideias sobre startups. "Nenhuma delas me entusiasmou o suficiente a ponto de eu querer me envolver pessoalmente", ele diz. "Eu queria fazer algo em escala e com um objetivo claro. Quando finalmente vi [a proposta de Lovelace], ela acertou em cheio", ele conta, sentado no escritório da Thrive Market em Marina del Rey, Califórnia.

Green e Lovelace decidiram unir forças e investir seus fundos pessoais no negócio antes de buscar dinheiro de investidores. Eles até tentaram criar uma versão da plataforma de comércio eletrônico com uma agência, mas perderam US$150 mil nessa experiência. Sabendo que seriam uma empresa online que alcançaria os consumidores por meio de sua plataforma, eles decidiram trazer o terceiro cofundador e diretor de tecnologia, Sasha Siddhartha, que poderia elaborar um site e um aplicativo de peso.

"Isso aconteceu em meio a uma crise. Tínhamos sido rejeitados por cerca de 50 VCs [capitalistas de risco] que eram ricos e desconectados do problema. A primeira iteração de nosso site não funcionou. Precisávamos de uma abordagem diferente, e Sasha a trouxe até nós", diz Green.

No final de 2014, o conceito da Thrive Market finalmente se concretizou, e a ajuda veio de um lugar muito distante do Vale do Silício. Os cofundadores recorreram a influenciadores de saúde e bem-estar — pessoas que tinham blogs, presença online ou eram ativas nas mídias sociais. Em vez de lhes pedir que apenas divulgassem a Thrive Market, eles os convidaram para se tornarem investidores na empresa.

"Levantamos cerca de US$8,5 milhões por meio de um investimento pequeno de dezenas de influenciadores alinhados à nossa missão, que entenderam a visão da empresa e sabiam que havia demanda para o que estávamos construindo", conta Green. "Essa foi a origem do negócio. Agora ele se estendeu. Retribuímos a nossos funcionários, dando a eles participação nos negócios. Um termo que usamos muito é 'orientado para as partes interessadas'. Queremos que o maior número de pessoas possível se beneficie desse negócio."

Green, que cresceu nos arredores de Minneapolis, Minnesota, se lembra de que sua família costumava fazer compras no Sam's Club local, onde a maioria dos compradores ia para reabastecer seus estoques de refrigerante A&W. "A maior barreira que eu via era a informação. Não tínhamos muito conhecimento sobre saúde."

Mas Green e Lovelace viram valor no programa de adesão do Costco e do Sam's Club e adicionaram um toque moderno: as famílias pagam US$59,95 por ano à Thrive Market pela adesão ao programa, e a empresa oferece desconto nos preços de alimentos integrais. Cada membro da associação também proporciona a uma família de baixa renda uma adesão gratuita. E, basicamente, a adesão dá à Thrive Market os recursos necessários para operar o negócio, e a plataforma a nível nacional permite que marcas menores e voltadas para a missão da empresa consigam um espaço nas "prateleiras".

Os cofundadores da Thrive Market estão buscando romper três barreiras importantes. De acordo com Green, "os alimentos orgânicos e saudáveis podem ser mais caros, portanto o preço precisa ser competitivo. Em segundo lugar, grandes áreas do país, mesmo em áreas urbanas, são verdadeiros desertos alimentares. E, em terceiro lugar, precisamos aumentar a conscientização das pessoas. A [alimentação saudável] pode ser intimidante e desanimadora, porque ninguém sabe por onde começar".

Embora Green e Lovelace estivessem bastante cientes dessas questões, Siddhartha não estava. Sua mãe trabalhava como diplomata, o que lhe permitiu viajar, experimentar diferentes culinárias e crescer em uma casa onde a maioria das refeições era preparada do zero. "Preciso admitir que, quando nos conhecemos, não percebi a extensão e o escopo do problema", ele diz. "De fato, eu não precisava pensar no preço dos alimentos quando entrava em um supermercado."

À medida que Siddhartha aprendia mais sobre as populações que sofriam com insegurança alimentar nos Estados Unidos e os desertos alimentares que existem até em cidades como Los Angeles, ele começou a compartilhar a convicção de Green e de Lovelace de que eles precisavam desafiar a maneira como o governo distribuía subsídios alimentares. Em 2016, a Thrive Market apelou para o Departamento de Agricultura dos Estados Unidos (USDA) para que repensasse seu programa de cupons de desconto para alimentos e permitisse o uso destes para a compra de alimentos saudáveis por meio da plataforma da Thrive Market. Mas o USDA rejeitou a plataforma como uma opção de compra viável para os usuários de cupons, o que levou o trio a iniciar uma petição em 2016, solicitando que a agência reconsiderasse a proposta. Mais de 310 mil pessoas assinaram a petição. Em setembro de 2016, o USDA concordou com a solicitação, implementando um novo programa piloto que permitia que os beneficiários do Programa de Assistência à Nutrição Suplementar (SNAP) usassem seus benefícios online. Mas ele era voltado para plataformas de comércio eletrônico maiores, como a Amazon.

"Ainda estamos aguardando a participação no programa piloto", diz Green, observando que tem havido pouca transparência no projeto. "Ironicamente, ajudamos a convencer o USDA a iniciar o programa piloto, mas eles agiram muito lentamente e começaram a atuar com empresas maiores, deixando-nos à espera."

Lovelace e Green começaram defendendo os alimentos não transgênicos (alimentos livres de organismos geneticamente modificados). Para eles, essa é a definição básica de alimentos saudáveis. Assim, a Thrive Market se tornou a maior varejista de alimentos livres de transgênicos nos Estados Unidos. Para Lovelace, esse é um objetivo primordial: "O fato de 90% dos norte-americanos estarem testando positivo para a substância química glifosato na urina é preocupante. Quanto aos [alimentos] transgênicos, não deveríamos estar lançando essas coisas às pressas no mercado sem o devido conhecimento, sem testes e, principalmente, sem compreender os efeitos disso no longo prazo. Isso coloca nossa saúde em risco."

Como resultado, a empresa se comprometeu a comprar apenas daquelas que respeitem esses padrões e desenvolveu o próprio rótulo particular para produtos que ela obtém diretamente de agricultores e produtores. Quando a plataforma da Thrive Market foi lançada em 2014, eles não tinham nenhum produto com a própria marca à venda. Agora, eles oferecem mais de 500 produtos com a marca Thrive Market. As ofertas de produtos mais recentes são carnes e frutos do mar sustentáveis e o que eles chamam de vinhos "limpos" — vinhos com o mínimo de aditivos provenientes de uvas cultivadas com práticas agrícolas sustentáveis. Pode parecer estranho receber uma entrega de carne ou vinho pelos correios, mas Green acredita que, para muitos norte-americanos em todo o país, são poucas as opções de carne de alta qualidade ou de vinhos a preços acessíveis.

No mesmo dia em que visitei o escritório deles em Marina del Rey, eles estavam recebendo fazendeiros do Chile, criadores de gado alimentado com capim. "Nos Estados Unidos, é possível encontrar pellets de capim para alimentar animais, mas os animais de que estamos falando estão sendo criados livres, pastando", conta Green. Esses fazendeiros estão criando gado e vendendo a carne diretamente para a Thrive Market. Segundo ele, essa é a perspectiva para o futuro: comprar diretamente dos fazendeiros. "Significa mais valor para os fazendeiros e para os clientes."

Da mesma forma, o azeite de oliva da marca Thrive Market vem de uma única fazenda familiar na Grécia, que pratica a agricultura orgânica há décadas, ao contrário de muitas outras marcas que usam misturas de azeitonas de diferentes fazendas e até de diferentes países. Trabalhar com uma única família é mais desafiador do ponto de vista logístico, e também mais caro, mas proporciona um nível maior de transparência e rastreabilidade.

"A inovação direta ao consumidor é realmente incrível", diz Lovelace. "As implicações disso mal atingem a economia."

No entanto, a infraestrutura de retaguarda de tudo isso é bastante difícil. "Manter uma qualidade alta em todas as etapas da cadeia de suprimentos, com milhares de produtos, até a entrega ao cliente, incorporando todos esses fatores ambientais, não é fácil", acrescenta Siddhartha. É por isso que muitas empresas não conseguem e não fazem isso: as margens de lucro são pequenas.

Desde 2016, a Thrive Market vem analisando fortemente como pode minimizar seus resíduos e criar uma instalação de embalagem com resíduo zero; eles estão cada vez mais próximos disso, reaproveitando resíduos de papelão, solicitando aos fornecedores que tenham consciência de como enviam seus produtos para o depósito e, principalmente, usando material reciclado e compostável nas caixas de remessa para os clientes. Em 2020, a empresa foi certificada como Empresa B e, em 2021, recebeu uma certificação de resíduo zero em seus centros de atendimento.

A Thrive Market logo passou a enfrentar concorrência em seu nicho: quando a Amazon comprou a Whole Foods em 2017, a corrida para fornecer alimentos saudáveis a mais norte-americanos esquentou. Mas nem Lovelace, nem Green foram abalados por essa novidade. "Vemos isso como uma grande validação para nossa empresa", diz Green. "A Amazon acredita que o futuro dos alimentos será o negócio de alimentos saudáveis. Mas a diferença é que a Amazon não é uma empresa voltada para as partes interessadas, sendo o planeta uma delas. Se você fizer um pedido de quinze itens, eles podem enviar quinze caixas diferentes. Nós enviamos uma caixa de uma instalação sem desperdício, [e a caixa é] reciclável, com uma embalagem compostável."

Os fundadores da Thrive Market aproveitaram a compra da Whole Foods pela Amazon, ficando com uma seleção de marcas que estão à altura dos valores da empresa e, acima de tudo, priorizam a saúde do consumidor e do planeta. "Você não precisa escolher entre quarenta manteigas de nozes diferentes, certo?", brinca Green.

Mas não se trata somente de ter uma seleção de produtos incrível, acrescenta Lovelace. "John Mackey, o fundador da Whole Foods, escreveu um livro sobre o capitalismo consciente, mas a liderança foi enfraquecida nos últimos anos devido às pressões econômicas. Agora a Whole Foods está vendendo Cheerios com nozes e mel da General Mills..."

Esse desejo arraigado de transparência e de ter alimentos mais limpos foi o que levou Green e Lovelace a fundar a Thrive Market em primeiro lugar. "Queremos apoiar algumas das marcas menores que são realmente inovadoras, construindo o futuro dos negócios e dos alimentos, e não a corporativização da velha guarda", diz Lovelace. As marcas vendidas na Thrive Market ganham exposição nacional, com um investimento tão pequeno quanto US$50 mil em estoque, acrescenta ele. "Você precisa investir milhões para fazer isso [por meio da Whole Foods]", ele diz.

Segundo Green, atualmente, o negócio está repercutindo em um número cada vez maior de consumidores que querem levar um estilo de vida mais saudável. A base de clientes da Thrive Market está localizada, principalmente, no Centro-Oeste e no Sudeste dos EUA — mais de 50% deles. Com mais de 1 milhão de assinantes pagos, são mais de 500 mil clientes distribuídos por todo o país que enviam pedidos pelo menos uma vez por mês, com um pedido médio de cerca de US$80.

"Toda essa ideia de minha saúde, da saúde da comunidade e da saúde do meio ambiente é algo que não existia há dez anos. Não se trata apenas de pessoas que moram na cidade de Nova York e em Los Angeles que são ricas e podem se dar ao luxo de pensar nisso. Agora temos mães do Meio-Oeste querendo que seus filhos sejam saudáveis e refletindo sobre sua pegada de carbono."

INDO ALÉM DOS ESTADOS UNIDOS

No restante do mundo, as necessidades de saúde pública variam drasticamente. Um fator de distinção entre os países desenvolvidos e os países em desenvolvimento é a enorme lacuna na infraestrutura básica. Estradas esburacadas, edifícios danificados, suprimentos limitados e capital humano inadequado imobilizam o atendimento à saúde pública em grande parte do mundo.

Na última década, as empresas de saúde com fins lucrativos — por melhores que sejam suas intenções — têm se esforçado para oferecer atendimento àqueles que mais precisam. Chegar até os pacientes que vivem em lugares remotos, ou ainda mais distantes, em locais com estradas sem pavimentação, garantir que os médicos compareçam e cumpram suas obrigações e encontrar preços acessíveis tem sido um desafio quando o cliente alvo é alguém que sobrevive com US$2 a US$5 por dia em uma área remota.

Um dos modelos mais respeitados na saúde pública global é o do Aravind Eye Care System, uma rara história de sucesso de uma empresa orientada por uma missão e liderada por um clínico visionário. Iniciado pelo Dr. Govindappa Venkataswamy, um oftalmologista de 58 anos de idade que estava inquieto demais para se aposentar, o Aravind Eye Care System se tornou uma instituição estudada por universidades, comentada por jornalistas e analisada por profissionais de saúde em todo o mundo. Embora não seja perfeito e com foco no tratamento de uma condição de saúde, a catarata, que pode ser tratada de maneira eficaz em um único procedimento, a Aravind Eye Care introduziu um modelo alternativo de assistência médica e conseguiu atender a milhões de pessoas.

O Dr. Venkataswamy — mais conhecido como Dr. V — é originário de um pequeno vilarejo no sul da Índia. Ele próprio sofreu com complicações de saúde e precisou de tratamento para artrite reumatoide desde os 30 anos. Isso fez com que ele experimentasse um sistema de saúde falido e tivesse a necessidade de cuidados compassivos. Com quase 60 anos de idade, ele começou a oferecer "acampamentos oftalmológicos" no estado de Tamil Nadu, no sul da Índia, em escolas que foram convertidas em clínicas.

Embora no início a intenção do Dr. V tenha sido oferecer atendimento oftalmológico gratuito para todos, a Aravind Eye Care evoluiu para uma abordagem e preços diferenciados para proporcionar fluxos de receita. O que começou como uma humilde missão de ajudar as pessoas ao seu redor se transformou em uma instituição — agora com mais de quatro décadas de existência e em pleno funcionamento — com mais de 32 milhões de pacientes tratados, a maioria dos quais pagou muito pouco ou nada pelo tratamento.

Essa ideia consumiu toda a família. A Dra. G. Natchiar, irmã mais nova do Dr. V, assumiu as rédeas da instituição em seus últimos anos. "Todos que têm um par de olhos devem poder enxergar", ela diz, lembrando a perspectiva do irmão.

O modelo de negócios, que basicamente cobra apenas dos pacientes que podem pagar e redireciona os lucros para os pacientes que não podem, pratica certa frugalidade, disciplina e inovação que as maiores empresas de saúde atuais perderam. O tratamento com preço integral dá ao paciente o direito de ter um quarto privativo e refeições mais elaboradas, embora ainda sejam bastante rudimentares quando comparadas às dos Estados Unidos. Aqueles que não podem pagar são atendidos com gentileza, mas são convidados a descansar e se recuperar em ambientes com outros dez pacientes, sentados em cobertores no chão. Apesar dos preços diferenciados, o tratamento médico é o mesmo para os três níveis de atendimento.

Inovações como a possibilidade de os médicos atenderem dois pacientes ao mesmo tempo minimizam o tempo gasto pelo médico entre as cirurgias. Isso reduz o custo geral e aumenta a escala: em uma hora, um médico consegue realizar 8 cirurgias. Entre março de 2017 e março de 2018, a Aravind realizou quase 500 mil cirurgias e procedimentos a laser e teve mais de 4 milhões de consultas ambulatoriais. Como a catarata é responsável por mais de 60% dos casos de cegueira na Índia, eles estão fazendo uma grande diferença nesse problema de saúde.

Agora o modelo é chamado de "Aravind Way", que consiste nos seguintes valores: tornar o atendimento oftalmológico acessível a todos, com qualidade e melhoria contínua no atendimento, foco no paciente, autoconfiança, foco na equipe, frugalidade e compartilhamento. Hospitais e organizações de saúde do mundo inteiro têm tentado reproduzir esse modelo. A Aravind compartilha seus procedimentos, seu software, seus sistemas financeiros e aprendizados: eles são um modelo de código aberto que pode ser usado por outros.

Em 2006, após ver sua clínica com onze leitos se transformar em uma instituição global reverenciada, o Dr. V faleceu. Sua família e seus apoiadores mais próximos mantiveram sua visão, e a organização treinou milhares de oftalmologistas para formar uma equipe qualificada e, com sorte, inspirar uma nova geração.

Apesar de ter fluxos de receita, a Aravind continua sendo uma organização sem fins lucrativos. Ela está associada à Aurolab, um fabricante com fins lucrativos iniciado pelo Dr. V que produz lentes intraoculares usadas em cirurgias de catarata e as vende desde 1992 para mercados de todo o mundo que buscam preços mais acessíveis.

Antes de fundar a Aurolab, o Dr. V procurou fabricantes nos Estados Unidos e na Europa para obter uma lente econômica, mas não conseguiu encontrar um fornecedor que estivesse disposto a reduzir o preço. Alguns doadores generosos se ofereceram para doar lentes, a fim de criar um modelo escalonável, mas o Dr. V defendeu a autossuficiência. Ele decidiu fabricá-las ali mesmo, em Tamil Nadu: as lentes, que inicialmente custavam 10 mil rúpias (US$150), foram fabricadas na Aurolab por 500 rúpias (menos de US$10), sem nenhuma diferença na qualidade. Todos os recursos gerados com as vendas das lentes, equipamentos cirúrgicos e pelos pagamentos de pacientes são transferidos para um fundo geral. O dinheiro desses fundos permite que a Aravind realize mais cirurgias oftalmológicas.

Motivada pela compaixão, a organização cresceu e atraiu um imenso interesse do mundo inteiro. Uma das declarações frequentemente citadas de Dr. V é: "Quando crescemos em consciência espiritual, nós nos identificamos com tudo o que existe no mundo. Portanto, não há exploração. É a nós mesmos que estamos ajudando. É a nós mesmos que estamos curando."[7]

Os hospitais Aravind são simples, limpos e básicos. Sem luxo nenhum. Em vez disso, os recursos são gastos em equipamentos de alta qualidade e médicos talentosos; isso permitiu que eles obtivessem resultados clínicos iguais e, ocasionalmente, superiores aos dos Estados Unidos.

Alguns críticos descreveram o modelo da Aravind como uma linha de montagem de assistência médica, o qual, segundo eles, não funciona para tratamentos mais complexos e cuidados de longo prazo. Mas talvez eles não tenham percebido um detalhe importante sobre essa organização: a base espiritual sobre a qual ela foi fundada e que continua a orientá-la. A missão é proporcionar o melhor atendimento possível a cada pessoa e nunca recusar um paciente.

Essa obsessão com a equidade também é o que tem mantido Krista Donaldson em atividade na última década.

Como CEO da Equalize Health, uma organização sem fins lucrativos que fabrica produtos para o mundo em desenvolvimento, Donaldson passou por frustrações semelhantes. "A assistência médica é, em grande parte, um direito de todo ser humano. Estou sempre pensando em equidade na saúde", ela diz. "Conheço pessoas de empresas de saúde com fins lucrativos que falam sobre o impacto, mas também contam que seus chefes não permitem que elas executem um projeto ou vendam algum produto porque não é lucrativo. Você não pode estar nesse jogo para maximizar os lucros."

Em 2009, Donaldson ingressou na Equalize Health, que, na época, se chamava D-Rev, logo após a empresa ter sido fundada por Paul Polak e Kurt Kuhlmann. Veterana na área de desenvolvimento, ela havia trabalhado em lugares como o Iraque durante o período de reconstrução do país, onde percebeu as deficiências da assistência. O governo dos Estados Unidos gastou US$2 bilhões em infraestrutura de eletricidade no país, mas era precária.[8] Ela conta: "Eu estava tomando chá com um morador local uma tarde e ele me disse: 'Vocês conseguem enviar um homem à Lua, mas não conseguem fazer a energia elétrica funcionar?'"

Desse momento, surgiu uma ideia. Ela sabia que a abordagem top-down não funcionava. No entanto, a alternativa à assistência era a convicção de que as empresas são capazes de resolver os problemas do mundo. O setor de saúde é mais complicado do que outros setores, porque há clientes que não podem pagar nem mesmo pela opção mais barata, mas todas as pessoas merecem cuidados médicos. Portanto, segundo ela, é necessário elaborar um modelo mais fluido e híbrido, no qual as organizações sem e com fins lucrativos trabalhem juntas.

Mas essa tem sido uma jornada difícil para a pequena entidade, mesmo que suas ideias fossem bem-intencionadas. A Equalize Health, por exemplo, trabalha com organizações com fins lucrativos, fabricantes locais e distribuidores em nível de base que fazem a gestão de suas duas criações mais importantes: um joelho para substituição e um dispositivo de luz azul para tratar bebês com icterícia. O apoio filantrópico cobre a maior parte do orçamento anual de US$2 milhões para uma equipe de cerca de 22 pessoas, alocadas em países como Índia, África Oriental e África do Sul.

"Não há muitas pessoas querendo doar dinheiro para financiar dispositivos médicos para pessoas pobres", diz Donaldson. "No entanto, temos uma lacuna no atendimento." Essa lacuna se deve, em grande parte, ao fato de não ser um mercado lucrativo o suficiente para uma empresa com fins lucrativos, já que o "cliente-alvo" vive com menos de US$5 por dia.

Um problema extra no setor médico é a corrupção. A Equalize Health tem visto irregularidades com distribuidores. Por exemplo, em um país da África Subsaariana, o governo optou por um produto mais caro que não era tão eficaz. Por quê? Propinas, responde Donaldson. Isso significa que basta a Equalize Health projetar joelhos e dispositivos de reversão de icterícia de baixo custo; a empresa também precisa trabalhar em estreita colaboração com hospitais e especialistas em mercados emergentes, a fim de superar esse tipo de corrupção.

Na Índia, a Equalize Health trabalha com a Phoenix Medical Systems, que vende equipamentos de UTI neonatal para hospitais. O Brilliance, um dos produtos oferecidos pela Equalize Health, é um dispositivo que utiliza luz azul para reverter a icterícia em bebês. Segundo Donaldson, nos Estados Unidos, um dispositivo semelhante a esse custaria cerca de US$3.500 ou mais; porém, na Índia, a empresa estabeleceu um limite de preço de US$400. A verdadeira engenhosidade, no entanto, veio do fato de a Equalize Health ter reestruturado o licenciamento para que a Phoenix ganhasse mais dinheiro vendendo para hospitais e clínicas rurais menores do que para hospitais grandes e bem equipados. A Equalize Health não podia se limitar a trabalhar com o design do produto — um desafio por si só —, também precisava se concentrar no marketing e na distribuição.

"O último quilômetro" é um termo usado no setor de desenvolvimento para descrever os desafios de distribuição no ponto em que o produto chega até o usuário final; ele se tornou um foco da Equalize Health: "Não basta criar um produto de baixo custo, é preciso entregar as soluções na mão das pessoas. A saúde global é complexa; os especialistas que definem a política de desenvolvimento nem sempre estão bem informados sobre as necessidades e os mercados dos pacientes que estão tentando atender", diz Donaldson.

"O setor de saúde e a prestação de serviços de saúde não são, tradicionalmente, um ambiente muito inovador e podem ser influenciados a seguir direções opostas", diz Donaldson. "É uma batalha difícil quando estamos tentando fazer algo realmente inovador nesse ambiente."

Dito isso, as tecnologias da Equalize Health, principalmente o Brilliance e o ReMotion, um dispositivo de substituição de joelho de baixo custo, alcançaram mais de 650 mil pessoas desde que a organização foi fundada. O Brilliance é vendido em 50 países, e o ReMotion, em 30. Os departamentos de saúde do governo de alguns países assumiram o controle. Ruanda, por exemplo, instalou 106 unidades do Brilliance em 46 hospitais públicos.

Abhishek Sen está tentando encontrar soluções para os mesmos problemas de levar atendimento médico às pessoas em países em desenvolvimento. Quando fundou a Biosense, uma empresa de tecnologias médicas de baixo custo na Índia, ele era apenas um estudante universitário. Segundo ele, quando começaram em 2008, "não sabíamos absolutamente nada sobre negócios, distribuição ou fabricação de produtos. Só éramos bons em criá-los".

Uma década depois, ele aprendeu que abrir uma empresa de tecnologia de saúde é diferente de qualquer outra coisa, principalmente em um país onde as instalações de manufatura são limitadas e a distribuição pode ser um pesadelo.

Quando Sen e outros três amigos — Myshkin Ingawale, Aman Midha e Yogesh Patil — fundaram a Biosense, todos ainda estavam na faculdade, desenvolvendo ideias para dispositivos médicos mais baratos, mas tão eficazes quanto os ocidentais — tudo isso no dormitório deles. Paralelamente, Sen trabalhava em centros de atendimento básico de saúde em todo o estado de Maharashtra, no oeste do país, onde recebeu um choque de realidade: apesar de a Índia ser uma potência tecnológica, as cidades e os vilarejos menores tinham pouco acesso à tecnologia médica para dar diagnósticos rápidos e precisos aos pacientes.

"Cerca de 80% desses dispositivos usados para diagnóstico eram, e continuam sendo, importados de países ocidentais", afirma ele.

A constatação de que havia uma carência de soluções nacionais colocou ele e seus três colegas em uma jornada em busca de democratizar a assistência médica em seu país. O primeiro dispositivo que eles fabricaram abordou o problema da anemia na Índia. De acordo com o *Global Nutrition Report* de 2017, em todo o mundo, 614 milhões de mulheres com idade entre 15 e 49 anos têm anemia, e o país com o maior número de mulheres anêmicas é a Índia, onde mais da metade das mulheres em idade reprodutiva sofre com essa condição de saúde.[9]

"Nas áreas em que trabalhávamos, uma em cada duas mulheres tinha anemia", lembra Sen. "Ainda assim, na maioria dos casos, ela é totalmente tratável."

A Biosense criou um detector de anemia não invasivo e de baixo custo. "Nada de picar o dedo porque todos têm medo de agulha e de sangue", ele diz. Em vez disso, o dispositivo portátil é capaz de capturar imagens da mucosa do olho, do leito ungueal e da língua da pessoa para determinar se ela tem anemia. E o resultado sai em um minuto.

Atualmente, o dispositivo é utilizado em 1.100 vilarejos em todo o país. Mas, em virtude de um sistema de saúde fragmentado, colocar o dispositivo no mercado foi um verdadeiro desafio. "Não temos um sistema de distribuição claro no país, como acontece nos Estados Unidos ou na Europa", diz Sen. Ele explica que, nos Estados Unidos, há de três a quatro grandes distribuidores responsáveis pela divulgação de tecnologias médicas, enquanto na Índia, um único distribuidor trabalharia em uma área local de cerca de 100 km^2. "É uma área muito pequena, o que faz com que você precise entrar em contato com muitos distribuidores diferentes."

Sen acredita que a única maneira de tornar a Biosense financeiramente viável é criar uma variedade de produtos — não apenas uma tecnologia médica.

Sendo assim, eles desenvolveram mais dois produtos: uma tira para pacientes com diabetes, que serve para medir os níveis de glicose, e um dispositivo de análise de urina. De acordo com Sen, os produtos da Biosense custam uma fração do preço de produtos similares no Ocidente. O glicosímetro da Biosense, por exemplo, custa cerca de metade do valor de um dispositivo similar fabricado pela Johnson & Johnson e vendido para pacientes com diabetes.

A solução para produzir mais tecnologias médicas a preços mais baixos é trazer a fabricação para mais perto de casa. "Mas fabricar qualquer coisa aqui é penoso", lamenta Sen. "É um problema encontrar mão de obra, e não existe infraestrutura. Certamente não é fácil, e é por isso que as tecnologias médicas não deslancharam."

Ele disse isso um dia antes de a Biosense abrir sua primeira fábrica na Índia, no estado de Andhra Pradesh, no sul do país, criando uma zona de tecnologia médica. Segundo Sen, empresas como a Biosense, que optam por instalar suas fábricas aqui, recebem algumas vantagens. "Temos um ecossistema completo, incluindo unidades auxiliares e de teste no mesmo campus, preços subsidiados para aluguéis de longo prazo e inclusão em uma política de compra preferencial para aquisições públicas no estado."

A Andhra Pradesh MedTech Zone é o primeiro parque de fabricação de dispositivos médicos da Índia. São 110 hectares para incentivar especificamente a fabricação de tecnologia médica. De acordo com Sen, o país não dispõe de um espaço adequado para a fabricação de tecnologia médica, e isso o manteve atrás da vizinha China. Embora atualmente a Biosense adquira seus glicosímetros da

China, eles planejam utilizar programas como esse para fabricar tudo dentro de seu país.

Depois da distribuição e da fabricação, outra dificuldade é o financiamento de todo o empreendimento. A Biosense recebeu financiamento da Fundação Lemelson desde o início. A Lemelson é uma organização filantrópica com sede em Portland que leva o nome de Jerome Lemelson, um inventor norte-americano que tinha quase 600 patentes em seu nome antes de falecer, em 1997. A fundação quer encontrar e investir em inventores como Sen, que estão buscando melhorar a qualidade de vida de pessoas de baixa renda. A Fundação Lemelson financiou a Villgro, uma incubadora de empresas e investidora-anjo indiana, que passou a financiar mais de 100 empresas inovadoras no país. E a Biosense foi uma das primeiras beneficiárias.

No final de 2017, a Biosense se deparou com um tipo diferente de problema financeiro: uma escassez de capital de giro. "Estávamos crescendo mais rápido do que pensávamos que aconteceria", diz Sen. "Era difícil conseguir empréstimos na Índia em virtude da desmonetização e de algumas das políticas novas implementadas pelo governo. Tínhamos médicos e clínicas interessados, mas estávamos com dificuldades para atender à demanda porque simplesmente não conseguíamos fabricar rápido o suficiente."

Para resolver esse problema, a Fundação Lemelson concedeu financiamento por dívida. Durante a última década, a Biosense levantou, no total, pouco mais de US$2 milhões em financiamento de capital — uma quantia pequena se comparada aos investimentos habituais do Vale do Silício em empresas de tecnologia que fabricam aplicativos. O financiamento de tecnologias médicas em países com economias caóticas como a da Índia continua sendo bastante arriscado para muitos investidores que ainda não viram essas ideias e inovações se transformarem em negócios lucrativos.

Segundo Sen, "tudo isso remete ao problema de distribuição e fabricação. É por isso que sabíamos que precisávamos ser uma das primeiras empresas a começar a fabricar essas ferramentas de diagnóstico em um espaço próprio".

O negócio da Biosense se baseia em três elementos: 40% representam as vendas para médicos e clínicas de enfermagem pequenas, situadas principalmente em cidades de nível 2 e 3 — áreas além de Bangalore, Mumbai e Deli, que são classificadas como de nível 1 e têm uma melhor infraestrutura e mais recursos do que a maioria das cidades indianas. Como o objetivo da startup é oferecer diagnósticos mais acessíveis a médicos e pacientes, eles planejam ampliar seu foco para além desses centros urbanos.

A segunda parte dos negócios da empresa, cerca de 30%, consiste no fornecimento de diagnósticos para empresas farmacêuticas. E o último componente, cerca de 20%, envolve o atendimento ao setor público na área rural da Índia, onde as pessoas são atendidas em instalações de saúde do governo ou por meio de grandes ONGs internacionais.

"Estamos falando de pessoas que não têm dinheiro suficiente para pagar por serviços de saúde. O foco delas é alimento e abrigo", diz Sen.

No entanto, é difícil atender a esse último grupo, porque os órgãos governamentais levam tempo para finalizar um contrato e, depois, fazem pedidos tão extensos que empresas como a Biosense não têm capital de giro suficiente para entregar. "Além disso, é necessário esperar mais seis meses para receber o pagamento", lamenta Sen.

Apesar dos obstáculos, ele encontrou uma maneira de acessar esse mercado. Cada centro de atendimento básico de saúde dispõe de um pequeno orçamento anual no valor de cerca de 50 mil rúpias (o equivalente a US$675), que pode ser utilizado a critério do médico responsável pela clínica. "Tivemos que apresentar provas para eles quanto à acurácia. Eles querem ter certeza de que [nossos dispositivos] funcionam. Uma vez que estejam convencidos, custa 40% menos para eles", ele conta, explicando seu argumento de venda. "Além disso, dizemos a eles que somos uma empresa indiana e que qualquer problema com o produto é resolvido dentro de 72 horas." Esse é um diferencial que os grandes distribuidores não conseguem igualar facilmente.

A combinação de preço acessível, qualidade e atendimento ao cliente vem ganhando repercussão. De acordo com a Biosense, quase 8 milhões de crianças foram examinadas com um de seus dispositivos.

Na Índia, existem cerca de 700 empresas de tecnologia médica, porém dois terços delas registram um faturamento anual inferior a 10 crores (o equivalente a US$1,5 milhão), o que as torna muito pequenas para impactar significativamente na assistência à saúde do país, argumenta Sen. "Até que solucionemos o problema nada atraente da distribuição e da fabricação, essas ideias não chegarão ao mercado e o setor como um todo não atingirá seu potencial."

Apesar de estar há uma década e meia no empreendimento, Sen não quer desacelerar ou mudar de direção. Embora dois dos fundadores, Ingawale e Midha, tenham seguido caminhos diferentes em outros empreendimentos, Sen está firme no negócio e pretende permanecer no longo prazo. "A oportunidade e a necessidade nesse setor são enormes", ele diz.

CAPÍTULO 8

ENERGIA

Energia Limpa para Todos

O décimo terceiro Objetivo de Desenvolvimento Sustentável da ONU é tomar medidas contra a mudança climática. De todos os objetivos, esse é um dos mais importantes; caso não seja bem-sucedido, os demais não funcionarão ou deixarão de existir, dada a velocidade com que a humanidade está influenciando a mudança do clima da Terra.

Em 2018, o Painel Intergovernamental sobre Mudanças Climáticas da ONU divulgou o relatório mais contundente sobre o meio ambiente — *Global Warming of 1.5 °C* [Aquecimento Global de 1,5 °C, em tradução livre] —, alertando que a comunidade global tem apenas cerca de 12 anos para manter o aquecimento global em um máximo de 1,5 °C. Apenas meio grau acima poderia empurrar o equilíbrio de todo o ecossistema do planeta em uma direção nova e perigosa, caracterizada por secas piores, inundações e verões terrivelmente quentes, condições que resultariam em pobreza, fome, deslocamento e aumento da migração. Mais de 90 cientistas de 40 países contribuíram para a escrita desse relatório, que reúne os resultados de 6 mil estudos científicos, tornando-o uma das avaliações globais mais abrangentes sobre mudanças climáticas já publicadas. Em 2022, o IPCC publicou outro relatório, o *Climate Change 2022: Impacts, Adaptation and Vulnerability* [Mudanças Climáticas 2022: Impactos, Adaptação e Vulnerabilidade, em tradução livre], sugerindo que parte do impacto é irreversível e que mais de 40% da população mundial é "vulnerável" aos efeitos das mudanças nos padrões climáticos.[1]

Nossas fontes de energia precisam ser substituídas por opções mais limpas, em vez de continuarmos a usar combustíveis fósseis — isso deveria ser óbvio. Alguns países e estados têm sido bastante proativos em relação a esse fator: a Escócia, por exemplo, anunciou que queria passar a usar 100% de energia renovável até 2020 e conseguiu atingir 97% até esse prazo.[2]

Atualmente, os Estados Unidos são o segundo maior país emissor de gases de efeito estufa — a China está em primeiro lugar. Em 2018, as emissões de dióxido de carbono dos EUA aumentaram 3% após três anos de declínio contínuo.[3]

Algumas empresas de energia nos Estados Unidos ignoraram a retórica política divisiva no país, criaram um mercado para fontes renováveis e continuam a investir em soluções mais ecológicas. Isso vai ao encontro das metas delineadas no relatório das Nações Unidas: até 2050, o IPCC aconselha que o uso de carvão como fonte de energia deve ser reduzido de 40% para menos de 7%, enquanto as fontes renováveis, como a eólica e a solar, que atualmente representam 20%, precisam se tornar o principal combustível utilizado pelas economias — pelo menos 67%.

A partir de 2018, a energia alternativa, como a eólica, tornou-se tão acessível quanto o carvão.[4] Os projetos comunitários de energia solar decolaram, mas o mercado de energia solar residencial, com o uso de painéis solares, continua lento, porque exige um investimento inicial elevado por parte do proprietário. Os setores privado, público e governamental regional estão impulsionando esse movimento: em dezembro de 2017, 117 empresas já haviam assumido um compromisso público com 100% de energia renovável. De maneira semelhante, 222 prefeitos se comprometeram a construir cidades e vilas com 100% de energia renovável nos Estados Unidos. Alguns estados, como a Califórnia, elaboraram planos independentes para fazer a transição para 100% de energia renovável até 2045.[5]

Essa é uma boa base para a próxima revolução industrial de fontes de energia mais limpas e amigas do planeta. O Butão, um pequeno reino do Himalaia com menos de um milhão de habitantes, por exemplo, incluiu em sua constituição que 60% de suas terras devem ser mantidas como florestas. O Butão também é o único país do mundo que não é apenas neutro, como também é negativo em carbono, o que significa que ele captura mais carbono do que produz. Embora não tenha sido um país amplamente desenvolvido por décadas — a maior parte de sua população ainda trabalha na agricultura —, os líderes se comprometeram a compensar suas emissões com as densas florestas, à medida que o Butão se desenvolve. Essa mentalidade progressista estende-se além das emissões de energia: o país pretende ser 100% orgânico e totalmente livre de resíduos até 2030.[6]

Isso é muito diferente dos Estados Unidos. Com uma população trezentas vezes maior que a do Butão, um legado de carvão como fonte de combustível e um setor que ainda defende a tecnologia de captura de carbono apesar da queda nos preços da energia eólica, permanece a questão: será que os Estados Unidos podem seguir na direção do Butão, apesar das diferenças?

ADEUS, CARVÃO

Kiran Bhatraju é do país do carvão. Antes de abrir uma empresa, ele passou alguns anos após se formar na universidade em Washington, DC, tentando seguir o caminho da política com o objetivo de promover mudanças no setor de energia. "A energia é uma comunidade bastante antiga e conservadora. E os negócios faziam mais sentido porque o mercado de energias renováveis só está crescendo, enquanto o de carvão não. Não tenho certeza se a política é o lugar certo para quem deseja realizar mudanças. Talvez seja melhor tentar fazer isso no setor privado."

Bhatraju cresceu no Kentucky, o coração do setor de carvão dos Estados Unidos. A história da mineração de carvão no Kentucky remonta ao início da década de 1820, mas o consumo de carvão tem caído constantemente desde a década de 1950.[7] Em 2016, o estado produziu 43 milhões de toneladas, 30% a menos do que no ano anterior e o menor nível de produção desde 1954.[8] As empresas que têm fábricas no estado, como Toyota, GE e Ford, estão fazendo a transição para fontes alternativas, para satisfazer suas necessidades de energia. "Definitivamente, esse não é o futuro. Os negócios seguiram em frente", diz Bhatraju. "As pessoas do Kentucky também querem fazer parte de algo novo. É por isso que estamos vendo diversos projetos de energia solar surgirem. As pessoas estão olhando para o que está por vir."

Mas, para entender a necessidade de energia renovável, vale a pena voltar no tempo e observar como os EUA construíram sua rede elétrica. No final dos anos 1800, Thomas Edison e George Westinghouse competiram para eletrificar as cidades norte-americanas. Edison concentrou seus experimentos na corrente contínua (também chamada de CC). Já Westinghouse, que trabalhava para Nikola Tesla, encontrou a resposta em uma corrente alternada (também chamada de CA). A capacidade de controlar a tensão e de reduzi-la deu origem ao moderno sistema de rede de corrente alternada. Os fios de alta tensão passam como rodovias pelos Estados Unidos; a tensão é reduzida para o uso residencial ou comercial.

Mas há um problema com esse sistema: ele depende de fontes de energia centralizadas para fornecer a energia. A infraestrutura pesada significava que esse era um sistema de capital intensivo para ser construído. De fato, muitas fazendas norte-americanas ficaram sem eletricidade até que a Tennessee Valley Authority, com apoio do governo federal, instalou linhas de energia sob a supervisão de Franklin Roosevelt. A geração de eletricidade dependeu da energia hidrelétrica (obtida por meio do represamento de rios e do carvão). Por décadas o sistema funcionou dessa forma, embora na década de 1950 a energia nuclear tenha sido adicionada como fonte de energia.

A introdução de fontes alternativas de energia, como a eólica e a solar, objetivo de empreendedores como Bhatraju, apresenta um desafio. Como a eletricidade precisa viajar pelas linhas de energia já estabelecidas, é quase impossível rastrear a fonte dessa eletricidade: nuclear, eólica, carvão, solar, hidrelétrica — todas se juntam para percorrer as mesmas rodovias elétricas.

Em vez de tentar reconstruir o sistema de energia, Bhatraju buscou uma solução virtual que poderia levar mais residências nos Estados Unidos a utilizar energia eólica. De acordo com os analistas, um megawatt/hora de energia eólica custa US$45 para ser produzido. Compare esse valor com o da energia nuclear, que custa US$148, e com o do carvão, que custa US$102.[9]

Embora a energia eólica pareça uma opção óbvia, não há como garantir que a eletricidade de determinada residência venha do vento, pois ela vem de uma combinação de eletricidade gerada tanto por meio de energia nuclear quanto pelo carvão, em um único sistema. O resultado disso é que o setor usa certificados de energia renovável. Cada megawatt/hora de energia produzida a partir da energia eólica é registrado. Essa rastreabilidade permite que empresas como a de Bhatraju garantam às famílias que elas estão apoiando a energia renovável. Segundo Bhatraju, com mais RECs, haverá uma demanda maior pela construção de novos parques eólicos.

A empresa de Bhatraju, a Arcadia, com sede em Washington, DC, começou permitindo que os proprietários de casas assinassem um contrato de uso de 50% de energia eólica sem custo adicional. Para aqueles que desejam que seu pagamento mensal seja destinado inteiramente à energia eólica, há um custo adicional de US$5 para os créditos de energia renovável. Atualmente, o número de residências inscritas na Arcadia é de mais de 300 mil, o que lhes confere certo poder de compra.

Embora gigantes do setor privado, como Google e Amazon, estejam comprando parques eólicos, "um parque eólico não entrará em contato com você ou comigo porque não temos poder de compra. Somos muito pequenos. Por isso, queríamos ver se seria possível fazer com que os 100 milhões de lares norte-americanos que pagam uma conta de energia por um serviço público simplesmente se unissem, a fim de impulsionar a demanda por energia eólica", diz Bhatraju.

Estão surgindo alguns parques eólicos em grande parte dos Estados Unidos, tendo o estado do Texas como líder. Em 2017, os Estados Unidos produziram 89 gigawatts de energia eólica; é provável que essa quantidade aumente à medida que mais projetos eólicos offshore forem iniciados. Em 2017, a energia eólica representou cerca de 6% a 7% da rede. Em 14 estados, esse número é ainda maior, sendo 10% da eletricidade proveniente do vento.[10]

A energia eólica faz parte de uma lista cada vez maior de fontes alternativas de energia; porém, de acordo com Bhatraju, é difícil para o público entender, acionar e participar do setor. “Eu queria criar uma plataforma que simplificasse tudo isso. Estamos analisando todas as opções e as apresentando às pessoas com base no local onde elas moram e em seu consumo de energia. Existem muitas empresas que vendem produtos buscando tornar as residências mais eficientes em termos de energia, mas os custos iniciais são mais altos. Como podemos tornar isso acessível?”

Depois que as famílias se inscrevem, o painel da Arcadia apresenta a seus clientes a quantidade de energia que eles estão consumindo, quanto estão contribuindo para o aumento da distribuição da energia eólica e outros programas de energia da Arcadia disponíveis em seu estado ou município, como a energia solar comunitária.

A energia solar, embora seja uma das opções mais óbvias para os habitantes das áreas ensolaradas do Oeste e do Sudoeste dos EUA, não tem chegado até as residências de alguns bairros conforme o esperado, em virtude dos rigorosos requisitos para a instalação dos painéis nos telhados, dos contratos vinculativos e de seu alto custo inicial. Os painéis custam de US$5 mil a US$20 mil, portanto é um investimento considerável. Além disso, há a questão política: o estado de Nevada, que é bastante ensolarado, tem sido alvo de regulamentações que impedem a disseminação do uso da energia solar como fonte de energia.[11]

A energia solar comunitária é uma solução simples envolvendo números para criar poder de compra e permitir que os residentes aproveitem os projetos de energia solar espalhados por seus bairros. Está disponível para todos, tanto proprietários quanto locatários de imóveis. Há painéis solares instalados em locais como uma escola para alunos carentes, uma incubadora de tecnologia limpa, um departamento de polícia, prédios de escritórios e prédios de apartamentos multifamiliares.

A Arcadia oferece essa opção gratuitamente em diversos estados — Nova York, Rhode Island, Illinois, Maryland e Washington, DC — e cobra um preço inicial em outros, em virtude das políticas estaduais. Tradicionalmente, esses programas de energia solar exigem verificações de crédito, taxas de cancelamento e o pagamento de duas contas, mas, em um esforço para facilitar a inscrição, a Arcadia não exige nada disso. Esse modelo tem repercutido entre os clientes que não querem lidar com o hardware como moradores da cidade ou locatários, mas querem apoiar a energia solar: a Arcadia vendeu quase 4 mil painéis solares em sua primeira execução e, em seguida, assinou contrato com a empresa de energia solar Sunwealth, com sede em Boston, para adicionar outros 800 painéis ao programa.

Novamente, essa não é uma solução perfeita. Ela requer certo investimento inicial para um retorno muito baixo. No entanto, é uma solução que dá às pessoas o poder de alinhar seus valores com seu poder de compra. Um cliente da Arcadia que estava defendendo sua decisão de financiar um projeto solar comunitário escreveu no Twitter: "Não posso instalar painéis de energia solar em minha casa (há muitas árvores ao redor), então estou investindo meu dinheiro naquilo em que acredito."

"Não acho que a resposta esteja em usar apenas um tipo de tecnologia. Precisamos incluir todas para obter um impacto e uma mudança geral", diz Bhatraju.

Em 2018, a Arcadia assinou contrato com a Amazon para trazer alguns dispositivos ecológicos para o lar de uma maneira mais conveniente. Bhatraju argumenta que, embora já existam termostatos inteligentes sendo comercializados, eles são caros, e nem todos podem arcar com o custo deles de uma só vez. Por isso, a Arcadia divide o valor em pagamentos mensais acessíveis e cobre os custos de instalação. Os pacotes incluem lâmpadas de LED, termostatos inteligentes, plugues inteligentes habilitados para Wi-Fi e muito mais. Novamente, esses produtos já existem, mas agora eles estão sendo vendidos em um pacote que inclui a instalação, e o custo é distribuído em parcelas mensais, em vez de uma parcela única e alta.

Bhatraju diz que esse minimalismo focado em tecnologia com um modelo à la carte é o que distingue sua empresa de outras. "Estamos tentando torná-la mais fácil de usar por meio da tecnologia. As pessoas querem opções. Elas querem energia limpa. Essa é a maneira de você apoiar isso."

Quando Bhatraju começou, em 2014, ele tinha cinco anos de experiência em políticas e havia passado três anos trabalhando na American Efficient, uma empresa com fins lucrativos voltada para soluções de eficiência energética. Embora estivesse imerso nessas questões há anos, abrir a própria empresa "não foi fácil. Também porque estávamos tentando fazer algo em todos os Estados Unidos, não só em um estado ou uma região. E as empresas de serviços públicos não têm APIs de fácil acesso" — interfaces de programação de aplicativos, um conjunto de ferramentas, definições e protocolos para integrar software e serviços de aplicativos. Na rede elétrica, as APIs conectam diversas fontes de energia.

Antes de mergulhar de cabeça, ele buscou conhecimento no Reino Unido e na Austrália. Lá, ele encontrou empresas que tinham uma abordagem mais focada no usuário. "As empresas de eletricidade se pareciam mais com marcas de consumo, em que o cliente tinha opções e as empresas de serviços públicos estavam vendendo não só o serviço público, mas também o hardware que tornava as residências mais eficientes e ecológicas. Isso foi inspirador", diz ele.

Quando Bhatraju fundou sua empresa, ele contou com a ajuda de familiares e amigos para divulgar a ideia e, por fim, conseguiu juntar US$250 mil em capital inicial de apoiadores. Desde então, a ideia foi bem recebida pelos investidores: em 2018, a empresa arrecadou US$2,5 milhões. A maioria dos clientes da Arcadia vive na Califórnia, em Nova York, em Ohio, na Flórida e em Wisconsin. A partir de 2019, a empresa passou a ter usuários em todos os 50 estados dos EUA e já tem mais de 300 mil clientes.

"No início de 2016, estávamos na marca de 50 mil clientes, mas sabíamos que o setor só nos levaria a sério se tivéssemos clientes suficientes. Agora somos uma corretora licenciada em todos os mercados", explica Bhatraju.

Ele admite que não tem sido fácil mudar o comportamento do cliente. "[Pagar] a conta de luz é algo que você fez durante toda a sua vida de uma determinada maneira. Então por que mudar agora?"

No início, a empresa enfrentou dificuldades para conquistar novos clientes. Quando começou a oferecer 50% de energia eólica de graça, tudo mudou. "Tornamos tudo extremamente simples para o cliente: inscrever-se, conectar-se, pagar com cartão de crédito, inscrever-se automaticamente, tudo o que uma empresa de serviços públicos oferece — no entanto, você também estaria apoiando o uso da energia eólica."

Em comparação com a carreira política de Bhatraju — em que a ênfase estava na conversa —, essa é uma solução tangível. "Não se trata de uma coisa existencial, grande, fora de seu controle", ele diz. "É um pequeno passo que cada pessoa pode dar para limpar nossa pegada coletiva."

DE ATIVISTA A EMPRESÁRIO

Emmanuel Soulias tem levado essa mesma mensagem aos residentes da França. Soulias recentemente passou pela diretoria administrativa da Enercoop, uma cooperativa na França que conecta produtores de energia diretamente aos consumidores, ignorando o mercado de energia e os canais de distribuição. Segundo ele, a diferença nas contas de energia dos clientes é de menos de US$11 por mês, "mas o impacto é enorme".

Ao contrário do modelo da Arcadia, em que a energia é comprada de parques eólicos como compensação, os 60 mil clientes da Enercoop podem saber exatamente de onde vem sua energia. Eles gostam de chamá-lo de modelo de "curto-circuito".

"Mas ainda somos muito pequenos quando pensamos nos 35 milhões de clientes potenciais que precisam de energia na França", diz Soulias. Isso é verdade; após uma década no negócio, a Enercoop ainda é uma empresa pequena. Contudo, ele está entusiasmado com o recente interesse público em sustentabilidade e com o esforço para reduzir o impacto ambiental do país.

Criada por ativistas ambientais — incluindo Patrick Behm e Julie Noé —, agentes de energia renovável e associações de cidadãos, a empresa não enfatizou o crescimento dos negócios, diz Soulias. "A Enercoop foi criada por pessoas bastante alternativas que estavam trabalhando em um sistema alternativo ao sistema capitalista e centralizado — isso não faz parte de sua cultura ou de sua motivação."

Por isso o resultado dos primeiros anos da empresa foram "discretos", como explica Soulias. "E isso foi uma escolha. Mas agora mudou. Estamos mais dispostos a nos desenvolver e promover nosso negócio."

A transição de Soulias para a liderança da organização corresponde a essa mudança. Ele conheceu a Enercoop pela primeira vez como cliente. Em 2008, juntou-se ao conselho consultivo da organização e, em 2014, tornou-se CEO. "Eu não tinha conhecimento sobre energia renovável. Eu tinha trabalhado no setor de telecomunicações e de seguros. Mas sempre me interessei pelo meio ambiente", ele diz.

Desde que ele assumiu a função de CEO, a cooperativa vem se expandindo, conquistando mais produtores e aumentando sua base de clientes. Em 2007, o mercado francês de eletricidade foi aberto à concorrência. Porém, em 2017, o maior participante do mercado de energia na França, a Électricité de France, ainda mantinha o monopólio, controlando cerca de 85% da eletricidade no país. Outras empresas, como Total, enGie e Casino Group — 29 ao todo, incluindo a Enercoop — compõem os 15% restantes.

Segundo Soulias, como agora os consumidores estão cada vez mais conscientes de sua pegada ambiental, o público francês "está interessado, atento e ouvindo".

A eletricidade da Enercoop vem de vilarejos franceses idílicos que possuem turbinas eólicas e painéis solares, bem como estações hidrelétricas. Ao todo, são 180 produtores organizados em cooperativas regionais menores que atendem às áreas vizinhas. E ele explica que há uma razão para isso. "O clima na região de Champagne não é o mesmo que na região de Provence ou no sul da França. Você precisa pensar no tipo de tecnologia que vai instalar."

Na França, a energia nuclear tem reinado: cerca de 75% da energia da França vem de usinas nucleares.[12] Os políticos têm falado em diminuir esse percentual para 50% até 2035. A Électricité de France supervisiona quase 60 reatores na França e mais 10 fora de suas fronteiras. A Enercoop não trabalha com energia nuclear, concentrando-se em energia eólica, solar, hidrelétrica e de biomassa. Eles estão diminuindo a ênfase na energia hidrelétrica, cientes das crescentes preocupações ambientais com as represas. A Enercoop não incentiva a construção de novas represas nem a alteração dos ecossistemas fluviais, mas se a infraestrutura já tiver sido construída, a empresa a aproveitará.

O segundo motivo para esse distanciamento das hidrelétricas é um pouco irônico: o clima imprevisível. Ele explica que, "se tivermos muitos produtores de energia hidrelétrica, ficaremos muito dependentes do clima. Em 2017, por exemplo, a precipitação foi bastante baixa, de modo que as instalações hidrelétricas produziram menos. Não é inteligente depender demais do clima. É importante diversificar, porque o clima pode ser imprevisível".

O que distingue a Enercoop de outras empresas não é apenas seu foco em energias renováveis, mas também sua estrutura, que se baseia inteiramente no modelo cooperativo, como indica seu nome. Embora a empresa cobre tarifas de eletricidade de 10% a 15% mais altas do que as tarifas do mercado, Soulias diz que essa é uma diferença marginal. "As outras empresas do setor compram eletricidade pela tarifa mais barata possível e, em seguida, a vendem com lucro", ele conta. Para eles, "o objetivo é o lucro, não a qualidade ou a fonte de energia".

A Enercoop prefere investir seus lucros nos diversos produtores de energia em todo o país e ajudá-los a aumentar sua produção. Cada membro da cooperativa tem direito a dar sua opinião, o que garante que as decisões sobre o reinvestimento sejam tomadas democraticamente.

"A Enercoop é vista como uma maneira de negociar localmente, de encontrar alternativas locais. Trata-se de recriar um vínculo local que hoje é praticamente fraco nos territórios rurais", diz Zacharie Ter-Minassian, diretor de energia da Enercoop, responsável por analisar cada candidato a produtor e ajudá-lo a entender e cumprir as regulamentações francesas. Segundo Ter-Minassian, a maioria dos produtores é motivada pelo desejo de viver de maneira sustentável, o que os leva a produzir energia. Por exemplo, Guy Giraud, um produtor de leite orgânico em Saint-Cyrles-Vignes, na região do Loire, na França, assinou um contrato com a Enercoop em janeiro de 2018. Ele já havia se beneficiado de um subsídio do governo para investir em células solares fotovoltaicas. Ele consegue gerar 240 megawatts por ano em sua fazenda, obtendo uma renda de cerca de US$165 mil. Giraud começou a administrar sua fazenda como um local de ensino, convidando estudantes para visitá-la e aprender sobre a agricultura orgânica e a produção de energia renovável.

Com uma série de produtores interessados, Ter-Minassian está tentando acelerar o processo para que eles sejam aprovados. Embora geralmente seja mais fácil de vender a energia solar para as autoridades locais, obter as permissões necessárias para a energia eólica pode levar mais tempo. Alguns projetos foram rejeitados porque as turbinas eólicas atrapalham as vistas idílicas do campo. Segundo ele, alguns desses projetos podem levar de cinco a seis anos para obter as aprovações necessárias das autoridades locais.

É por isso que a Enercoop concordou em trabalhar com produtores de energia hidrelétrica, como Frank Adisson, CEO da Nouvelles Énergies Hydrauliques, que está na Enercoop desde 2016 e agora é membro do conselho de administração da empresa. Ele assinou com a Enercoop porque a cooperativa ofereceu um contrato de três anos — enquanto outras grandes empresas de energia ofereciam contratos mais curtos. Em 2019, Adisson produzirá 75 mil megawatts/hora para a Enercoop, rendendo-lhe cerca de US$3,3 milhões (o equivalente a €3 milhões).

Outros produtores da Enercoop são liderados por cidadãos. Por exemplo, um grupo de moradores de Aubais, na região de Languedoc-Roussillon, no sul da França, na fronteira com a Espanha e os Pirineus, arrecadou US$243 mil (o equivalente a €220 mil) para construir uma usina solar de tamanho comunitário capaz de gerar cerca de 500 megawatts/hora por ano, energia elétrica suficiente para abastecer 170 famílias. A fazenda solar está instalada em um antigo aterro sanitário, um local abandonado que não tinha nenhum outro uso aparente. O projeto, agora conhecido como usina Citizen Watt, surgiu porque um grupo de pessoas se uniu para combater o fraturamento hidráulico e a perfuração para explorar gás de xisto. Esse ativismo os levou a encontrar uma solução, em vez de apenas se opor a algo de que não gostavam.

Esse modelo de conexão entre produtores e consumidores está repercutindo entre as empresas de espírito cívico e ecológico. Dos 60 mil clientes da Enercoop, 5 mil são do setor de empresas privadas. "A maioria dessas empresas nos procura porque não estamos na bolsa de valores. Elas não nos procuram ao acaso; elas sabem exatamente pelo que estão pagando", diz Soulias. "Elas querem estar associadas ao modelo que oferecemos."

Uma delas é a Veja, a marca de calçados mencionada anteriormente. Sébastien Kopp, cofundador da Veja, quer que mais pessoas se inscrevam na Enercoop. Ele está buscando uma parceria com Soulias e procurando incentivar as pessoas a se inscreverem em uma de suas lojas em Paris. O Centre Commercial, a principal loja da Veja, localizada na rue de Marseille, em Paris, já faz a curadoria de marcas de toda a Europa e dos Estados Unidos que se preocupam com o meio ambiente. "Por que não acrescentar a energia elétrica a isso?", pergunta Kopp. "Faremos com que seja mais fácil para as pessoas se inscreverem e se converterem."

De fato, mudar de fornecedor de energia elétrica não é um processo complicado, diz Soulias. "Não há hardware, infraestrutura, cabos ou qualquer coisa envolvida; é apenas uma questão de dedicar tempo para fazer isso e estar disposto a pagar um pouco mais pelo serviço."

Embora não seja um país tão poluidor quanto os Estados Unidos, a França tem enfrentado dificuldades com a poluição na capital. Em 2016, Paris registrou um dos piores índices de poluição que a cidade já teve até hoje. Dois anos depois, em 2018, o ministro francês da ecologia confessou que o país não havia conseguido cumprir as metas de redução de suas emissões de carbono delineadas anteriormente. E, de fato, no início de 2018, as emissões de dióxido de carbono aumentaram 3,6% em relação à meta de 447 milhões de toneladas.[13]

A Enercoop é uma das mais de uma dúzia de fornecedores cooperativos de energia na Europa (até o momento, é a única na França). A REScoop é uma federação europeia de cooperativas de energia renovável que está crescendo de maneira constante, com mais de 1.500 cooperativas que atendem a mais de um milhão de cidadãos. Na vizinha Alemanha, há mais de 1.700 projetos cooperativos (nem todos fazem parte da REScoop), sendo que 90% dos proprietários são pessoas físicas.[14] De fato, a Alemanha e a Holanda são líderes em termos de número de cooperativas de cidadãos, e a Inglaterra vem logo atrás.

Indo além das fronteiras, agora Soulias está procurando colaborar com outras cooperativas de energia renovável na Europa, a fim de acelerar o crescimento da Enercoop e trazer mais produtores para a organização. Segundo ele, há uma ferramenta financeira em andamento, a qual ele desenvolveu em parceria com cooperativas do Reino Unido, da Espanha, da Bélgica e da Alemanha. "Isso ajudará as cooperativas europeias a arrecadar dinheiro dos cidadãos. Não estamos apenas trocando ideias, estamos mutualizando investimentos", afirma. Além disso, elas estão mapeando os serviços que podem oferecer a seus clientes. Assim como a Arcadia, a Enercoop quer que os consumidores possam monitorar seu uso de eletricidade e usar a tecnologia para reduzir seu consumo.

Soulias também está se fortalecendo em seu país por meio das agências governamentais. As cidades de Paris, Lille e Nantes assinaram contrato com a Enercoop para fornecer energia para escolas, bibliotecas e centros comunitários. "Eu gostaria que fosse mais rápido. Temos trinta fornecedores de energia elétrica na França; somos o único com o status de interesse geral [sem fins lucrativos]. Seria melhor se os governos ou as instituições públicas que estão lá para representar o interesse geral trabalhassem conosco", ele acrescenta.

Segundo Soulias, "as cooperativas de energia provaram ser um modelo de negócios viável". Essa abordagem focada no cidadão levou a Enercoop a também querer comprar um parque eólico com a Énergie Partagée e a Neff Investissement em 2014. Construído e operado pela Valorem, o parque eólico fica na região de Loire-Atlantique, a 25 km do interior da costa oeste da França. Os funcionários da Valorem detêm 18% da propriedade do parque eólico, mas com o apoio financeiro da Enercoop e de seus parceiros, os cidadãos dessa área adquiriram uma parte da propriedade.

As três turbinas eólicas são capazes de produzir 17 mil megawatts/hora de eletricidade por ano, o suficiente para atender a mais de 6 mil residências e eliminar 2.500 toneladas de dióxido de carbono por ano. Essa é a próxima onda — o modelo de ciclo fechado — que Soulias vem promovendo: os cidadãos não são apenas usuários finais — eles estão envolvidos na produção de projetos de energia renovável.

Para acelerar parte desse crescimento, em 2016, Soulias recorreu a credores para levantar US$5 milhões (o equivalente a €4,5 milhões) de bancos socialmente responsáveis. “Isso nos ajudou a investir em nosso sistema de informações e a contratar mais pessoas para as operações”, explica. “É uma questão de velocidade de entrada no mercado e de escala. Poderíamos fazer isso mesmo sem esse capital adicional, porém levaria muito mais tempo.”

Ter-Minassian concorda. “Às vezes, temos [necessidade] de [mais] energia de nossos produtores individuais, mas eles não conseguem gerar o suficiente. Definitivamente é uma questão de equilíbrio, à medida que crescemos.”

A urgência é evidente. Como a Enercoop passou os primeiros dez anos desenvolvendo o modelo e criando uma base, agora, sob nova liderança, a organização está pronta para colocar o pé no acelerador.

CAPÍTULO 9

FINANÇAS

Investindo nos Seres Humanos e na Natureza

O capitalismo é confuso. É difícil abordar a toxicidade no setor financeiro como faríamos nos setores de alimentos, beleza e vestuário. No setor de alimentos, o foco tem sido na eliminação dos ingredientes ruins que são tóxicos para o corpo. No setor de beleza, ocorre o mesmo: busca-se eliminar os preenchedores e os conservantes que são capazes de desregular os sistemas endócrinos. No setor de vestuário, o objetivo é eliminar as substâncias químicas tóxicas para o meio ambiente. No entanto, é mais complicado eliminar os agentes problemáticos do setor financeiro quando seu dinheiro está investido em lugares diferentes. Os tentáculos do capitalismo são tão abrangentes e, muitas vezes, tão sutis, que o mundo das finanças está quase sempre conectado aos investidores espalhados pelo mundo inteiro, que investem em projetos danosos ao meio ambiente e à sociedade. Afinal de contas, o dinheiro é a ferramenta capaz de transformar uma paisagem, literal e figurativamente. Os financiadores que conseguem enxergar a perspectiva de longo prazo de um negócio regenerativo são aqueles que trabalharão em sincronia com ele. O investimento voltado para impactos positivos é chamado de investimento de impacto.

Em Paris, no dia de abertura do Fórum de Investidores da Global Impact Investing Network de 2018, a maior conferência de investimento de impacto do mundo, Marilou van Golstein Brouwers, então diretora administrativa da Triodos Investment Management, uma empresa de investimentos holandesa, disse: "Não podemos mais ignorar o fato de que todos os investimentos causam impacto... Não existe investimento neutro."

Assim como todo consumo causa um impacto, inclusive os esforços mais conscientes em relação ao planeta, o mesmo ocorre com todos os investimentos. E, apesar da retórica dos atores globais de apoiar a próxima geração de empreendedores que buscam mudar o sistema, o financiamento para isso geralmente vem das fontes mais paradoxais; por exemplo, a PepsiCo está lançando bebidas "saudáveis" e investindo nos empreendedores por trás dessas novas marcas — tudo isso após vender bebidas açucaradas durante décadas.[1]

Infelizmente, a hipocrisia é bastante comum: aqueles que causam danos acabam reparando-os mais tarde por meio de seus recursos financeiros filantrópicos, ao mesmo tempo em que se certificam de anunciar essa notícia em alto e bom som, para garantir que o público tome conhecimento de seus esforços. Muitas vezes, há um interesse velado: grandes instituições financeiras defendem a inclusão financeira não apenas por generosidade, mas porque estão interessadas nos dados e em uma nova base de clientes em potencial. Negócios são negócios — tudo sempre se relaciona com o resultado final.

Mas será que o setor financeiro poderia operar de maneira diferente, ou seja, será que uma instituição seria capaz de emprestar ou fornecer serviços financeiros às pessoas que não têm contas ou garantias bancárias? Será que os investidores teriam a paciência de esperar que uma empresa amadurecesse lentamente ao longo de quinze anos? Será que eles poderiam estruturar-se de maneira que o capital retornado a uma empresa seja emprestado novamente, a fim de financiar mais empresas que respeitem as pessoas e o planeta, e não só para encher os bolsos de alguns poucos selecionados?

Isso remete à questão fundamental apresentada na introdução deste livro: quanto é suficiente? Muitos dos empreendedores entrevistados criaram suas empresas com os próprios recursos, porque queriam fazê-lo devagar e com integridade. Eles não queriam sofrer a pressão de gerir o capital de outra pessoa — e as expectativas relacionadas ao sucesso. De fato, muitos dos empreendedores apresentados neste livro demoraram para construir seus empreendimentos, por vezes uma década ou mais, porque precisavam ser desenvolvidos lentamente, apoiados pelas receitas de vendas.

Mas utilizar os próprios recursos para isso nem sempre é o certo a se fazer. Quando chega o momento de ampliar a escala, é necessário investir em infraestrutura ou estoque; ou, ainda, ao entrar em novos mercados, é essencial buscar ajuda financeira em valores mais robustos. Então a quem recorrer? Os bancos de varejo, usados pela maioria de nós todos os dias para guardar nosso dinheiro, têm investido em combustíveis fósseis, carvão e outros setores prejudiciais para o meio ambiente.[2] Embora o movimento de desinvestimento tenha começado, será necessário um novo paradigma financeiro para derrubar os antigos gigantes. Atualmente, as cooperativas de crédito, as próprias cooperativas, os bancos menores e locais não conseguem oferecer aos clientes a mesma conveniência e variedade de serviços que os grandes bancos oferecem.

Para realizar os SDGS das Nações Unidas, o mundo certamente precisará de financiadores. É demasiado idealista pensar que isso pode ser feito apenas com modelos de startup. No entanto, o foco desses financiadores não pode ser somente o crescimento.

Embora muitas startups recorram ao Vale do Silício para arrecadar fundos, existem outros caminhos possíveis, abordados neste capítulo — mesmo que você esteja buscando capital de risco. É imperativo enfatizar que o que funciona para uma empresa pode não funcionar para outra. Por exemplo, a Veja, mencionada no primeiro capítulo, tem se desenvolvido utilizando o próprio fluxo de caixa durante todos esses anos. Os fundadores da empresa estavam interessados em usar esse modelo porque não queriam ter investidores. Porém, talvez isso não funcione para uma empresa que deseja crescer mais rapidamente. Portanto, é fundamental encontrar o investidor certo. Um aspecto peculiar em relação aos investidores discutidos neste livro é que todos eles veem as finanças por uma lente mais matizada, orientada tanto por valores quanto pelo potencial de mercado. Após isso, é como entrar em um casamento — certifique-se de que esse é o parceiro com quem você deseja trabalhar em longo prazo.

Na França, Jean-Marc Borello é um reconhecido empreendedor social e fundador do Groupe SOS, um conglomerado de empresas sociais que emprega 21.500 pessoas e atua em diversos setores, desde assistência médica até juventude, emprego, cultura e alimentação. O Groupe SOS administra cafés por toda Paris, incluindo um na prestigiada Champs-Élysées, que conta com a participação de populações marginalizadas. A organização também opera um centro de atendimento para idosos, uma incubadora de startups culturais, hospitais em Paris, atendimento domiciliar para Pessoas com Deficiência e portadores de HIV/Aids, projetos agrícolas cooperativos e, até mesmo, uma plataforma financeira para agricultura sustentável. É uma longa lista de empresas, todas voltadas para servir à sociedade de diversos ângulos.

Em seu livro de 2017, *Why We Need Common Good Capitalism*, Borello defende um modelo diferente de capitalismo, que sirva ao bem comum. Na página de abertura, ele escreve: "Não vou prometer um novo amanhecer ou pedir que façam uma revolução; essa não é a melhor maneira de mudar sociedades e modos de pensar. Trata-se de ajudar a promover uma mudança profunda, dando à economia e às empresas novos objetivos e deixando para trás o excesso do capitalismo financeiro."[3]

Há muito tempo, Borello quer misturar os dois mundos em que atua: os setores social e privado. Segundo ele, nenhum desses mundos funciona bem individualmente. "Agora estou à frente de um grupo que funciona como uma empresa, mas não tem acionistas. Está claro para mim que não conseguiremos construir a ordem mundial do futuro se permanecermos em nossos silos", ele escreve.

Para alcançar essa nova ordem, ele acredita que os três setores — o setor com fins lucrativos, o setor sem fins lucrativos e o setor do bem comum — precisam trabalhar juntos. Esse modelo econômico em três frentes "estaria mais sintonizado com as realidades sociais, com um mundo em que o crescimento é de 1% a 3%, e não de 5% a 10%".

Uma obsessão de longa data com o crescimento rápido nos levou a este ponto problemático: os recursos naturais não são ilimitados, e o crescimento das nações, das empresas e do patrimônio individual também não pode ser. Em algum momento, ele precisará desacelerar e se igualar.

É por isso que Borello propõe o "capital do bem comum" — uma versão do capitalismo que abre um novo caminho, trazendo a disciplina do modelo com fins lucrativos que precisa gerar receita, mas também trabalha em setores nos quais os setores público e social estariam envolvidos. Ao eliminar a pressão dos acionistas por lucro, o capital do bem comum depende do capital de pessoas para financiar empreendimentos — um modelo de crowdfunding de ações. Os investidores, no entanto, não controlam o negócio, mas sim os empreendedores, a fim de garantir que sua missão não seja diluída. Há, inclusive, um incentivo para o investimento de longo prazo; os investimentos de curto prazo têm um imposto que nao é pago pelos investidores de longo prazo.

O modelo de financiamento de Borello tem como base seus anos de experiência na gestão do Groupe SOS longe dos investidores. Ele depende de empréstimos bancários em vez de capitalistas de risco. De acordo com ele, a empresa precisa de US$110 milhões (o equivalente a €100 milhões) a cada 18 meses, sobre os quais são pagos juros de 2%. Se o Groupe SOS estivesse obtendo esse capital de investidores cidadãos, ele poderia oferecer um retorno de 2% às pessoas físicas, argumenta ele.

O modelo de capital do bem comum de Borello ajudaria as pessoas comuns a construir patrimônio, mesmo que investissem pequenas quantias, ao mesmo tempo em que permitiria que as empresas voltadas para a missão fornecessem serviços essenciais ao mercado que ainda não foram explorados.

UM SISTEMA FINANCEIRO PARA PESSOAS SEM CONTA BANCÁRIA

Embora sua visão não seja tão igualitária quanto a de Borello, Bahniman Hazarika, diretor de investimentos da Gray Ghost Ventures, um investidor de impacto que tem uma empresa em Atlanta, diz que eles estão trabalhando em um ambiente semelhante. Eles ajudam empresas que trabalham com questões e mercados antes ignorados por outros setores da sociedade, porque existe pouco incentivo financeiro nesses setores. Além disso, eles fazem isso na Geórgia, longe do brilho e do glamour do Vale do Silício. É menos provável que chamem a atenção da mídia e sigam uma linha mais humilde. Na última década, eles tiveram algum sucesso no mercado de dinheiro móvel, que vem crescendo no sul da Ásia e na África Oriental. Hazarika admite que o caminho para a lucratividade foi precário, mas eles ficaram intrigados com a ideia de simplificar o dinheiro e de facilitar seu uso sem precisar ter notas e moedas em mãos para milhões de pessoas que nunca tiveram acesso a uma conta bancária.

A Beam, um dos investimentos da Gray Ghost, é uma empresa de dinheiro móvel que oferece serviços financeiros para mercados de baixa renda na Índia e é um exemplo de investimento de impacto que se dispõe a esperar anos para obter retornos e ver seu crescimento, ao mesmo tempo em que atende ao setor da sociedade que ainda opera fora dos bancos tradicionais. Hazarika diz que: "É uma questão de quão paciente é o capital paciente. Levamos uma década para construir essa empresa. Pode levar de 20 a 25 anos para resolver a questão da inclusão financeira para as pessoas que ocupam a base da pirâmide, porque empresas como a Beam fazem o trabalho que o setor público, de certa forma, não fez."

Menos de 1% dos clientes da Beam têm uma conta bancária. Essas pessoas vivem em uma sociedade baseada no dinheiro vivo — apesar do excesso de aplicativos digitais, muitos indianos ainda preferem dinheiro vivo. Mesmo o período de "desmonetização" em 2017, quando quase 90% da moeda em circulação foi desvalorizada praticamente da noite para o dia pelo governo indiano, não impediu que os indianos retomassem o uso de dinheiro vivo logo em seguida.

A Beam está tentando atender a uma população que não tem nenhuma pegada financeira: sem conta bancária, sem linhas de crédito formal, sem seguro. Essas pessoas dependem de um maço de dinheiro, que pode ser perigoso, pouco confiável e difícil de ser transferido de um ponto A para um ponto B. No início da Beam, havia 700 milhões de indianos sem conta bancária. Desde então, o governo introduziu uma série de esquemas para que mais pessoas abram suas contas bancárias. "Mas será que essa é a resposta? Quantas dessas contas bancárias estão, de fato, sendo movimentadas?", pergunta Hazarika.

Em 2007, nos becos de Deli, começou a acontecer uma revolução no dinheiro móvel. Em vez de uma pessoa carregar rolos de rúpias, bastava ter um telefone celular básico para conseguir transferir fundos, pagar passagens de trem, contas mensais e ajudar as pessoas a fazer pequenas compras. Esse foi o início de uma transformação de transações em dinheiro para transações digitais. E, para isso, não era necessário abrir uma conta bancária.

Em vez disso, o sistema dependia de uma rede de representantes com autoridade para realizar transações financeiras sem a infraestrutura de um banco físico. Uma loja de esquina que vendia doces, sabonetes, bebidas e biscoitos poderia servir como um representante de dinheiro móvel. Os clientes passavam por lá com pequenas quantias em dinheiro, de 100 a 1.000 rúpias; essa quantia era, então, transferida para o telefone deles. E eles conseguiam fazer pagamentos por meio dessa "carteira móvel".

Tudo isso parece óbvio porque, desde então, o conceito de dinheiro móvel decolou. Nos Estados Unidos, usamos cartões de crédito; no restante do mundo, as empresas de dinheiro móvel contornaram o cartão de crédito para atender a uma grande parte dos 1,7 bilhão de pessoas sem conta bancária no mundo.[4] No entanto, há mais de duas décadas, em 2002, quando Anand Shrivastav fundou a Beam, ele enfrentou desafios imensos: trabalhar com a emaranhada rede de regulamentações financeiras da Índia, convencer os clientes de que eles podiam confiar em uma instituição não bancária e descobrir como alcançar as pessoas nos vilarejos remotos de toda a Índia — 30 mil deles — que não tinham bancos ou caixas eletrônicos por perto.

Shrivastav começou a trabalhar na Beam após ouvir a história de seu motorista — é comum que as famílias de classe média e alta em Deli tenham um motorista para transportá-las pela cidade. Shrivastav estava indo para o trabalho quando seu motorista lhe contou que a mãe dele estava com uma doença grave. Ele tinha enviado dinheiro pelo serviço postal da cidade para pagar pelos cuidados da mãe. Entretanto, o dinheiro chegou tarde demais — dois dias após o funeral dela. "Isso é simplesmente absurdo", diz Shrivastav. "Nos dias de hoje, por que não podemos enviar dinheiro de maneira mais eficiente?"

Shrivastav tem 63 anos de idade e seguiu uma carreira no setor corporativo antes de entrar em uma startup. Ele tinha 40 e poucos anos e tinha segurança financeira quando começou a pensar na transferência de dinheiro. "Eu não precisava abrir essa empresa. Mas parecia uma necessidade bastante óbvia", ele diz.

Nos últimos dez anos, a Beam se desenvolveu e se tornou uma empresa que fornece serviços financeiros para mais de 19 milhões de indianos em toda a região norte do país. Mas chegar até esse nível foi muito trabalhoso, mesmo para esse experiente empreendedor e filho de um secretário de gabinete.

Em 1973, Shrivastav ganhou uma bolsa de estudos para frequentar o Instituto de Tecnologia de Nova Jersey; em seguida, ele obteve um mestrado na Escola de Engenharia e Ciências Aplicadas de Harvard. Após concluir seus estudos nos Estados Unidos, ele permaneceu no país por alguns anos antes de retornar à Índia. Antes da mídia social e da publicidade na internet, Shrivastav trabalhava com lojas pequenas, operações familiares e lojas *kirana* — lojas que vendem de tudo um pouco, como uma 7-Eleven nos EUA. Foi assim que ele percebeu que os negócios eram concretizados principalmente em dinheiro.

Seu próximo emprego foi na Kerala State Drugs and Pharmaceuticals, vendendo pacotes de cuidados neonatais para mães na área rural da Índia. Essa atividade exigia uma rede de distribuição elaborada, pois os pacotes eram destinados a mulheres que moravam em vilarejos. Shrivastav viajou muito pela Índia; ele esteve em 20 dos 28 estados do país. "Eu vi como a vida se desenrolava nos mercados rurais", ele conta. Após dominar o marketing e a rede de distribuição no meio rural, ele retornou a Deli, onde trabalhou com seu irmão para instalar uma rede de 1.100 telefones públicos em Deli e Mumbai, operados por franqueados que pagavam pela propriedade do telefone durante um longo período de tempo. Isso o levou a se dedicar mais ao setor de tecnologia. Por meio de sua carreira, ele experienciou todos os elementos de que precisava para estabelecer uma rede: a compreensão dos mercados rurais e de baixa renda, a maneira de se ampliar as operações e o conhecimento sobre o funcionamento interno dos setores bancário e de telecomunicações.

Inspirado pelos escritos de Mahatma Gandhi, Shrivastav fala com tanto entusiasmo sobre o amado pai da Índia moderna quanto sobre telecomunicações. Ele cita a seguinte declaração de Gandhi: "Sempre que estiver em dúvida, ou quando o ego se tornar excessivo para você, aplique o seguinte teste. Lembre-se do rosto do homem mais pobre e mais fraco que você já viu e pergunte a si mesmo se o passo que está pensando em dar será de alguma utilidade para ele. Ele ganhará alguma coisa com isso? Será que isso lhe devolverá o controle sobre a própria vida e o próprio destino? Em outras palavras, isso o levará ao *swaraj* [liberdade] para os milhões de famintos e espiritualmente famintos? Assim você verá que suas dúvidas e seu ego se dissiparão."

No início, Shrivastav tinha suas dúvidas e críticas: a Beam não era nem um banco, nem uma empresa de telecomunicações. A empresa queria, em vez disso, unir os dois mundos. No entanto, os órgãos reguladores financeiros indianos não tinham um nome para esse tipo de empresa; eles pediram a Shrivastav que transformasse a Beam em um banco. Mas ele não queria essa responsabilidade — apenas queria facilitar as transações e torná-las mais eficientes. Por mais de uma década, Shrivastav tentou criar a infraestrutura e definir as regras para o dinheiro móvel.

Em 2011, o Dr. K. C. Chakrabarty, então vice-governador do Reserve Bank of India, fez um discurso no St. Xavier's College, em Mumbai, destacando a necessidade de inclusão financeira: quase metade da população do país não tinha uma conta bancária. Somente 55% das pessoas tinha contas de depósito e 9% tinha contas de crédito. A Índia tinha o maior número de famílias excluídas do sistema bancário do mundo: 145 milhões. Havia uma agência bancária para cada 14 mil pessoas. "[A] exclusão é impressionante, independentemente do parâmetro que se escolha analisar!", disse Chakrabarty.

A essa altura, Shrivastav já estava tentando abordar a inclusão financeira há quase uma década. Após cinco anos de envolvimento com os órgãos reguladores, em 2007, ele recebeu permissão para realizar programas piloto sem converter a empresa em um banco, porque o governo aprovou a Lei de Sistemas de Pagamento e Liquidação de 2007. Isso fez com que o Beam fosse reconhecido como um sistema de pagamento legítimo. A Índia era um dos principais receptores de transferências internacionais e domésticas de dinheiro; agora, essas transações poderiam ser realizadas por meio de dinheiro móvel.[5] Ao legalizar a estrutura de pagamento, a lei deu a empresas como a Beam uma rede de segurança e legitimidade.

"Se algo falhasse na Beam e não fôssemos regulamentados, teríamos gerado um choque no sistema — 14 milhões de clientes ficariam aborrecidos", ele diz. Em vez disso, a nova lei deu ao Reserve Bank of India a responsabilidade de regulamentar as entidades não bancárias, como a Beam, e garantir que essas empresas operassem de maneira responsável.

Desde então, a Beam superou outros obstáculos: o surgimento de carteiras de dinheiro móvel por operadoras de telecomunicações, como a Airtel; o surgimento de outras startups, como a Paytm; e os constantes altos e baixos da regulamentação indiana. Mas a empresa conseguiu se manter ativa e levantar capital de investidores de impacto sediados nos EUA, como a Gray Ghost Ventures, que acompanha a empresa desde seus primeiros anos.

O impacto foi sentido não só pelos clientes, mas também pelos representantes. Shrivastav percebeu que a Beam só funcionaria se ele tivesse uma rede robusta de representantes e promotores. Assim, ele criou a função de um representante da Beam, conhecido como *sahayak*, uma palavra hindi que significa assistente ou ajudante. A equipe de *sahayaks* inclui mulheres e jovens desempregados. Além de trabalhar com lojas *kirana*, a Beam usa essa rede de representantes para fornecer serviços básicos, como adicionar mais fundos à conta de um cliente, emitir passagens, realizar pagamentos de serviços públicos e fornecer comprovantes de pagamento antecipado. Os representantes recebem uma comissão baseada em suas vendas.

A Beam também está incentivando uma maior participação das mulheres na economia. "Em nossa sociedade, o trabalho das mulheres é estigmatizado", diz Shrivastav. "Elas não têm tantas oportunidades, por isso não sentem que estão contribuindo financeiramente para a sociedade ou para suas famílias." Para proporcionar uma renda suplementar às mulheres que trabalham em casa, Shrivastav criou a rede *sahayak*, que permite que as mulheres ganhem de mil a 10 mil rúpias por mês (de US$15 a US$150).

De maneira mais ampla, a Beam criou um modelo de negócios de franquia. Em 2018, eram 24 mil franquias — tanto *sahayaks* quanto *kiranas* — oferecendo serviços da Beam. Agora a empresa opera em 27 estados indianos e em 5 territórios da união indiana. Ela também está adicionando outros serviços importantes a seu mix, como remessas de dinheiro e crédito. Embora o programa de crédito ainda esteja em seus estágios iniciais, Hazarika, da Gray Ghost, diz que a Beam planeja oferecer empréstimos muito pequenos, de mil a 5 mil rúpias (de US$15 e US$75). Pode parecer muito pouco, mas é o suficiente para que um empresário compre algum estoque ou pague por um programa educacional.

"Todos querem mudar o mundo. Mas há oportunidades reais de negócios em alguns desses mercados 'menores' ou de nicho. São literalmente lacunas; vale a pena investir nelas", diz Hazarika. Ele afirma, ainda, que a Gray Ghost Ventures não está interessada em vender empresas para demonstrar um registro de investimento positivo, e eles passaram por altos e baixos com Shrivastav desde o início. Hazarika é muito claro quanto à visão de longo prazo da Gray Ghost: a ideia é construir empresas, ajudá-las a alcançar mais clientes e resolver problemas difíceis, e não apenas obter retorno financeiro.

A Gray Ghost, com sede em Atlanta, é única em seu próprio direito: ela mantém seus ativos. Desde 2008, eles venderam apenas três empresas de seu portfólio e algumas ações de outra empresa. A maior parte de seus investimentos continuou a crescer, e eles tentaram colocá-los na direção certa.

"Não entramos nesse negócio para vender empresas", diz Hazarika. "A ideia é criar negócios sustentáveis e lucrativos para resolver problemas até então não solucionados, certo? Então por que eu ficaria obcecado com as saídas?"

REESCREVENDO PLANILHAS DE TERMOS

O Triodos Bank tem uma perspectiva semelhante. O Triodos foi fundado por ativistas sociais, quatro pessoas que se inspiraram nas greves e revoltas motivadas por estudantes em Paris no final da década de 1960 e no clima geral de mudança social. Essa instituição holandesa vem reunindo a comunidade de investimentos de impacto para fazer com que mais financiadores pensem além do retorno sobre o investimento.

"Foi a constatação de que o dinheiro é poderoso, uma ferramenta poderosa de mudança social. Se esse for o caso, então um banco, como um negócio financeiro, poderia promover mudanças em vez de realizar doações", diz Marilou van Golstein Brouwers, nos escritórios do Triodos Bank, localizados nos arredores de Utrecht.

Em 1968, Adriaan Deking Dura, economista, Dieter Brüll, professor de direito tributário, Lex Bos, consultor de gestão, e Rudolf Mees, banqueiro, se reuniram para descobrir como o dinheiro poderia ser direcionado para projetos ambientais e sociais. Três anos depois, eles criaram uma fundação beneficente. Mas eles se convenceram de que a resposta não era fazer doações; em vez disso, eles precisavam de um banco. Em 1980, com US$597 mil de capital inicial (o equivalente a €540 mil), eles fundaram o Triodos Bank.

"Quando os fundadores do Triodos Bank se reuniram para discutir o papel do dinheiro no mundo, toda a Europa estava em meio a uma crise política", conta Van Golstein Brouwers. "Muitas das instituições antigas não estavam conseguindo se conectar com as pessoas a quem deveriam atender. Os fundadores discutiram como poderiam criar uma nova realidade econômica."

Isso foi na década de 1960, quando os quatro estavam estudando a fundo os escritos e a filosofia do Dr. Rudolf Steiner, um filósofo austríaco que foi o fundador do movimento biodinâmico na agricultura. Steiner acreditava que os seres humanos precisavam viver de maneira mais holística, refletida em três esferas que se sobrepõem: a econômica, a social e a cultural. Os quatro fundadores do Triodos Bank traduziram esse conceito na ideia de um banco, que agora investe na criação de um impacto positivo nessas mesmas três esferas.

O pensamento de Steiner é "muito centrado nas três ideias da Revolução Francesa: *fraternité*, *egalité* e *liberté*", diz Van Golstein Brouwers. Ela esclarece que há diferentes interpretações dessas ideias, mas o ponto em comum é que todas consideram a saúde do espírito humano e seu lugar na natureza.

Peter Blom, CEO do Triodos Bank, foi um dos primeiros funcionários do banco. Ele se lembra de que o banco começou de maneira humilde, sem computadores e com um olhar introspectivo sobre o que o setor financeiro poderia acrescentar à condição humana. Blom também havia lido Steiner quando era jovem. "Talvez algumas das ideias dele estejam erradas", ele diz. "Afinal, ele é um ser humano. Mas trata-se do desenvolvimento da humanidade e há certa humildade com relação a isso. É sobre o gesto por trás disso."

Blom equipara o dinheiro à energia. Ele diz: "O dinheiro não é só uma mercadoria; ele possibilita o acesso a coisas. Ele está sempre ligado às pessoas. São as pessoas que podem realizar uma mudança." Segundo ele, o lucro é sinal de que a instituição é saudável, mas não seu objetivo final. A primeira pergunta que o Triodos Bank faz às empresas que estão buscando financiamento é: "Como isso promove a sustentabilidade?"

Não se trata apenas de retórica. "A economia e a ecologia têm muito em comum", diz Blom, mas "nós separamos esses dois setores. Precisamos pensar no dinheiro de maneira mais consciente. Se continuarmos operando dessa forma, teremos mais crises".

Segundo ele, a crise financeira de 2008 não foi suficiente — após a recessão global, alguns bancos retomaram os velhos hábitos durante a reconstrução. Em 2009, o Triodos Bank, no entanto, lançou uma aliança bancária responsável, criando uma coalizão de financistas com a mesma mentalidade em todo o mundo. Blom diz que está menos interessado em pregar e mais interessado em mostrar como se faz. Ele argumenta que as pessoas respondem melhor à ação do que à teoria.

Van Golstein Brouwers ingressou no Triodos Bank logo no início, em 1990. Ela tinha formação em agricultura e finanças quando chegou ao banco. Seu primeiro emprego foi como trader de commodities na Cargill, uma potência agrícola; isso a levou a Minneapolis, depois a Genebra e, por fim, a Amsterdã. "Em três anos, tive uma visão geral de como funciona o sistema agrícola e de alimentos. Mas quanto mais eu aprendia sobre o assunto, mais eu sabia que não queria fazer parte desses setores", ela diz.

Ela estava preocupada com o domínio da Cargill na agricultura norte-americana: "Era como uma escravidão moderna; os agricultores estavam sendo incentivados a comprar seus insumos apenas da Cargill e, depois, vender para a Cargill." Após três anos, ela saiu da empresa e entrou para o sistema bancário. "Aconteceu a mesma coisa", ela conta. "Eu estava trabalhando na bolsa de valores e percebi que, na verdade, isso não tem nada a ver com a economia."

No entanto, ela havia desenvolvido uma compreensão dos dois extremos do espectro que se tornaria fundamental no Triodos Bank, localizado na Holanda. "Pouco tempo depois, fui apresentada a algumas pessoas do Triodos. Estamos em um país pequeno. Se você se interessa por essas questões, consegue encontrar pessoas com a mesma opinião e se conectar com elas." Isso foi em 1990. Van Golstein Brouwers está na instituição desde então e, agora, atua como diretora administrativa da Triodos Investment Management. "Eu realmente queria que as pessoas começassem a pensar em como poderiam ser mais conscientes em relação ao seu dinheiro", ela diz. "As pessoas de fato não percebem o poder que o dinheiro tem."

Ela está se referindo ao poder de compra, não apenas para os consumidores, mas para as instituições financeiras. Ela me indica o site do banco, no qual os consumidores podem encontrar uma lista detalhada de todos os empréstimos realizados pelo Triodos. "Em nossa opinião, a transparência é fundamental", ela diz. Isso fica evidente em seu relatório anual de quase 250 páginas, que parece detalhar todas as atividades do banco.

Após a crise de 2008, o Triodos Bank organizou a criação da Global Alliance for Banking on Values. Desde 2012, a instituição vem publicando dados que comparam os resultados do setor bancário sustentável com o tradicional, argumentando que o setor bancário sustentável não se trata somente de ter valores e de agir com ética; ele fornece resultados reais.[6] Esses bancos apoiam a economia real, e não a economia financeira. "O grau em que uma instituição bancária financia a economia real fica evidente por meio da parcela de ativos presente em seu balanço patrimonial e que é dedicada a empréstimos", ela argumenta.

De acordo com o relatório de 2017, os bancos focados na sustentabilidade mantinham mais depósitos em mãos para financiar seus empréstimos do que os grandes bancos convencionais: os depósitos em relação ao total de ativos dos bancos focados na sustentabilidade eram de 74% contra 55% dos bancos convencionais.[7] Isso significa que esses bancos não dependem de produtos financeiros em papel, mas dos depósitos dos clientes para financiar suas atividades.

Segundo Van Golstein Brouwers, "os bancos devem servir à economia real, focar as necessidades reais de pessoas e empresas, oferecendo oportunidades de economizar dinheiro e intermediando a relação entre clientes com muito dinheiro e aqueles que precisam de dinheiro para investimentos produtivos. Essa é a essência do setor bancário. Todos os projetos e as empresas que financiamos estão listados em nosso site, para que os depositantes saibam exatamente para onde seu dinheiro está indo".

Um grande problema que levou à crise de 2008 foi o fato de os produtos financeiros terem se tornado tão complexos e multicamadas que se distanciaram muito das necessidades cotidianas dos norte-americanos, e esses produtos estavam manipulando o sistema.

Para os céticos que ainda argumentam que uma abordagem orientada para a sustentabilidade é um pouco perigosa demais para eles no mundo das finanças, o Triodos Bank tem US$15 bilhões em ativos sob gestão (o equivalente a €14 bilhões), 800 mil contas abertas e está registrando um crescimento anual de 10% a 20%. Muito disso tem a ver com o fato de o Triodos enxergar tendências e de compreender as falhas do sistema muito antes dos outros bancos. Por exemplo, em 1990, quando Van Golstein Brouwers ingressou no banco, o Triodos começou a investir em projetos de energia eólica, analisando o setor de energias renováveis antes que a pesquisa sobre a mudança climática se tornasse popular.

"Nossa missão era analisar como o banco poderia gerar uma mudança positiva. Não se tratava apenas de quais setores evitar, mas também de quais apoiar", ela observa. Isso se converteu em investimentos em empresas de economia circular, marcas de agricultura orgânica e cadeias de suprimentos justas. Isso inclui marcas nos Estados Unidos, como a Sprouts, uma mercearia de alimentos saudáveis com sede no Arizona e com lojas em 19 estados, e a Hain Celestial, que comercializa diversos alimentos orgânicos e marcas de higiene pessoal sob sua marca.

Mas o banco não investe apenas em marcas; ele também apoiou organizações de microfinanças e cooperativas em mercados emergentes que fornecem as matérias-primas para essas marcas. Em 2017, eles ofereceram apoio a cerca de 150 mil pequenos agricultores em uma dúzia de mercados emergentes. Na área de energia renovável, o Triodos apoiou 200 projetos de energia eólica e 200 projetos de energia solar, bem como alguns projetos de biomassa, aquecimento e armazenamento a frio.

Grande parte do que eles estão tentando alcançar por meio desses financiamentos remete aos Objetivos de Desenvolvimento Sustentável da ONU. É por isso que seus relatórios anuais incluem uma análise de seu desempenho em relação a cada um desses objetivos.

De acordo com Blom, em função de seus objetivos de longo prazo, o banco não deseja abrir capital para ser negociado publicamente na bolsa de valores. "Queremos saber quem são nossos acionistas. Não queremos acionistas anônimos. Há 35 mil pessoas que investiram no Triodos Bank. Queremos conhecê-las e saber quais são suas prioridades."

É por isso que Van Golstein Brouwers está um pouco impaciente com o setor bancário. "Sim, está havendo algum progresso, fala-se em investimento de impacto... mas, no setor financeiro, os interesses particulares são gigantes. Embora empresas maiores, como a BlackRock, pareçam adotar o investimento de impacto, essa é uma parte mínima do portfólio da empresa. Não é daí que a mudança está vindo."

Mas, segundo ela, a solução não é transformar o Triodos Bank em uma instituição global. Eles preferem se empenhar em manter instituições semelhantes em todo o mundo.

A cerca de apenas uma hora da sede do Triodos Bank está outra instituição financeira criativa, a Oikocredit, uma cooperativa que empresta e tem participação acionária em duas das empresas mencionadas neste livro: a Divine Chocolate e a Cafédirect.

A sede da empresa, que conta com uma equipe de cem funcionários de vinte nacionalidades diferentes, fica em um prédio discreto em Amersfoort, a sudeste de Amsterdã. Desde o final da década de 1970, a Oikocredit vem realizando investimentos de impacto e empréstimos a organizações de microfinanças e cooperativas agrícolas, além de promover a inclusão financeira.

Ulrike Haug, gerente de comunicações da Oikocredit, costuma brincar, dizendo que, fora da Holanda, é comum perguntarem "Oiko-quem?", ou seja, que eles não são nem um pouco conhecidos. As pessoas que fazem parte do setor de impacto social podem até conhecê-los, mas poucos fora do setor reconhecem esse nome. A Oikocredit, que tem seu foco voltado para os países em desenvolvimento, não investe de fato em muitas empresas voltadas para o consumidor na Europa ou nos Estados Unidos.

"Sempre nos preocupamos com o impacto social e ambiental", diz o diretor administrativo Thos Gieskes. "E talvez não sejamos as pessoas mais adequadas no setor para julgar a viabilidade de uma marca voltada para o consumidor, porque essas marcas estão competindo com gigantes do setor que dispõem de muito capital. E, mesmo que tenham sucesso, as empresas globais acabam as adquirindo."

As origens da Oikocredit são diferentes das de qualquer outro investidor de impacto. A cooperativa remonta a 1968 e a uma conferência do Conselho Mundial de Igrejas. Em uma reunião em Uppsala, na Suécia, os líderes das igrejas analisaram como utilizar seus recursos financeiros. "Diante do escrutínio dos membros da igreja de que seu dinheiro estava envolvido em guerras e conflitos de cunho político e que não estava causando um impacto positivo na sociedade, eles decidiram reunir seus fundos e, em vez disso, aplicá-los no futuro da humanidade", diz Gieskes.

Ao buscar uma base de operações que fosse relativamente neutra, eles decidiram pela Holanda, onde a cooperativa foi legalmente estabelecida em 1975. Essa localização funcionou a seu favor, porque, atualmente, a maioria dos investidores da Oikocredit vem do outro lado da fronteira, da Alemanha. Estabelecida como uma cooperativa, a Oikocredit tem mais de 500 instituições associadas, que representam mais de 57 mil membros. A maior parte dos fundos da Oikocredit vem de investidores da União Europeia, devido aos obstáculos regulatórios. Esses investidores têm direito de comprar ações da empresa a US$220 cada. Alguns deles também vêm do Canadá.

Cerca de 90% de seus recursos provêm de pessoas físicas. Se esses investidores decidirem vender suas ações, a cooperativa as comprará e as pagará em um período de cinco anos. São pagos dividendos, mas, segundo Gieskes, são "modestos, muito modestos" — de 1% ou 2%. "Compare isso com os padrões do setor, que giram em torno de 10%, ou até mais do que isso", ele diz. "A intenção da Oikocredit, no entanto, não é ser uma máquina de fazer dinheiro. A intenção é diferente."

Em vez disso, a Oikocredit oferece às pessoas uma maneira de usar seu dinheiro para obter benefícios sociais e ambientais sem reduzir seu valor real. "Essa é a chave. Em termos de valor real, oferecemos às pessoas uma opção segura para economizar seu dinheiro; e nós usaremos esse dinheiro para criar o maior impacto positivo possível."

Os primeiros projetos financiados, em 1978, foram no Equador e na Índia. Em Salinas, no Equador, onde os campos de sal estavam secando, eles incentivaram os colhedores de sal a diversificar sua renda: ao produzir queijo e carnes curadas que poderiam ser vendidas nas cidades, os colhedores teriam uma renda mais estável. À medida que expandiam suas atividades, os agricultores precisavam de capital de giro. A Oikocredit lhes concedeu um empréstimo de US$100 mil e, atualmente, Salinas é conhecida como a "capital do queijo" no país.

Na Índia, no estado de Tamil Nadu, no sul do país, eles emprestaram US$200 mil para a construção de moradias econômicas para funcionários de baixa renda de um hospital: 200 funcionários receberam empréstimos de US$1.000 cada para construir uma moradia. Esse empréstimo foi ampliado para atender às necessidades de mais de 300 pessoas. "As casas ainda estão de pé e estão sendo usadas pelas mesmas famílias", observa Haug. "Nós as visitamos há alguns anos e conhecemos alguns dos membros dessas famílias, agora na segunda ou terceira geração."

Gieskes conta que, embora a organização estivesse associada a igrejas cristãs quando foi fundada, a Oikocredit tinha mais foco nos "valores humanos, que estão subjacentes a todas as religiões, sejam elas cristãs ou não".

Ao longo dos anos, eles focaram três áreas: microfinanças, agricultura e energia renovável — a última foi adicionada em 2013. Os empréstimos de microfinanciamento são concedidos principalmente a mulheres — 86% — e a organização se concentra mais em questões rurais do que urbanas. A Oikocredit concede empréstimos a organizações que já existem há pelo menos três anos e oferece empréstimos entre US$550 mil (o equivalente a €500 mil) e US$11 milhões (o equivalente a €10 milhões). No total, a Oikocredit tem mais de US$1,4 bilhão em ativos totais, e o valor médio dos empréstimos é de US$1,75 milhão.[8]

"Temos o cuidado de não conceder crédito em excesso às instituições", ressalta Gieskes. "O modelo tradicional ou o modelo do Vale do Silício é dar às pessoas mais crédito do que elas precisam. Não queremos fazer isso." Dinheiro demais nem sempre resolve o problema. Gieskes diz que "na verdade, os empréstimos tradicionais não representam nada de transcendente. Trata-se de todas as outras coisas que podemos fazer como credores para ajudar essas organizações no longo prazo".

O foco está no longo prazo — ou "capital paciente", como os investidores de impacto se referem a ele. Mas Gieskes observa que até os investidores de linha de base tripla (pessoas, planeta e lucro) têm um espectro no qual operam: em uma extremidade, está a ênfase no impacto social e, na outra, um grande interesse no retorno sobre o investimento. A Oikocredit está posicionada na primeira extremidade. "Mais uma vez, não estamos correndo atrás de dividendos ou de lucros; só estamos interessados em reestruturar o capital existente, de modo que ele funcione para o cliente."

Os clientes não são uma startup de garagem ou um grupo de universitários; eles são cafeicultores, produtores de cacau, colhedores de chá, microempresárias, lojas familiares e motoristas de mototáxi. Esses indivíduos estão entre os 1,7 bilhão de pessoas em todo o mundo que são excluídas dos setores financeiros tradicionais: eles têm pouca ou nenhuma garantia, não têm contas bancárias e muitos não entendem o básico sobre finanças.[9]

Gieskes conhece esses mercados porque, após a pós-graduação, morou e trabalhou na Nicarágua e, depois, dirigiu os negócios do Rabobank no Chile. Mais recentemente, antes de entrar no Oikocredit, ele supervisionou as operações do Rabobank na Austrália e na Nova Zelândia. Ele já tinha trabalhado na América Central e na América do Sul, onde adquiriu conhecimento em primeira mão sobre os tipos de serviços financeiros básicos que poderiam ser úteis.

Gieskes esclarece que o modelo da Oikocredit pode não funcionar para pessoas que têm como objetivo o lucro: "Como investidor, você precisa ser claro quanto à sua intenção", ele diz. "Existem pessoas que querem usar o dinheiro para ganhar mais dinheiro. E existem aquelas que querem usar esse dinheiro para realizar mudanças positivas. Apenas deixe claro qual é sua posição. Existem muitos produtos financeiros no mercado atualmente. Nem todos precisam usar cada um deles."

Fora da Holanda, em um esforço para estar o mais próximo possível de seus investimentos, a Oikocredit mantém alguns escritórios no exterior, principalmente nos países onde seus clientes vivem e trabalham, em lugares como Hyderabad, na Índia; Manila, nas Filipinas; Nairóbi, no Quênia; Abidjan, na Costa do Marfim; Lima, no Peru; San José, na Costa Rica; e Montevidéu, no Uruguai.

"Grande parte do problema tem sido o fato de que esses dois mundos, o Norte [Global] e o Sul [Global], vivem em sociedades muito diferentes. Será que nós, como instituição financeira, seremos capazes de unir esses dois mundos de uma maneira bastante real, não apenas transferindo fundos de um lugar para outro?", ele diz. "Isso significa que o cliente precisa ser o condutor, e o desejo de mudança precisa vir de lá, não daqui."

Essa é a abordagem *bottom-up* do desenvolvimento da Oikocredit. Muitos investidores de impacto estão alocados no Norte e especulam sobre o que funcionará no Sul, mas estão muito distantes da realidade para fazer avaliações precisas sobre o que é necessário para ser bem-sucedido.

APROXIMANDO-SE DOS INVESTIMENTOS

É isso que Will Poole também quer consertar. Com sede em Seattle, desde 2015, Poole vem tentando criar uma rede de fundos capaz de fornecer capital de origem local na África, na América do Sul, no Oriente Médio e na Ásia, e que seja liderada por talentos regionais, não europeus ou norte-americanos.

No bairro de Kilimani, em Nairóbi, encontro Mercy Mutua, a recém-nomeada diretora regional da Capria Ventures, o fundo que Poole cofundou. Ela escolhe uma cafeteria em um shopping center repleto de pessoas trabalhando em seus notebooks. "Todos aqui são jovens, geralmente empreendedores ou pessoas que trabalham em empresas sociais", ela diz.

Poucos, entretanto, são quenianos. Isso tem sido um problema na região: um fluxo de empreendedores bem-intencionados dos Estados Unidos e da Europa chegou à África Oriental. Da mesma forma, o capital que eles usam para financiar suas startups vem de estrangeiros. De acordo com uma pesquisa realizada pela Associação de Capital de Risco da África Oriental, em 2017, 75% do capital dos fundos da região veio do exterior.[10]

O objetivo de Mutua em seu novo cargo é encontrar capital local, financiar empreendimentos africanos e ajudar a treinar uma nova geração de gerentes de fundos africanos. Segundo Poole, essa é a solução de longo prazo. Em 2015, em um esforço para democratizar o investimento de impacto, ele fundou a Capria junto com três parceiros.

"O investimento 'paraquedas' (de risco) é um problema. Se você está investindo em empresas que estão em seu estágio inicial, deveria considerar a filantropia, não o investimento", ele diz. "As empresas em estágio inicial precisam de ajuda com tudo, não apenas com dinheiro. Aventurar-se uma vez por trimestre não é suficiente."

Poole tem experiência em investimentos em solo internacional; sua paixão pela rede de fundos da Capria, chamada de rede Capria, vem do tempo gasto na criação de um dos primeiros fundos de investimento de impacto em estágio inicial, o Unitus Ventures, cujo foco estava voltado para o sul da Ásia, principalmente o mercado indiano. Atualmente, o Unitus Ventures tem US$39 milhões em ativos sob gestão em empresas na Índia, que incluem setores de saúde, educação e comércio eletrônico.

Quando se lançou na Índia, Poole não trouxe todo o capital do exterior; ele queria que parte do capital viesse dos próprios indianos. "Eu estava muito convencido de que precisávamos obter pelo menos um terço do capital para esse fundo de bilionários indianos, e existem muitos deles. Fizemos diversas reuniões, regadas a muito chai, para que isso acontecesse; mas, enfim, conseguimos. É possível desbloquear o capital local. Não é fácil, mas é possível."

Na primavera de 2018, o Unitus abriu uma segunda rodada de captação de recursos. Quase metade do dinheiro veio de indianos. Essa é a visão da rede Capria: mobilizar os fundos de capital locais, ensinar aos gerentes do país a fazer o gerenciamento de fundos e melhorar suas habilidades, além de criar uma rede de gerentes de fundos em mercados emergentes que possam investir na próxima geração de startups.

Mutua observa que isso não é tão fácil quanto parece. Na Índia, estávamos lidando com um país, um governo, um sistema. Para ela, é um pouco mais complicado. "A África não é um país, embora muitas pessoas se esqueçam disso. As diferenças regionais, as regulamentações governamentais, os níveis de alfabetização, tudo é diferente quando você vai do leste da África para a Nigéria e para a África do Sul."

A primeira parte do desafio é a questão de que as startups e o empreendedorismo são algo relativamente novo na região. "Nós [quenianos] não temos essa sofisticação. Não frequentamos a escola e não nos especializamos em private equity ou empreendedorismo aqui no Quênia ou no continente", diz Mutua. Os dados confirmam isso: entre 2007 e 2016, foram levantados US$4,8 trilhões para fundos de private equity em todo o mundo, mas somente 0,6%, US$28 bilhões, foram alocados para a África. A África Oriental recebeu apenas uma pequena fatia desse 0,6%.[11]

Mas Mutua está empenhada em tentar resolver o problema e reduzir a lacuna de financiamento. "Estamos em um ponto importante. Nos próximos cinco a dez anos, a África se desenvolverá muito ou fracassará", ela diz. Foi por isso que ela assinou um contrato com Poole: para ver se conseguiria de fato dar origem a um novo movimento no continente. Até o final de 2020, a rede Capria almejava ter US$1 bilhão em ativos sob gestão; em meados de 2019, quatro anos depois, eles tinham alcançado US$350 milhões.

Mutua observa que diversos dos fundos africanos com os quais ela trabalhará não estão tão adiantados: o Alitheia IDF Managers, uma equipe só de mulheres investidoras em private equity da África do Sul, da Nigéria e do Zimbábue, é um dos fundos aceitos na rede Capria. No entanto, elas ainda estão buscando fechar seu primeiro fundo e levantar dinheiro suficiente para isso, observa Mutua. "Faz mais de um ano que estamos tentando e ainda não chegamos lá."

Essa é uma oportunidade perdida, uma vez que a equipe liderada por mulheres deseja investir em empresas regionais que são administradas por mulheres, as quais têm acesso limitado ao capital. Para que o fundo saia do papel, será necessário tempo e muitas idas e vindas entre Nairóbi e Lagos, diz Mutua.

A segunda parte do desafio é simplesmente entender as diferentes formas de financiamento disponíveis para as empresas e as startups africanas. E nem sempre o capital de risco é a melhor solução. Pode ser um empréstimo, um subsídio, uma dívida ou um financiamento de capital. Na verdade, segundo Poole, alguns investimentos de impacto poderiam ser chamados de "filantropia com esteroides".

Mas a filantropia não é a missão: "O investimento de impacto é uma estratégia, uma abordagem. Daqui a vinte anos, ele será aceito e será a regra, porém, como um todo, ainda precisa ser lucrativo. Não é uma instituição de caridade, e precisamos deixar isso claro, principalmente em mercados como a África."

Mutua concorda que a cultura da ajuda na África e a dependência que ela cria precisam ser abandonadas. As soluções, tanto quanto possível, devem vir de dentro do país, com o apoio de pessoas como Poole, que querem colocar o país no mapa global das finanças. "Considerando que os empreendedores e os administradores de fundos daqui precisam de mais do que apenas dinheiro, o objetivo é definitivamente maior — ver se podemos melhorar o setor como um todo, e não apenas ser mais um participante dele", ela conclui.

Qualquer pessoa que peça dinheiro emprestado, seja nos EUA ou no exterior, deve refletir: Quais são as condições associadas? Temos uma parceria verdadeira? O investimento de impacto ainda não é perfeito e nem todos os investidores que se autodenominam de impacto são tão motivados pelo impacto. Uma abordagem simplista de rotular todos os investidores de impacto como forças positivas nessa estrutura regenerativa e de considerar todos os investidores convencionais como pessoas que pensam no lucro não funciona. É tudo muito preto no branco. E o setor financeiro parece residir na zona cinzenta intermediária. É preciso haver algum processo de sondagem, uma verdadeira análise minuciosa da instituição financeira com a qual você está pensando em fazer parceria. Para os investidores, abrir mão do curto prazo em favor do longo prazo e avaliar se a empresa pode assumir esse risco é um ajuste difícil. É por isso que o setor financeiro talvez seja um dos aspectos mais difíceis dessa estrutura regenerativa daqui para a frente. O dinheiro é uma necessidade. Mas como podemos usá-lo com dignidade e respeito?

EPÍLOGO

ESTAMOS CHEGANDO MAIS PERTO?

Levou mais de três anos para eu finalizar este livro, desde a realização de todas as entrevistas até a redação do manuscrito — e, em seguida, o enfrentamento de uma pandemia. Durante esse período, os canudos de plástico se tornaram obsoletos; supermercados como o Trader Joe's decidiram reduzir o uso de produtos plásticos descartáveis (SUPs) após receberem essa recomendação de quase 100 mil clientes; marcas de luxo do setor da moda concordaram em não queimar o excesso de roupas, mas, sim, reaproveitá-las; marcas de consumo como Häagen-Dazs, Unilever e Proctor & Gamble fizeram uma parceria com a TerraCycle, com sede em Nova Jersey, para criar um sistema de refil para produtos de uso diário; atrizes de Hollywood começaram a defender o slow fashion em suas saídas informais; e uma série de marcas introduziu fundos de carbono para compensar suas emissões.

Pode-se dizer que estamos progredindo.

Mas, em meio a todas essas notícias "positivas", surgiram relatórios das Nações Unidas afirmando que o mundo está a caminho de perder 1 milhão de espécies, em grande parte devido à atividade humana, e que muitos dos danos causados pela mudança climática já são irreversíveis, com uma pequena janela de tempo disponível para reverter esse cenário. Isso não deveria ser uma surpresa, pois os relatórios sobre os limites planetários — realizados por um grupo de cientistas do Stockholm Resilience Center que delineiam limites semelhantes aos da capacidade de carga — vêm apontando isso há anos. Os relatórios lembraram aos leitores que a vida dos humanos depende da prosperidade dessas espécies de plantas e animais. Se continuarmos a eliminar mais e mais espécies, poderemos enfrentar um futuro sombrio. Dependemos desses ecossistemas para obter alimentos, medicamentos e manter a saúde do planeta como um todo. Enquanto a população humana aumenta, os recursos da Terra diminuem. E, se não quisermos ver mais danos irreversíveis no futuro, é melhor tomarmos algumas providências agora.

Portanto, este livro é apenas um ponto de partida para a evolução dos negócios. Precisamos entender uma verdade fundamental: a saúde humana depende da saúde do lugar que habitamos, a Terra.

Frustrado com essa realidade, apesar de seus esforços como empresário no setor cafeeiro, Konrad Brits me disse o seguinte: "Antes do surgimento da energia elétrica: corte a lenha, carregue a água. Após o surgimento da energia elétrica: corte a lenha, carregue a água." Tradução: Viva com o básico. Não deixe que tudo suba à sua cabeça.

Se nós, seres humanos, conseguirmos respeitar o fato de que fazemos parte de uma ordem mundial misteriosa — a qual não entendemos completamente —, poderemos permanecer humildes, com os pés no chão e reconhecer que nosso tempo na Terra foi feito para experimentar suas maravilhas, não para acumular riquezas. O desejo de estar na vanguarda é o que nos colocou em meio a essa confusão — o desejo de estar no centro das atenções, de construir o maior e mais "bem-sucedido" empreendimento.

No entanto, a intenção se perde no processo. Quando Brits fundou sua empresa de café, ele pensou em fazer isso para ajudar a humanidade, os agricultores que cultivam café em pequenos lotes de terra. Quando Galahad Clark, fundador da Vivobarefoot, abriu sua empresa, foi para ajudar as pessoas a se conectarem novamente com a terra em que pisam. Quando Sophi Tranchell assumiu seu cargo na Divine Chocolate, ela o fez com o coração de uma ativista, em um esforço para ajudar as mulheres.

Essas empresas foram fundadas com a intenção de fazer a humanidade se sentir mais próxima do que significa ser humano. Nenhuma delas alcançou uma solução perfeita, mas cada uma construiu uma parte da estrutura de uma nova ordem mundial, uma nova economia e a era da reparação.

O capitalismo nos colocou em um caminho que nos fez perder a conexão com a humanidade: ter um emprego que foi pensado para aumentar as vendas, melhorar a produtividade e acumular riquezas. Onde fica a dignidade e o respeito pela vida humana e pelo planeta em que vivemos?

É por isso que as histórias dessas empresas são revigorantes: seus fundadores rejeitaram esse paradigma e construíram um ecossistema alternativo no qual operar. À medida que o interesse por essas questões relacionadas a resíduos, agricultura regenerativa, bem-estar e finanças conscientes continua a crescer, e à medida que as novas gerações buscam estilos de vida e carreiras mais orientadas por objetivos, o desafio, agora, é construir sobre essas bases.

Com isso, surge uma pergunta difícil, porém essencial: Será que estamos prontos para controlar nossos desejos? E para nos contermos?

Essa é a realidade que precisamos enfrentar agora.

Sébastien Kopp, o fundador da Veja, me contou que alguns de seus clientes ficaram furiosos quando determinado estilo de tênis se esgotou nas lojas e no site da empresa; os clientes escreveram para eles perguntando quando reabasteceriam o estoque. Quando Kopp respondeu que o produto estava esgotado, alguns ficaram tão insatisfeitos que recorreram à mídia social para expressar suas frustrações.

É muito provável que eles poderiam simplesmente escolher outro par de tênis — seja um da Veja ou de outra marca. Mas, como seres humanos, temos um estranho amor por objetos materiais. A resposta para nossos desafios não está em ter um armário cheio de produtos mais duráveis ou uma casa repleta de utensílios domésticos fabricados de maneira ética e alimentos comercializados de maneira sustentável.

A resposta é cortar gastos, simplificar e passar o tempo imerso na vida, não em coisas.

As compras, por mais banais que possam parecer — ou maléficas, como algumas pessoas as classificam —, mantêm a economia global funcionando. Elas não vão acabar tão cedo, mas será que é possível controlar os negócios e canalizar os lucros de maneira mais equilibrada?

A Terra tem sido, há muito tempo, a parte interessada esquecida. Nossas ambições fizeram com que começássemos a olhar para fora — para a Lua e Marte —, enquanto nosso planeta de origem e as espécies que o habitam parecem ter sido esquecidos.

As empresas descritas neste livro não conseguem, por si só, desfazer as perdas e a poluição causadas nas últimas décadas. Mas elas certamente podem impulsionar a demanda em direção a uma nova economia. É necessário ter mais empresas como essas — focadas em agir para concretizar suas intenções, e não apenas em falar sobre elas. Não se trata de algo tão simples como trazer mais dessas empresas e desses empreendedores para o jogo, mas de cultivar uma nova era que se volta para o que significa fazer negócios: colocar no centro dele as necessidades dos seres humanos e do planeta, em vez de deixá-las como uma reflexão a ser feita posteriormente.

Atualmente, em qualquer conferência a que você vá, é possível ouvir falar sobre "impacto". Causar impacto não significa fazer uma doação, ganhar um prêmio, escrever um relatório anual ou falar sobre retórica. Causar impacto significa de fato colocar o dinheiro para trabalhar na busca por soluções — que é o que os empreendedores apresentados neste livro estão tentando fazer.

Não é possível levar todo o seu patrimônio com você — seja ele composto de milhares, milhões ou bilhões. Mas as pessoas e as empresas podem deixar um legado inteiro de recuperação, respeito e dignidade para as pessoas que trabalharam junto com elas e para o meio ambiente da Terra, que possibilita tudo isso.

NOTAS

INTRODUÇÃO

1. Kendall R. Jones *et al.*, "The Location and Protection Status of Earth's Diminishing Marine Wilderness", *Current Biology* 28, n. 15 (6 de ago. de 2018): 1 (Resumo).
2. Robbie Gonzalez, "Your Poop is Probably Full of Plastic", *Wired*, 22 de out. de 2018, disponível em: https://www.wired.com/story/your-poop-is-probably-full-of-plastic.

CAPÍTULO UM: SOLO

1. Convenção das Nações Unidas de Combate à Desertificação, *Global Land Outlook*, relatório (Bonn, Germany: Secretariat of the UN Convention to Combat Desertification, 2017), disponível em: https://www.unccd.int/sites/default/files/documents/2017-09/GLO_Full_Report_low_res.pdf, 52 (doravante citada como UNCCD, *Global Land Outlook*).
2. UNCCD, *Global Land Outlook*, 11.
3. UNCCD, *Global Land Outlook*, 43.
4. UNCCD, *Global Land Outlook*, 45.
5. Leon Kolankiewicz, Roy Beck e Anne Maneta, *Vanishing Open Spaces: Population Growth and Urban Sprawl in America*, relatório apresentado na exposição ecológica do Dia da Terra no Texas, 26–27 de abr. de 2014, disponível em: https://www.numbersusa.com/sites/default/files/public/assets/resources/files/vanishing-open-spaces-study.pdf, IV.
6. Agência de Proteção Ambiental dos EUA, "Nutrient Pollution: The Issue", set. de 2021, disponível em: https://www.epa.gov/nutrientpollution/issue.
7. UNCCD, *Global Land Outlook*, 45.
8. Jenny Hopkinson, "Can American Soil Be Brought Back to Life?", *Politico*, 13 de set. de 2017, disponível em: https://www.politico.com/agenda/story/2017/09/13/soil-health-agriculture-trend-usda-000513.
9. Marketwatch, "Athletic Footwear Market: Global Demand, Growth Analysis, & Opportunity Outlook 2023", comunicado à imprensa, 5 de abr. de 2019.
10. Departamento de Agricultura dos EUA, Serviço de Pesquisa Econômica, "Organic Production, Documentation", 30 de set. de 2019, disponível em: https://www.ers.usda.gov/data-products/organic-production/documentation.
11. Departamento de Agricultura dos EUA, Serviço de Pesquisa Econômica, "Organic Production, Documentation".
12. Pramod Pandey *et al.*, "A New Method of Converting Foodwaste Into Pathogen Free Soil Amendment for Enhancing Agricultural Sustainability", *Journal of Cleaner Production* 112 (2016): 205–13, disponível em: http://dx.doi.org/10.1016/j.jclepro.2015.09.045.
13. Bonnie Hawthorne, diretora de *Dreaming of a Vetter World*, filme, produzido por MightyCanoe, trailer (2019) disponível em: https://player.vimeo.com/video/165507512.

CAPÍTULO DOIS: RESÍDUOS

1. Lydia McAllister, "Textile Waste by the Numbers", *Vox Magazine*, 24 de mar. de 2016, disponível em: https://www.voxmagazine.com/news/textile-waste-by-the-numbers/article_9ea228ba-f13a-11e5-8c76-5b50180f85de.html.
2. Amy L. Brooks, Shunli Wang e Jenna R. Jambeck, "The Chinese Import Ban and its Impact on Global Plastic Waste Trade", *Journal of Science Advances* 4, n. 6 (jun. de 2018), doi: 10.1126/sciadv.aat0131.
3. Laura Parker, "We Made Plastic. We depend on It. Now We're Drowning in It", *National Geographic*, jun. de 2018, disponível em: https://www.nationalgeographic.com/magazine/2018/06/plastic-planet-waste-pollution-trash-crisis.
4. Fundação Ellen MacArthur e Fórum Econômico Mundial, *The New Plastic Economy: Rethinking the Future of Plastics*, relatótio, 2016, disponível em: https://www.ellenmacarthurfoundation.org/publications/the-new-plastics-economy-rethinking-the-future-of-plastics.
5. Holly Elmore, "Plastics: a Double-Edged Sword", *Regeneration in Action*, 13 de out. de 2019, disponível em: https://zerowastezone.blogspot.com/2019/10/plastics-double-edged-sword.html.
6. Fundação Ellen MacArthur e Iniciativa Circular Fibers, *A New Textiles Economy: Redesigning Fashion's Future*, relatório, 2017, disponível em: https://www.ellenmacarthurfoundation.org/a-new-textiles-economy, 37.
7. Alden Wicker, "Fast Fashion is Creating an Environmental Crisis", *Newsweek*, 1º de set. de 2016, disponível em: https://www.newsweek.com/2016/09/09/old-clothes-fashion-waste-crisis-494824.html.
8. Mark Walker, "Why Apparel Brands Should Work Together to Build a Sustainable Future", *Fashion Revolution* (blog), 2018, disponível em: https://www.fashionrevolution.org/usa-blog/why-apparel-brands-should-work-together-to-build-a-sustainable-future.
9. Kimiko de Freytas-Tamura, "For Dignity and Development, East Africa Curbs Used Clothes Imports, *New York Times*, 12 de out. de 2017, disponível em: https://www.nytimes.com/2017/10/12/world/africa/east-africa-rwanda-used-clothing.html.
10. Elizabeth L. Cline, *Overdressed: The Shockingly High Cost of Cheap Fashion* (Nova York: Portfolio/Penguin, 2012).
11. Fundação Ellen MacArthur e Iniciativa Circular Fibers, *A New Textiles Economy*, 20.
12. Fundação Ellen MacArthur e Iniciativa Circular Fibers, *A New Textiles Economy*, 21.
13. Organização das Nações Unidas para Agricultura e Alimentação, "Food Loss and Waste Database", disponível em: https://www.fao.org/food-loss-and-food-waste/flw-data, acesso em: nov. de 2018; Zach Conrad *et al.*, "Relationship Between Food Waste, Diet Quality, and Environmental Sustainability", *PLOS ONE* 13, n. 4 (18 de abr. de 2018), disponível em: https://journals.plos.org/plosone/article?id=10.1371/journal.pone.0195405.
14. Site da Toast Ale, disponível em: www.toastale.com/about-us#homebrewSection. Acesso em: 21 de jun. de 2022.

CAPÍTULO TRÊS: CADEIAS DE SUPRIMENTO

1. Glenn-Marie Lange, Quentin Wodon e Kevin Carey, editores, *The Changing Wealth of Nations 2018: Building a Sustainable Future* (Washington, DC: World Bank Group), disponível em: https://openknowledge.worldbank.org/bitstream/handle/10986/29001/9781464810466.pdf, 5.
2. Laura Swanson Bowser, "Structural Inclusion: What it Means and Why it Matters", *B The Change* (blog), 30 de jul. de 2019, disponível em: https://bthechange.com/structural-inclusion-what-it-means-and-why-it-matters-a4b85945cf71.
3. Sjoerd Panhuysen e Joost Pierrot, *Coffee Barometer 2018*, relatório (The Hague: Hivos, 2018), disponível em: https://www.hivos.org/assets/2018/06/Coffee-barometer-2018.pdf, 3.
4. Panhuysen e Pierrot, *Coffee Barometer*, 100.
5. Panhuysen e Pierrot, *Coffee Barometer*, 11.
6. Panhuysen e Pierrot, *Coffee Barometer*, 14.

7. Julia Lernoud *et al.*, *The State of Sustainable Markets: Statistics and Emerging Trends 2017*, relatório (Genebra: International Trade Centre, 2017), disponível em: https://orgprints.org/id/eprint/36881/1/State-of-Sustainable-Market-2017_web.pdf, 106, disponível em: https://intracen.org/file/stateofsustainablemarket2017webpdf.
8. Mujib Mashal, "Afghan Taliban Awash in Heroin Cash", *New York Times*, 29 de out. de 2017, disponível em: https://www.nytimes.com/2017/10/29/world/asia/opium-heroin-afghanistan-taliban.html.
9. Escritório das Nações Unidas sobre Drogas e Crime, *World Drug Report 2010*, relatório (Vienna: Escritório das Nações Unidas sobre Drogas e Crime, 2010), disponível em: https://www.unodc.org/documents/wdr/WDR_2010/World_Drug_Report_2010_lo-res.pdf, 37.
10. Escritório das Nações Unidas sobre Drogas e Crime e Ministério de Combate a Narcóticos da República Islâmica do Afeganistão, *Afghanistan Opium Survey 2017: Cultivation and Production*, relatório (Vienna: Escritório das Nações Unidas sobre Drogas e Crime), disponível em: https://www.unodc.org/documents/crop-monitoring/Afghanistan/Afghan_opium_survey_2017_cult_prod_web.pdf, 5.
11. Escritório das Nações Unidas sobre Drogas e Crime e Ministério de Combate a Narcóticos da República Islâmica do Afeganistão, *Afghanistan Opium Survey 2017*, 13.
12. Escritório das Nações Unidas sobre Drogas e Crime e Ministério de Combate a Narcóticos da República Islâmica do Afeganistão, *Afghanistan Opium Survey 2017*, 13.
13. Grupo de Direitos das Minorias Internacional, *World Directory of Minorities and Indigenous Peoples*, "Adivasis", disponível em: https://minorityrights.org/minorities/adivasis-2, acesso em: nov. de 2018.

CAPÍTULO QUATRO: FORÇA DE TRABALHO

1. V. F. Corporation, "Schedule 14A — Proxy Statement Pursuant to Section 14(a) of the Securities Exchange Act of 1934 (Amendment No.)", disponível em: https://www.sec.gov/Archives/edgar/data/103379/000119312518082379/d502014ddef14a.htm, 47; Mcdonald's Corp, "Schedule 14A — Proxy Statement Pursuant to Section 14(a) of the Securities Exchange Act of 1934 (Amendment No.)", disponível em: https://www.sec.gov/Archives/edgar/data/63908/000120677419001299/mcd3477431-def14a.htm, 50.
2. Escritório de Análise Econômica dos EUA, "Gross Domestic Product, Fourth Quarter and Year 2021 (Second Estimate)", comunicado à imprensa, 24 de fev. de 2022, disponível em: https://www.bea.gov/news/2022/gross-domestic-product-fourth-quarter-and-year-2021-second-estimate.
3. Thomas B. Edsall, "Whatever Happened to 'Every Man a King'?", *New York Times*, 11 de fev. de 2014, disponível em: https://www.nytimes.com/2014/02/12/opinion/edsall-whatever-happened-to-every-man-a-king.html; Ganesh Setty, "Democrats Bash Corporate Greed, But More Stocks for All Americans May Be a Better Wealth Redistribution Method", *The Bottom Line* (blog), CNBC, 11 de ago. de 2019, disponível em: https://www.cnbc.com/2019/08/11/dems-slam-greed-but-more-stocks-for-all-can-address-wealth-inequality.html.
4. Jane Thier, "Executive Greed is Driving the Labor Shortage, Says 93-year-old Leader Whose Workers Own 100% of the Company", *Fortune*, 17 de fev. de 2022, disponível em: https://fortune.com/2022/02/17/bobs-red-mill-president-on-his-employee-owned-company.
5. Bureau of Labor Statistics, "Persons with a Disability: Labor Force Characteristics — 2017", comunicado à imprensa, 21 de jun. de 2018, disponível em: https://www.bls.gov/news.release/archives/disabl_06212018.pdf.
6. Frank Viviano, "This Tiny Country Feeds the World", *National Geographic*, set. de 2017, disponível em: https://www.nationalgeographic.com/magazine/2017/09/holland-agriculture-sustainable-farming.

CAPÍTULO CINCO: MULHERES

1. Mulheres da ONU, "Learn the Facts: Rural Women and Girls", 28 de fev. de 2018, atualizado em out. de 2021, disponível em: https://www.unwomen.org/en/digital-library/multimedia/2018/2/infographic-rural-women.
2. Mulheres da ONU, "Learn the Facts: Rural Women and Girls".

3. Bert D'Espallier *et al.*, "Women and Repayment in Microfinance: a Global Analysis", *World Development* 39, no. 5 (2011): 758–72, disponível em: https://www.researchgate.net/publication/222639246_Women_and_repayment_in_Microfinance_a_Global_analysis.
4. Jumia, *Kenya — Mobile Report 2019*, relatório, disponível em: https://www.jumia.co.ke/mobile-report. Acesso em: abr. de 2019.
5. Aspen Institute, *The Alliance for Artisan Enterprise: Bringing Artisan Enterprise to Scale*, disponível em: https://assets.aspeninstitute.org/content/uploads/files/content/images/Alliance%20for%20Artisan%20Enterprise%20Concept%20Note_0.pdf. Acesso em: 4 de maio de 2022.
6. USAID, "Kenya and East Africa: Gender Equality & Female Empowerment", set. de 2018, disponível em: https://www.usaid.gov/east-africa-regional/gender-equality-and-womens-empowerment-kenya, 2; USAID, "East Africa Gender Fact Sheet", disponível em: https://www.usaid.gov/documents/east-africa-gender-fact-sheet.
7. Coffee Quality Institute, *The Way Forward: Accelerating Gender Equity in Coffee Value Chains*, relatório (Aliso Viejo, CA: 2015), disponível em: https://www.coffeeinstitute.org/wp-content/uploads/2015/10/The-Way-Forward_Final-Full-Length-Report_opt.pdf.

CAPÍTULO SEIS: VIAGENS

1. Zephania Ubwani, "Serengeti National Park Overwhelmed by Visitors", *The Citizen*, 24 de dez. de 2017, disponível em: https://www.thecitizen.co.tz/tanzania/news/national/serengeti-national-park-overwhelmed-by-visitors-2617874.
2. Felipe Villamor, "Idyllic Philippine Resort Island of Boracay is Closed to Tourists", *New York Times*, 4 de abr. de 2018, disponível em: https://www.nytimes.com/2018/04/04/world/asia/boracay-philippines-tourists-closed.html.
3. "Thailand: Tropical Bay from 'The beach' to Close Until 2021", *BBC News*, 9 de maio de 2019, disponível em: https://www.bbc.com/news/world-asia-48222627.
4. Manfred Lenzen *et al.*, "The Carbon Footprint of Global Tourism", *Nature Climate Change* 8 (2018): 522–28.
5. Organização Mundial de Turismo da ONU, *UNWTO Tourism Highlights, 2018 Edition* (Madri: Un World Tourism organization, 2018), doi: https://doi.org/10.18111/9789284419876.
6. Naya Olmer e Dan Rutherford, *US Domestic Airline Fuel Efficiency Ranking, 2015–2016*, relatório (Washington, DC: international Council on Clean Transportation, dez. de 2017), 1.
7. Purba Das, "Bring Jet Fuel Under GST: Indian Airlines Tell Govt", *Fortune India*, 10 de ago. de 2018, disponível em: https://www.fortuneindia.com/enterprise/bring-jet-fuel-under-gst-indian-airlines-tell-govt/102272; "SpiceJet Operates India's First Biojet Fuel Flight", *Times of India*, 27 de ago. de 2018, disponível em: https://timesofindia.indiatimes.com/business/india-business/spicejet-operates-indias-first-biojet-fuel-flight/articleshow/65560164.cms.
8. Eahern, "Could Algae Fuel Your Next Flight?" *Harvard Business School Digital Initiative* (blog), 3 de nov. de 2016, disponível em: https://digital.hbs.edu/platform-rctom/submission/could-algae-fuel-your-next-flight-boeing-tests-biofuels-potential.
9. Fulcrum Bioenergy, "Fulcrum Bioenergy Breaks Ground on Sierra Biofuels Plant", comunicado à imprensa, 16 de maio de 2018, disponível em: https://dhr2j6jjntrc4.cloudfront.net/files/2018-05-16-Sierra-Groundbreaking-FINAL.pdf.
10. Tracy Rucinski, "United Airlines Targets 50 Percent Cut in Greenhouse Gas Emissions", Reuters, 13 de set. de 2018, disponível em: https://www.reuters.com/article/us-ual-emissions/united-airlines-targets-50-percent-cut-in-greenhouse-gas-emissions-idUSkCn1lT32a.
11. Matt McGrath, "Climate Change: IPCC Report Warns of 'Irreversible' Impacts of Global Warming", *BBC News*, 28 de fev. de 2022, disponível em: https://www.bbc.com/news/science-environment-60525591.
12. "Germany Launches World's First Hydrogen-Powered Train", *Guardian*, 17 de set. de 2018, disponível em: https://www.theguardian.com/environment/2018/sep/17/germany-launches-worlds-first-hydrogen-powered-train.
13. Petter Dybedal, Eivind Farstad, Per-Erik Winter e Iratxe Landa-Mata, *Cruise Passenger Traffic to Norway — History and Forecasts Until 2060*, relatório TØI, elaborado para a Norwegian Coastal Administration (Oslo: Institute of Transport Economics, 2015), disponível em: https://

www.toi.no/getfile.php/1339880/publikasjoner/T%C3%98i%20rapporter/2015/1388-2015/1388-summary.pdf. Acesso em: abr. de 2019.

CAPÍTULO SETE: SAÚDE

1. Jennifer Tolbert e Kendal Orgera, "Key Facts About the Uninsured Population", resumo do caso, 6 de nov. de 2020, Kaiser Family Foundation, disponível em: https://www.kff.org/uninsured/fact-sheet/key-facts-about-the-uninsured-population.
2. Cameo, *Freelancing in America: 2019*, relatório elaborado para a Upwork e o Sindicato dos Freelancers, 2019, disponível em: https://cameonetwork.org/resource/freelancing-in-america-2019.
3. Irene Papanicolas, Liana R. Woskie e Ashish K. Jha, "Health Care Spending in the United States and Other High-income Countries", *Journal of the American Medical Association* 319, n. 10 (mar. de 2018): 1024–39, doi:10.1001/jama.2018.1150.
4. Departamento de Justiça dos EUA, Escritório do Procurador Geral, *The Accomplishments of the US Department of Justice, 2001–2009*, relatório (Washington, DC: Departamento de Justiça, 2009), disponível em: https://www.justice.gov/sites/default/files/opa/legacy/2010/03/08/doj-accomplishments.pdf, 12.
5. Kurt Eichenwald, "Tenet Healthcare Paying $54 Million in Fraud Settlement", *New York Times*, 7 de ago. de 2004.
6. Reed Abelson e Julie Creswell, "Hospital Chain Inquiry Cited Unnecessary Cardiac Work", *New York Times*, 6 de ago. de 2012, disponível em: https://www.nytimes.com/2012/08/07/business/hospital-chain-internal-reports-found-dubious-cardiac-work.html.
7. Pavithra Mehta e Suchitra Shenoy, *Infinite Vision: How Aravind Became the World's Greatest Business Case for Compassion* (Oakland, CA: Berrett-Koehler, 2011), 285.
8. Lionel Beehner, "Iraq's Faltering Infrastructure", Conselho de Relações Exteriores, 22 de jun. de 2006, disponível em: https://www.cfr.org/backgrounder/iraqs-faltering-infrastructure.
9. Development Initiatives, *Global Nutrition Report 2017: Nourishing the SDGs*, Bristol, UK, 2017, disponível em: file:///C:/Users/slumenello/downloads/Global_nutrition_report_2017.pdf.

CAPÍTULO OITO: ENERGIA

1. Painel Intergovernamental sobre Mudanças Climáticas da ONU, *Climate Change 2022: Impacts, Adaptation and Vulnerability*, relatório (Cambridge: Cambridge University Press, próximos), disponível em: https://www.ipcc.ch/report/ar6/wg2/; Matt McGrath, "Climate Change: IPCC Report Warns of 'Irreversible' Impacts of Global Warming", *BBC News*, 28 de fev. de 2022, disponível em: https://www.bbc.com/news/science-environment-60525591.
2. "Renewables Met 97% of Scotland's Electricity Demand in 2020", *BBC News*, 25 de mar. de 2021, disponível em: https://www.bbc.com/news/uk-scotland-56530424.
3. Rhodium Group, "Preliminary US Emissions Estimates for 2018", 8 de jan. de 2019, disponível em: https://rhg.com/research/preliminary-us-emissions-estimates-for-2018.
4. Eric Gimon, Mike O'Boyle, Christopher T. M. Clack e Sarah Mckee, *The Coal Cost Crossover: Economic Viability of Existing Coal Compared to New Local Wind and Solar Resources*, relatório elaborado para a Energy Innovation e a Vibrant Clean Energy (São Francisco: Energy Innovation, mar. de 2019), disponível em: https://energyinnovation.org/wp-content/uploads/2019/03/Coal-Cost-Crossover_Energy-Innovation_VCE_FINAL.pdf.
5. Marlene Motyka, *2019 Renewable Energy Industry Outlook*, relatório elaborado para a Deloitte, disponível em: https://www2.deloitte.com/us/en/pages/energy-and-resources/articles/renewable-energy-outlook.html.
6. Chimi Dema, "Zeroing in on Waste: Led by Bhutan's Prime Minister Dr. Lotay Tshering", *Daily Bhutan*, 5 de jul. de 2019, disponível em: https://www.dailybhutan.com/article/zeroing-in-on-waste-led-by-bhutan-s-prime-minister-dr-lotay-tshering.
7. Administração de Informações sobre Energia dos EUA, "Table 7.2 Coal Production, 1949–2011 (Million Short Tons)", *Annual Energy Review 2011* (Washington, DC: US Energy Information Administration, 2012), disponível em: https://www.eia.gov/totalenergy/data/

annual/pdf/aer.pdf; National Academies of Sciences, Engineering, and Medicine, *Monitoring and Sampling Approaches to Assess Underground Coal Mine Dust Exposures* (Washington, DC: National Academies Press, 2018), figura E-3, disponível em: https://www.ncbi.nlm.nih.gov/books/nbk531861/figure/fig_E-3/?report=objectonly.

8. Christopher R. Bollinger, William H. Hoyt, David Blackwell e Michael T. Childress, *Kentucky Annual Economic Report 2018* (Lexington: University of Kentucky, Center for Business and Economic Research, 2018), disponível em: https://uknowledge.uky.edu/cber_kentuckyannualreports/23.
9. Lazard, "Levelized Cost of energy 2017", nov. de 2017, disponível em: https://www.lazard.com/perspective/levelized-cost-of-energy-2017.
10. Ros Davidson, "US Wind Capacity Rises to 89GW", *Wind Power Monthly*, 30 de jan. de 2018, disponível em: https://www.windpowermonthly.com/article/1455894/us-wind-capacity-rises-89gw.
11. Dan Hernandez, "Nevada Solar Industry Collapses After State Lets Power Company Raise Fees", *Guardian*, 13 de jan. de 2016, disponível em: https://www.theguardian.com/environment/2016/jan/13/solar-panel-energy-power-company-nevada.
12. "French Nuclear Power Plants Pose a Grave Security Risk — Lawmakers", *DW*, 5 de jul. de 2018, disponível em: https://www.dw.com/en/french-nuclear-power-plants-pose-a-grave-security-risk-lawmakers/a-44546734.
13. Bate Felix, "France to Revise Carbon Emissions Target After Missing 2016 Goal", Reuters, 22 de jan. de 2018, disponível em: https://www.reuters.com/article/us-france-carbon-emissions-idUSkbn1Fb2W0.
14. Julian Wettengel, "Citizens' Participation in the Energiewende", Clean Energy Wire, 25 de out. de 2018, disponível em: https://www.cleanenergywire.org/factsheets/citizens-participation-energiewende.

CAPÍTULO NOVE: FINANÇAS

1. Erik Shilling, "Harvard, IKEA, and the Battle for Romania's Forests", *Atlas Obscura*, 2 de mar. de 2016, disponível em: https://www.atlasobscura.com/articles/harvard-ikea-and-the-battle-for-romanias-forests.
2. Emily Flitter, "Think the Big Banks Have Abandoned Coal? Think Again", *New York Times*, 28 de maio de 2018, disponível em: https://www.nytimes.com/2018/05/28/business/banks-coal-loans.html; e em: https://www.theguardian.com/environment/2019/oct/13/top-investment-banks-lending-billions-extract-fossil-fuels.
3. Jean-Marc Borello, *Why We Need Common Good Capitalism* (Paris: Débats Publics, 2017).
4. Asli Demirguc-Kunt, Leora Klapper *et al.*, "The Unbanked", *The Global Findex Database 2017: Measuring Financial Inclusion and the Fintech Revolution* (Washington, DC: World Bank Group, 2018), disponível em: https://globalfindex.worldbank.org/sites/globalfindex/files/chapters/2017%20Findex%20full%20report_chapter2.pdf, 35.
5. Dilip Ratha, "Remittance Flows to Developing Countries are Estimated to Exceed $300 Million in 2008", *World Bank Blogs*, 18 de fev. de 2009, disponível em: https://blogs.worldbank.org/peoplemove/remittance-flows-to-developing-countries.
6. Aliança Global para Bancos de Valores, *Research Report 2016*, disponível em: https://www.gabv.org/resources-research/annual-research-2016
7. Aliança Global para Bancos de Valores, *Annual Report 2017*, disponível em: https://www.gabv.org/resources-research/annual-research-2017 (link para o relatório).
8. Oikocredit International, *Oikocredit Annual Report 2018*, disponível em: https://www.oikocredit.coop/en/publications/annual-reports.
9. Demirguc-Kunt, Klapper, *et al.*, "The Unbanked".
10. KPMG e Associação de Capital de Risco da África Oriental, *KPMG and EAVCA: Private Equity Sector Survey of East Africa for the Period 2015 to 2016*, relatório (Nairóbi: KPMG, jun. de 2017), disponível em: http://eavca.org/wp-content/uploads/2018/08/2017_kpMG_and_eaVCa_private_equity_in_east_africa_Survey_Final.pdf.
11. KPMG e Associação de Capital de Risco da África Oriental, *KPMG and EAVCA*, 6.

ÍNDICE